◆ 大学生学习与发展研究丛书 ◆

总主编 曹 红

U0861819

大学生学习与评价研究

主 编 曹 红

副主编 周莉箴 李雄鹰 康馨方 赵婉亦
艾 雲 张树荣 杨文娴

Research on College Students' Learning and Evaluation

兰州大学出版社
LANZHOU UNIVERSITY PRESS

图书在版编目（CIP）数据

大学生学习与评价研究 / 曹红主编. -- 兰州 : 兰州大学出版社, 2025. 6. --（大学生学习与发展研究丛书 / 曹红总主编）. -- ISBN 978-7-311-06788-5

Ⅰ. G645.5

中国国家版本馆 CIP 数据核字第 20255J6K72 号

责任编辑　周　南
封面设计　陈　欣

丛 书 名　大学生学习与发展研究丛书
总 主 编　曹　红
本册书名　大学生学习与评价研究
　　　　　DAXUESHENG XUEXI YU PINGJIA YANJIU
作　　者　曹　红　主　编
出版发行　兰州大学出版社　（地址：兰州市天水南路222号　730000）
电　　话　0931-8912613（总编办公室）　0931-8617156（营销中心）
网　　址　http://press.lzu.edu.cn
电子信箱　press@lzu.edu.cn
印　　刷　西安日报社印务中心
开　　本　710 mm×1020 mm　1/16
成品尺寸　170 mm×240 mm
印　　张　19（插页2）
字　　数　327千
版　　次　2025年6月第1版
印　　次　2025年6月第1次印刷
书　　号　ISBN 978-7-311-06788-5
定　　价　87.00元

前　言

2020年10月，中共中央、国务院印发《深化新时代教育评价改革总体方案》（以下简称《总体方案》），明确提出，到2035年基本形成富有时代特征、彰显中国特色、体现世界水平的教育评价体系的改革目标①。在世界的迅速发展变革中，教育过程中的各个环节及教育要素已然发生了变化，以往的评价模式和体系已无法准确、客观地评价学习者。高等教育作为教育系统的重要组成部分，应不断提高人才培养质量，学习评价体系也应有所变革。

虽然学术界没有对学习评价作出统一的定义，但是对其形成了一定共识：它既是在学习目标的基础上对学习效果的价值判断，也是在学习过程中对学生学习进展与变化的反馈，同时，它强调将评价结果应用于改进现状，促成学习目标的调整。如果说学习是学习者为主体发起的行为，学习评价则是教育者为主体发起的行为。学习评价作为一项多要素的综合评价活动，其内涵丰富而深远。它既关乎学生对知识与技能的理解和掌握，又

① 中共中央、国务院：《深化新时代教育评价改革总体方案》，https://www.gov.cn/gongbao/content/2020/content_5554488.htm，访问日期：2024年1月10日。

触及学生情感和态度的形成与发展；既关注学生学习的最终成果，又特别重视学生在学习过程中所展现的动态变化和发展趋势；既能够全面而准确地把握学生的学习状态，从而为他们提供更具针对性的指导和帮助，又有助于教师更好地了解学生当前的学习需求，进而调整教学策略，优化教学过程。因此，学习评价在教育学中具有重要的价值，值得我们进一步深入研究，它不仅能够促进学生的全面发展，还能够推动教育教学质量的不断提升。

研究学习评价，需先厘清学习评价的发展过程，学者赵晋将学习评价体系的历史演变分为五个阶段①：

第一，科举时期的学习评价。隋唐后的科举考试规范了学习评价的流程，作为一种自愿报考、逐级考试的选拔制度，科举考试呈现出以人才甄选为目的、学习模式无固定体系及评价标准单一等特点。

第二，测量时期的学习评价。这一时期的开始以1904年桑代克（Thorndike）《心理与社会测量学导论》的问世为标志，统计和测量技术开始被运用于学习评价领域，学习目标是取得高分。这一时期的学习评价开始引入量化分数，并且由教师控制整个教学活动，扮演中心角色。总体而言，这一时期的学习评价呈现出以获得高分为目的、学习模式绝对统一、评价方法过度量化及评价标准片面化等特点。

第三，描述时期的学习评价。20世纪30年代，美国进步教育协会专门设计了百种实验，以便对中学毕业生进入大学或学院后的表现和能力进行评价，这一系列实验将学习评价与学习测量区分开来，标志着学习评价进入了一个以“描述”为特征的时代。这一时期的学习评价呈现出以客观、全面评价学习者为目的，重视学习目标实现情况，采用量化和描述相结合的评价方法及评价标准多样化等特点。

第四，判断时期的学习评价。该时期，教育学家们开始讨论是否需要对已确定的目标进行判断。1963年，克隆巴赫（Cronbach）提出形成性评价理论，强调学习评价的重点在于学习过程。自此，学习者的过程性行为变化逐渐被纳入学习评价体系之中。这一时期的学习评价呈现出以科学评价学习者为目的、学习过程得到重视、评价活动注重反馈、评价标准过于

① 赵晋、王婷婷、张建军：《我国学习评价体系变迁及其驱动要素分析》，《中国考试》2021年第9期，第23-31页。

一致等特点。

第五，建构时期的学习评价。1987年，斯卡德玛丽亚（Scardamalia）等人提出知识建构理论模式和知识建构的基本思想，即学生是知识的创造者，而学习是知识创造的副产品，学生的学习过程应当是形成知识建构的过程[①]。建构时期学习评价的发展与进步体现在多个方面，包括评价范式转向以学生为中心，评价方法重视质性评价与量化的统一，评价功能由筛选甄别转变为促进学生学习等。这一时期的评价重点从学习结果转向学习过程，强调在进行课程设计的同时考虑学习过程评价的设计，并增加了苏格拉底式的研讨评价、档案袋评价、表现展示评价等多种评价方式，评价主体既可以是教师，也可以是学习者或同伴，教、学、评实现一体化。其中，学习者学习过程评价主要考查四方面能力，即知识的掌握与运用能力、综合素质能力、自我学习能力及探索与创新能力[②]。将科学性和人文性进行有机结合的多元评价成为这一时期学习评价改革的新方向。

本书将对大学生的学习及其评价进行研究，共分为七个章节：

第一章介绍了大学生学习研究概况。第一节介绍了学习的相关定义及其理论流派，以及“学会学习”引领的学习革命和大学生学习的重要意义。第二节介绍了大学生学习的现状，主要包括大学生学习的“内卷”与“躺平”状态、大学生学习的“佛系”状态、大学生学习的“空心病”状态。第三节介绍了大学生学习研究与一流人才培养，强调了大学生学习研究对一流人才培养的重要作用。

第二章介绍了大学生学习研究的理论视角。以马斯洛需求层次理论、自我效能理论、自我同一性理论、身份认同理论、社会适应理论、归因理论、学生参与理论和I-E-O模型、多元智能理论、积极心理学理论、建构主义学习理论、学生学习参与理论、全面质量管理理论这十二个理论作为研究切入点，深入介绍了相关理论，并为本书中的相关研究提供依据。

第三章介绍了拔尖创新人才的学习研究。为回应“钱学森之问”，国

---

① Marlene Scardamalia and Carl Bereiter, Knowledge building: Theory, pedagogy, and technology. In K. Sawyer (Ed.), *Cambridge Handbook of the Learning Sciences* (p. 97-118). New York: Cambridge University Press.

② 牛亏环：《大学生学习过程评价的现状、问题及对策——基于全国16所本科高校的调研》，《大学教育科学》2017年第6期，第42-49页。

家推出一项名为“拔尖计划”的人才培养计划，本章的三个相关研究皆旨在从不同角度提高拔尖创新人才的质量。本章第一节为“拔尖计划”学生学习性投入与学习收获的关系研究，兼论大学生深度学习的推进。在近十年实施的“拔尖计划”人才培养实践中，学习性投入，特别是其中的外部投入，对学生的学习收获产生显著影响，但内部投入贡献度相对较低。在“拔尖计划”2.0项目的执行过程中，除了持续优化和升级人才培养所需的外部资源投入，还应以激发学生学习兴趣和潜能深化为目的改革教学，重视内部投入要素，唤醒学生内心深处的学术热忱和自主学习意愿，推动他们进行深度学习，构建完整扎实的知识体系，并全面发展多种技能，从而有效提升学习质量和人才培养的整体质量。第二节为“拔尖计划”学生心理弹性与创造力的关系研究，兼论学习适应性的中介效应。研究发现，“拔尖计划”学生的心理弹性正向影响创造力，学习适应性正向影响创造力，学习适应性在心理弹性和创造力之间起到部分中介作用。根据已有研究结论，在“拔尖计划”2.0项目的实施中，除了继续加强学习的外部环境条件建设，更要重视学生积极心理品质的塑造和心理弹性的提高，引导学生积极适应“拔尖计划”人才培养的学习目标、内容和挑战，为创造力的提升奠定基础。第三节为兰州大学“拔尖计划”人才培养质量研究，基于大学生学习性投入、学习心理与学习收获的视角。研究发现，“拔尖计划”学生在学习性投入、学习心理和学习收获三个量表得分均高于50分的中间观测水平，总体学习质量良好。“拔尖计划”学生在学习性投入、学习心理和学习收获三个维度的得分均显著高于普通大学生，“拔尖计划”实施效果显著。兰州大学应紧紧抓住“双一流”大学建设、实施“拔尖计划”2.0项目，响应《成都宣言》。未来兰州大学“拔尖计划”人才培养应增强人才培养模式构成要素间的逻辑关联，重视教育过程的完整性与延续性，丰富课程形式，增强课程内涵，激发学生内在学习动力与潜力，提升学生学习能力，继续创设有利于创新人才学习发展的校园环境，提高人才培养质量。

第四章介绍了研究生学习现状。本章探讨高影响力教育实践对研究生科研能力的影响，以高影响力教育实践为切入点，围绕“高影响力教育实践对研究生科研能力的影响”这一主题展开论述。在梳理总结“高影响力教育实践”“研究生科研能力”相关研究的基础上，以西部两所“双一流”

高校的研究生为研究对象，采用自编问卷对727名研究生的高影响力教育实践参与水平和科研能力进行调查；并在问卷调查的基础上，对研究生进行访谈调查。通过数据分析和访谈分析，本研究有以下发现：一是高影响力教育实践对研究生科研能力有促进作用，二是目前的高影响力教育实践实施效果有限，三是研究生高影响力教育实践参与受个体、家庭和学校共同影响。基于以上发现，本研究提出如下建议：高校层面，在提高高影响力教育实践的质量上，应该在高影响力教育实践的设计中体现学校特色，在高影响力教育实践的开展中注重规范，避免随意；在促进研究生高影响力教育实践的参与上，应该加强高影响力教育实践制度设计，整合学校资源，重视教育引导工作。学生层面，应该转变观念，把握机会，充分利用好高校资源，主动加强与导师的交流互动。

第五章介绍了大学生跨学科学习研究，即大学生跨学科学习现状调查。该研究利用问卷调查法、访谈法、文献分析法，基于我国高校当前实施的跨学科人才培养模式，对我国大学生跨学科学习心理、学习行为、学习满意度、学习效果与评价现状进行实证调查分析，分析大学生在跨学科学习中面临的问题，提出意见和建议，以期改善当前跨学科学习环境，提升跨学科学习质量。为取样方便，研究选取甘肃省内四所不同层次、不同类型高校的大学生作为调查对象进行问题研究。现状调查结果如下：大学生跨学科学习需求强烈，其跨学科学习心理、学习行为、学习满意度和学习效果之间存在较强相关性。其一，跨学科学习心理的影响因素包括学生所在年级、班级排名、父母文化程度和大学生未来的发展规划。其二，跨学科学习行为的影响因素有班级排名、未来发展规划和跨学科学习方式等。其三，跨学科学习满意度不高，分别体现在高校层面、教师层面、学生层面等。其四，跨学科学习对大学生知识建构、成绩提高都有较大促进作用，对大学生的认知、兴趣和思维提升也起到积极作用，锻炼了大学生解决实际问题的能力，多数学生认为跨学科学习会对今后的职业生涯起铺垫作用。本研究在现状调查结果的基础上，针对结果显示的相关问题，分别就高校、教师和大学生自身层面提出了意见和建议，以期提高大学生跨学科学习质量。

第六章介绍了大学生学习心理研究，即大学生“空心病”现象的影响因素研究。在梳理“空心病”和其他相似现象研究现状的基础上，本研究主要解决以下几方面问题：首先，明确界定大学生“空心病”这一现象的确切定义、内在本质及其涵盖范围；其次，基于文献回顾，参照其他学者的研究成果，设计并实施了大学生“空心病”现象筛查问卷，系统梳理并深入剖析了该现象在大学生群体中的显著特征；最后，设计出一套大学生“空心病”影响因素调查问卷，详尽探讨了诱发该现象的主要因素，并结合这些因素提出了具有实践指导意义的防控策略建议。研究结果显示，当今大学生群体中存在一种名为“空心病”的心理现象，它以“人生价值感丧失”为核心表现，涵盖了诸如人生目标迷茫、孤独感强烈、抑郁情绪、人际关系困扰、自我认知扭曲乃至自杀倾向等一系列其他表现。此现象的产生是个人自我效能感、角色定位、适应能力，以及家庭、学校和社会环境等多元因素交互作用的结果。

第七章介绍了大学生学习评价研究，即自主招生类大学生学习质量研究。本研究聚焦自主招生政策对学生个体学习质量的影响，采用微观视角对兰州大学本科生的学习质量进行深入探讨。通过对兰州大学自主招生录取的大学生与高考入学的学生在学习质量上的比较分析，揭示自主招生群体在学习效果方面的实际状况，探寻影响自主招生大学生学习质量的各种因素。研究成果预期能为我国自主招生制度的未来改革提供有力的数据支持和实证依据，也将有助高校制订针对性措施以提升自主招生大学生群体的学习质量和整体教育效果。具体研究结论如下：一是自主招生类大学生学习质量高于普通高考生，二是自主招生类特色培养生学习质量优于普通培养生，三是自主招生类大学生个人投入水平不高，四是自主招生类大学生更倾向采用深层学习方式，五是自主招生类大学生学习活动受内外部动机共同驱动，六是自主招生类大学生的学习收获明显，七是自主招生类大学生的学习质量受多种因素影响，基于以上研究结论，得到如下启示：一是提升自主招生制度公平性，二是优化人才培养模式，三是完善校园环境支持，四是提高大学生投入水平。

目　录

第一章
大学生学习研究概况

第一节 学习与大学生学习

一、学习及其理论

谈及“学习”，人们不禁联想到的是进入图书馆、自习室聚精会神汲取知识，在教室认真听讲，抑或是在实验室求真知的状态。学习是人类生活中不可或缺的实践活动，人从出生到衰亡的每一天都在进行学习活动。

关于“学习”，不同的心理学家给出了不同的界定。广义上，学习是基于经验而导致行为或行为潜能发生相对持久变化的过程。陈琦、刘儒德将学习界定为由于练习或反复经验而引起的心理和行为的变化。需要注意的是，并非所有的行为变化都由经验引起，有些行为是由本能、疲劳、适应和成熟等引起的[①]。例如，个体因疼痛表现出来的行为变化不能被称为学习。

学习理论发展至今，已形成较为丰硕的理论成果。不同的心理学家基于不同的学科背景、哲学基础，形成了不同的理论观点。总体来说，学习理论可以划分为行为主义学习理论、认知主义学习理论、建构主义学习理论、人本主义学习理论等多个流派。

① 陈琦、刘儒德主编《教育心理学》，高等教育出版社，2005，第72页。

二、大学生学习

学习是人类发展历史长河中亘古不变的实践活动，通过学习，个体实现了不断的发展和创造。对于大学生来说，学习不仅是责任和义务，而且是促进自我提升、完善自我价值、担当改革大业、胜任时代使命的必经之路。

大学生，或者说受高等教育群体学习的内容、目标、方式等多个教育要素，从古至今都在发生着深刻变化。面向21世纪，联合国教科文组织于1996年在《学会生存》一书中提出“学会学习”的重要概念，将其作为教育的四大目标之一。“学会学习”一词一经提出，各国纷纷将其纳入自身育人体系的素质结构，我国也将“学会学习”纳入学生发展核心素养之中。可以说，学会学习是人类和人类社会得以长久发展的重要条件之一。

面对21世纪社会、经济、政治、文化的巨大变革，面对“学会学习”的先导目标，人们开始了对于教育，尤其是高等教育发展的深刻反思。以往，我国高等教育改革主要围绕着“教”进行，而因教学产生的诸多大学生学习问题不利于创新人才的培养。21世纪之初，张德江将大学生学习中存在的问题总结为以下几点：从师型过多、自主型过少的学习方式，求同型过多、求异型过少的思维方式，盲从型过多、问题型过少的学习状态，继承性过多、创新性过少的学习层次，以及应试型过多、兴趣型过少的学习情感[①]。这“五多五少”是对大学生学习实际状况的总结，是对“学会学习”内涵的全面领悟和深刻把握，顺应了高等教育改革问题本质的诉求，顺应了时代发展和大学生自我完善的需求。

现今，理解“学会学习”的内涵，可以从学习的主体性、延展性、整合性、建构性、价值性来把握，将全部着眼点都落实在学习者身上。“学会学习”的提出和发展，使得教育改革的重心从“教”向“学”倾斜，引领了大学生的学习革命[②]。

---

① 张德江:《学会学习:21世纪大学生必备的基本能力》,《高等教育研究》2003年第6期,第69-72页。

② 贾绪计、王泉泉、林崇德:《“学会学习”素养的内涵与评价》,《北京师范大学学报》(社会科学版)2018年第1期,第34-40页。

为了实现学习革命，提高人才培养的质量，需要关注大学生学习的要素。近年来，大学生学习领域的相关研究广泛集中在学习动机、学习投入、学习收获、学习适应性、学习质量、学习能力等多个方面。以“大学生学习动机”“大学生学习心理”“大学生学习投入”“大学生学习收获”“大学生学习适应性”“大学生学习质量”和“大学生学习能力”为主题词在中国知网上进行搜索，搜到与研究主题相关的国内文献分别为9443、1228、2554、443、1096、622和12748篇，足以见得国内学者对大学生学习研究的重视。

第二节 大学生学习的现状

大学生学习是贯穿大学生涯的主线任务。进入新时代，大学生学习的问题呈现特征多样化的态势，大学生出现学习危机，集中体现于大学生学习的“内卷”“躺平”“佛系”状态，以及“空心病”状态。

一、大学生学习的“内卷”与“躺平”状态

（一）大学生学习“内卷”

“内卷”是移植自人类学的概念，人类学家格尔兹最早通过“内卷”来解释爪哇岛农耕社会精细化投入增大，但最终产出变化不大甚至负增长的状态。其后，该概念演变为解释一个社会或组织既无突变式发展，也无渐进式增长，只是在一个简单层次上自我重复。跳脱出人类学领域，“内卷”在现今社会则更多体现为“恶性竞争”——人们在日常生活的方方面面拼尽全力，以使自己在社会上获取少量的竞争优势，挤占他人的生存空间，同时造成精神内耗和浪费[①]。当“内卷”成为个人的行为模式，个体所处的微观环境中的其他个体都不能独善其身。一旦发生“内卷”行为，

① 王芊霓、葛诗凡:《人类学家项飙谈内卷:一种不允许失败和退出的竞争》,《澎湃新闻·文化课》,https://www.thepaper.cn/newsDetail_forward_9648585.htm,访问日期:2024年1月10日。

“内卷”行为的发出者和被动卷入者都不能逃离这个没有退出机制的竞争。

林扬千将大学生“内卷”划分为三个表现形式，其中“虚假的全面发展”和“徒劳的时间投入”是大学生学习“内卷”的两个主要表现[①]。在高校针对大学生的考核项目愈发多样化的同时，其难度也逐渐上升。在这样的要求下，一方面，大学生为了满足这种全面发展的考核方式而主动“内卷”；另一方面，大学生在这种“内卷化”的微观系统中，受同辈压力的影响而被动“内卷”。

一个概念的移植、发展，都不会脱离于概念的原始释义，“内卷”或者“内卷化”不论是在初创时期还是现今都强调了个体或组织针对某一目的而努力后收益不佳的状态。大学生“学习内卷”也会存在这种问题，为了竞争有限的优质资源，大学生被迫展开了一场低效的“时间竞赛”[②]。大学生中的“主动内卷者”为了达成自身的目标展开竞争，以自身时间资源的投入作为一种学习成本，化身“时间管理师”，尽可能在有限的时间内提升学习质量。另一部分非主动者被迫卷入这场比赛中，不考虑学习成效，单纯以时间投入的数量或是单位时间内阅读量的增加作为“内卷”标准。在此过程中，大学生从“被迫内卷者”转换为“主动内卷者”，而“主动内卷者”被迫接受“量化”标准，新一轮的“内卷”也由此开始。

（二）大学生学习“躺平”

面对百年未有之大变局，生产关系的变革和国际、国内经济格局的变化使得部分大学生的社会心态遭受一定冲击。

“躺平”作为一种流行于现今青年中的社会心态，对大学生的学习行为产生重要影响。具体而言，“躺平”指一种以不思进取、得过且过、颓废放弃、瘫软不动等为价值取向的社会心态，是一种面对竞争时站在“内卷”对立面的消极态度[③]。学者覃鑫渊、代玉启将“躺平”分为主动的

① 林扬千：《精疲力竭的突围：大学生内卷化现象的表现、危害及应对》，《当代青年研究》2021年第3期，第88–93页。

② 林扬千：《精疲力竭的突围：大学生内卷化现象的表现、危害及应对》，《当代青年研究》2021年第3期，第88–93页。

③ 彭均、于涛：《当代大学生“躺平”现象的多维论析——基于对全国23所高校大学生的调研分析》，《北京航空航天大学学报》（社会科学版）2023年第2期，第174–181页。

“逃避式躺平”、努力无望后被动的“无奈式躺平”，以及停留于言语而无真实行动的“自嘲式躺平”[①]。无论是认知层面还是实践层面的“躺平”，体现的都是人们对于现实“内卷”的深刻不满和反抗。

大学生的学习“躺平”亦是如此，大学生学习过程中的成绩膨胀、“绩点牢笼”，以及奖学金评定乱象，无一不充斥着无意义的竞争和自我内耗，“躺平”则成为一些大学生应对现实的无力挣扎和无声抵抗。

二、大学生学习的佛系状态

所谓“佛系”，指的是一种不争不抢、不喜不悲、甘于现状的处世方式，隐含着“怎么都行，看淡一切”的生活态度，传达出“一切都可”的随性心态[②]。相较于站在“内卷”对立面的“躺平”来说，“佛系”主张“两可”的状态，并没有走向任一极端，而且认同、坚守自己的价值观，保有自己独立自由的个性，我行我素[③]。

徐美华、刘轩为调查当代“佛系”大学生的分布和成因进行了实证研究，发现在获得过奖学金的学生中，“佛系”大学生的人数比例为41.04%，显著低于没有获得过奖学金的“佛系”大学生的人数比例（51.46%）。在学校层次上，重点本科高校“佛系”大学生占比为42.08%，明显低于普通本科院校的50.70%和高职高专院校的53.64%，高职高专院校“佛系”大学生的人数占比最多，在三个层次的高校大学生中位居首位[④]。通过比较获奖学金与否，以及大学生所处的高校层次中“佛系”学生、非“佛系”学生的人数和比例，可以发现，有良好学业表现的大学生中，“佛系”比例较低，这充分体现了大学生“佛系”的“低目标承诺”“低自我超越”两

---

① 覃鑫渊、代玉启：《“内卷”“佛系”到“躺平”——从社会心态变迁看青年奋斗精神培育》，《中国青年研究》2022年第2期，第5-13页。

② 覃鑫渊、代玉启：《“内卷”“佛系”到“躺平”——从社会心态变迁看青年奋斗精神培育》，《中国青年研究》2022年第2期，第5-13页。

③ 邹诗鹏：《作为亚文化以及社会情绪的“佛系”现象》，《探索与争鸣》2018年第4期，第44-47页。

④ 徐美华、刘轩：《当代大学生的“佛系”特征、成因及影响——基于16所高校717名大学生的调查研究》，《重庆高教研究》2022年第2期，第117-127页。

个特征[①]。大学生“低目标承诺”“低自我超越”在学习上则具体体现为低学习动机，即对学习有较低的追求和较少的期待。“佛系”所传达的“怎么都行”的“两可”态度，实则是行为主体对自身真实需求的忽视和无力，因而满足于现状，从心理上厌恶变化，行动上不进行改变。一定程度上来说，“佛系”是“躺平”的过渡形式。

三、大学生学习的“空心病”状态

“空心病”是一种由价值观缺失所致的心理障碍，形象地概括了那些在学习、生活、工作等方面都游刃有余的大学生因无法准确定位自我、缺少对自我需求的正确认知、缺乏持续奋斗的动力而表现出迷茫、无助，甚至想要放弃生命的现实问题。

崔欣玉将空心病的基本特征总结为理想信念淡薄、价值取向偏移和道德情感模糊。具体表现为，学生倾向学习实用性较强并能为其择业带来优势的课程，如英语、计算机、交通运输等，而对于思想政治理论课等不能立即产生经济价值的公共类课程以冷淡、排斥的态度对待[②]。

第三节　大学生学习研究与一流人才培养

人才是第一资源，人才培养的质量关乎实现中华民族伟大复兴的千秋伟业，而人才的内涵和标准并非一成不变。在新时代新发展的背景下，国家对人才提出了新的要求。2015年国务院印发的《统筹推进世界一流大学和一流学科建设总体方案》明确提出培养一流人才的目标，并对人才培养目标进行明确表述：“着力培养具有历史使命感和社会责任心，富有创新

① 徐美华、刘轩：《当代大学生的“佛系”特征、成因及影响——基于16所高校717名大学生的调查研究》，《重庆高教研究》2022年第2期，第117-127页。

② 崔欣玉：《大学生“空心病”现象的反思与对策——基于价值虚无主义的视角》，《思想政治教育研究》2018年第3期，第148-152页。

精神和实践能力的各类创新型、应用型、复合型优秀人才。”[①]2022年印发的《关于深入推进世界一流大学和一流学科建设的若干意见》进一步指出，要“着力培养堪当民族复兴大任的时代新人，打造一流人才方阵”[②]。

国家政策的制定，引发了学术界对于一流人才的关注，推动了相关研究的开展。笔者以“一流人才”为主题词在中国知网搜索发现，学术界当前的研究大多从人才培养模式、学科建设、评价体系等教育者、管理者的视角展开，而从学习者视角出发，即针对大学生学习的研究还不够充足。“一流人才”的政策支持应推动研究视角转向人本身，从大学生的角度思考“怎样培养一流人才”“如何培养好一流人才”的问题，进而从根本上提高人才培养的质量和效能，推动高等教育宏观结构和微观结构的完善健康发展。

---

①国务院印发《统筹推进世界一流大学和一流学科建设总体方案》，据中央政府门户网站：https://www.gov.cn/xinwen/2015-11/05/content_5005001.htm，访问日期：2024年1月11日。

② 教育部、财政部、国家发展改革委：《关于深入推进世界一流大学和一流学科建设的若干意见》，http://www.moe.gov.cn/srcsite/A22/s7065/202202/t20220211_598706.html，访问日期：2024年1月11日。

第二章 大学生学习研究的理论视角

第一节 马斯洛需求层次理论

美国心理学家亚伯拉罕·马斯洛在其1943年发表的《人类动机理论》(*A Theory of Human Motivation*)一文中提出了著名的“马斯洛需求层次理论”(Maslow's Hierarchy of Needs)。该理论将人类需求从低到高按层次划分为五种，分别是生理需求、安全需求、归属与爱的需求、尊重需求，以及自我实现需求。这五种需求具有层次性，按照由低到高的顺序发展，马斯洛强调，只有较低层次的需求得到基本满足后，个体才会追求更高层次的需求。换言之，如果一个人还在为基本的生理或安全需求奋斗，那么他可能很难专注于归属感、尊重或自我实现的需求。同时，已得到满足的需求并不能继续作为激励来源，激励作用主要来自尚未被满足的需求层次。

生理需求主要指呼吸、食物、睡眠等方面，是最基本的需求，用来维持个体的生存要求，最能推动和激励个体的行为。

安全需求包括人身安全、健康保障、工作稳定、资源储备和免于恐惧。马斯洛认为，整个有机体有一个追求安全的机制，渴望满足安全的需求。

归属与爱的需求包括归属的需求（渴望成为群体中的一员并得到关心、照顾）和爱的需求（被他人爱和爱他人）。相较于生理需求，归属与爱的需求更为细腻，且与个人的生理特征、教育水平、成长环境和宗教信仰等都有关系。

尊重需求指个人对拥有一定的社会地位、获得他人的尊重，以及社会认可的渴望。尊重需求可分为内部尊重（自尊）和外部尊重（受他人尊重）两个方面。马斯洛认为，个体的尊重需求得到满足可使个体充满自信，对生活充满热情，体会到自己的生命价值。

自我实现需求指个体最大限度地发挥个人能力，实现个人理想和价值，是最高层次的需求。马斯洛认为，人必须忠实于自己的本性，必须从事适合自己的工作，这样才会享受最大的快乐。

在马斯洛的需求层次理论中，生理需求和安全需求作为基础需求，属于物质层面。通常在物质层面的需求得到满足后，人们会追求更高层次的精神性需求，如归属与爱的需求、尊重需求和自我实现需求。对于出现“空心病”现象的大学生来说，他们基本的物质需求往往已经满足，但在追求更高层次的精神需求时遭遇了阻碍。这可能是由于他们在成长过程中缺乏情感支持、社交互动和自我认知的培养，因而无法有效地满足自己的精神需求。同时，在所处教育环境中受利己主义和功利主义的影响，家长、教师和学生都过分关注分数而忽略学生身心健康的发展，以致学生在追寻爱和归属感、他人的肯定和自我实现的过程中迷失方向，从而在价值观及信仰层面出现“空心”现象，缺失人生意义感，继而影响日常生活和学习。

第二节 自我效能理论

美国心理学家阿尔伯特·班杜拉（Albert Bandura）在其1977年的著作《社会学习理论》（*Social Learning Theory*）中正式提出了“自我效能”（Self-efficacy）这一概念。自我效能是一个人对自己能够成功完成特定任务或达到特定目标的信念和信心。这一信念不仅依赖个体的知识和技能，还取决于他们运用这些能力来应对挑战、解决问题、达成目标的决心和毅力。

自我效能对个体行为的影响体现在两个关键方面：一是努力程度与坚持不懈。自我效能感强的个体在遇到挑战时，会更有决心去克服困难，愿意付出更多的努力，设定并追求更高层次的目标。相反，自我效能感低的人在遇到挫折时可能更容易放弃，因为他们对自己的能力持有怀疑态度。二是心理状态和生理反应。自我效能会影响个体在追求目标时的心理状态和生理反应，自我效能感高的个体在面临压力和挑战时，能够更好地管理自己的情绪，保持较为稳定的生理机能，如较低的应激激素水平和较强的免疫系统功能，同时能较好地抑制焦虑和紧张情绪，从而更有可能坚持到底并成功完成任务。简而言之，自我效能感在个人的心理健康、行为决策、目标设定、压力与挑战应对等诸多方面起着至关重要的作用，是影响个体生活质量、学习成效、职业发展等多方面表现的重要心理变量。

自我效能感较强的人通常具备更强的心理弹性，他们更容易抵御负面情绪，如焦虑和抑郁的侵袭，并在学术领域取得更好的成绩。同时，他们更注重维护和提升自身的身心健康，在遭遇挫折和逆境时，能够以积极乐观的态度面对，不会轻易因为一时的失败而质疑自身的能力，而是会选择冷静分析问题，寻求解决问题的方法，把挑战视为成长的机会。

第三节　自我同一性理论

埃里克森的自我同一性理论植根于其心理社会发展理论体系，这一理论是对弗洛伊德人格发展理论的深度拓展与革新。埃里克森认为，个体的心理成长并非孤立进行，而是深嵌于自我意识与社会环境的持续互动过程中。这一过程的各个阶段伴随着特定的主要冲突和矛盾，在这个动态过程中，人格逐步塑造并显现。

埃里克森将人生划分为八大连续且相互关联的发展阶段，每一阶段承载着独特的心理及社会发展任务，当个体成功应对并解决了这些核心任务时，就有可能实现自我同一性的构建，进而培养出积极的人格特质，并稳健过渡至下一阶段。反之，若个体未能妥善处理这些任务，则可能导致“同一性危机”的发生，此时个体可能陷入对当前心理发展阶段及外部环境的不适，体现出缺乏目标导向、生活状态散漫迷茫的状态，这无疑阻碍了他们形成健康完整的人格。

在埃里克森看来，青年期的关键发展议题是建立自我同一性。这一概念指向个体在特定情境下实现自我整合与适配的能力，实质上是个体追求内在协调统一、延续连贯的一种倾向。具体表现为，个体对诸如“我是谁”“我将来的发展方向如何”，以及“人生的意义是什么”等深层次问题持有个人化、有意识的认知与感悟。青少年的同一性形成过程至少受四个因素的影响：一是青少年自身的认知发展水平，二是与父母的关系及父母教养方式，三是人际交往，四是学校、社会及更广泛的文化环境。早期埃里克森认为，个体自我同一性在15至18岁确立，但后来的研究表明，个体自我同一性的确立大约发生在大学时期。

大学阶段对于个体的自我探索和自我同一性建构至关重要，直接影响着大学生的心理健康成长进程。身处大学校园的青年人正处于心理发展的延缓满足阶段，他们在初中和高中的学习生涯中，大多沉浸在高强度的学习压力与频繁的考试挑战中，鲜有充足的机会深入反思自我层面的问题。然而，步入大学，他们拥有了更为充裕的时间和精力来审视自我，挖掘自我，确定自我定位。在此期间，若大学生自我同一性的形成遇到障碍，则可能导致一系列内心困惑的涌现，如“我是谁”“人生的意义为何”等，其中，自我认同危机表现得尤为突出，即个体在自我身份认知方面产生了深刻的疑虑①。

故此，针对大学生在这一特殊发展阶段的心理需求，采取积极且具有针对性的教育策略显得至关重要。教育工作者应当通过引导，激发并强化大学生自信、乐观的态度，对未来充满希望的精神，以及坚韧不拔的心理素质，助力他们实现对过去自我的认可、对当下自我的接纳和对未来自我的憧憬。这样不仅能够增强他们的学习适应能力，也能促使他们保持健康的心理状态，建立完整的人格结构，从而有效地实现大学生自我同一性的构建，成功帮助他们应对大学这一关键阶段的心理与社会挑战。

---

① 郭金山:《西方心理学自我同一性概念的解析》,《心理科学进展》2003年第2期,第227-234页。

第四节　身份认同理论

身份认同是横跨哲学、心理学和社会学等多个学科的重要概念，它代表个体对自身角色和人际关系的本质认知与定位。身份认同可细分为两个维度，即社会身份认同和自我身份认同。一方面，社会身份认同着重于个体作为社会成员的属性和角色，强调的是人在社会结构、文化背景和群体关系中的位置与认同；另一方面，自我身份认同则聚焦于个体内在的心理和生理特性，它是个体在内心深处对自己的认知、接纳与评价，是以个人独特性为核心的自我感知与表达。

在个体发展过程中，自我认同是在与社会环境不断交互的过程中形成的，包含着个体对自身存在意义、价值和目标的内省与反思。当个体的自我认同与其所在社会赋予的身份期望或群体认同之间存在显著差异时，个体可能感受到疏离与不安，甚至催生自我认同危机，体会到强烈的孤独感、迷失感和身份混乱，这对个体的心理健康和社会适应能力构成了挑战。埃里克森认为，“认同是个体自我的延续，能够带给个体社会心理的稳定感”[①]。身份认同出现危机，不仅意味着个体对自我身份认同的危机，也意味着“个体与他人的关系，以及在此关系中形成的意义观、价值观和地位感的危机”[②]。

对于认同危机，查尔斯·泰勒将其进一步解释为：“一种严重无方向感的表现形式，个体常对自己是谁感到迷茫，对自己在社会中所处位置也极端不确定。”[③]大学生处在从青春期过渡到青年期的重要阶段，该阶段是自我同一性形成的关键期，随着年龄增长、阅历增加，自我认同不断变

---

① 埃里克·H.埃里克森:《同一性:青少年与危机》,孙名之译,浙江教育出版社,1998,第67–89页。

② 王成兵:《当代认同危机的人学解读》,中国社会科学出版社,2004。

③ 查尔斯·泰勒:《自我的根源——现代认同的形成》,韩震等译,译林出版社,2001,第37页。

化。当大学生出现自我认同危机时，其身份认同危机更多表现为无意义感，即觉得生活没有提供任何有价值的东西[①]。出现身份认同问题的大学生往往对自我角色认识模糊，表现出无方向性、无目的性、无所适从，意义感和价值感丧失。如若对“大学生”这一特定身份产生认同危机，则会没有归属感，感到孤独和无助，继而出现行为偏差和理想信念的虚化[②]。身份认同问题对当代大学生身心健康成长具有重要影响，必须高度重视并多加引导。

第五节 社会适应理论

心理学家斯宾塞最早使用了“社会适应”这一概念[③]，从一般意义上说，社会适应指个体在与周围环境相互作用的过程中，追求与周围环境达成和维持和谐、平衡状态的过程[④]。当外界环境发生变化时，人们往往需要做出必要的反应或改变以适应周围环境的变化，这种适应一般体现在心理和行为两个层面[⑤]。具体来看，个体从刚开始接触新环境的不适应到后来的逐渐适应，通常要经过认知调节、态度转变和行为选择三个阶段[⑥]。

认知调节被视为适应过程的起始步骤，是个体对环境转变做出初步响应的阶段，由外部评估和内部评估两部分构成。其中，外部评估指判断并确定周围环境具体发生了哪些变化，内部评估主要指个体基于对周围环境变化的合理认识，对自我内部状态进行更深层次的探索与评价。

---

① 安东尼·吉登斯：《现代性与自我认同》，赵旭东、方文译，生活·读书·新知三联书店，1998，第9页。

② 李冰、刘桂云：《论大学生身份认同危机及教育对策》，《河北经贸大学学报》（综合版）2010年第1期，第120-123页。

③ 杨彦平：《社会适应心理学》，上海社会科学院出版社，2010，第12页。

④ 陈建文：《人格与社会适应》，安徽教育出版社，2009，第45页。

⑤ 杨彦平：《社会适应心理学》，上海社会科学院出版社，2010，第12页。

⑥ 唐靓瑜：《社会适应理论视角下城郊新市民群体幸福感研究——基于上海市闵行区的实证调查》，硕士学位论文，华东师范大学，2015，第23页。

在认知活动进程中，个体所经历的各种认知变化会对情绪态度产生相应的影响，这种影响可以展现出正面或负面的效应。从本质上说，态度的转变是内在心理动力系统与外显行为反应之间的中介调节过程；而从现实上看，情感态度层面的调整往往是为了更有效地顺应外部环境的变动。

行为选择主要指对原先的行为方式做出适当的调整和改变，这一过程是以认知调节和态度改变为前提和基础的。从根本上来说，面对外界环境的变化，个体做出的每一个行为抉择都应是其心理适应外化的表现，也可将行为选择理解为认知调节和态度转变的外在执行过程[①]。

学校作为一个小型社会模型，见证了学生从高中生过渡到大学生的角色转换，在此期间，学生需要应对中学与大学在教育宗旨、教学内容、学习策略等诸多方面的差异。面对从高中到大学的外部环境转变，大学生个体的学习动力、学习热情和学习兴趣很可能会随之产生变化。尤其是在学习积极性这一维度上，大学生个体所呈现出的无论是积极还是消极的变化趋势，均可视为他们在适应由高中至大学环境变迁过程中的应对策略和表现形式，进而从某种程度上折射出他们对大学生活的适应程度。

第六节　归因理论

归因是个体对行为结果与原因之间关系的判断，某一行为发生后，人们总禁不住思考导致这一行为发生的具体原因，这就是在不知不觉地对某一事件的后果进行归因[②]。海德在《人际关系心理学》一书中首次提出“归因理论”这一概念，他十分注重对归因过程的研究，认为在归因过程中最重要的是明确行为的发生或改变是由个人还是外界环境引起的。其中，导致行为发生或改变的个人因素主要包含个体的情绪、能力、性格、努力程度等；导致行为发生或改变的外界环境因素主要指情境因素，包括

① 陈建文:《人格与社会适应》,安徽教育出版社,2009,第55-56页。

② 张爱卿:《归因理论研究的新进展》,《教育研究与实验》2003年第1期,第38-41页。

工作任务的难易程度、他人的期望、外部的奖罚等内容[①]。

此后，维纳等多位心理学家对海德的归因理论加以丰富和发展。维纳的成败归因理论认为，个人能力、努力程度、身心状况是内部原因，是行为者自身的因素；任务难度、运气是外部原因，是外在环境因素[②]。由此可以看出，维纳的成败归因理论强调将行为的成败归于内外部两方面的因素，这与海德的归因理论有相似之处。

第七节　学生参与理论和I-E-O模型

随着学生发展理论和大学影响理论的发展，“学生参与度”这一概念越来越受重视。学生发展理论所提出的将学生在大学期间的发展视作自主发展过程的观点，以及大学影响力理论所提出的将学生在大学期间的发展视作外在影响因素的观点，共同促进和深化了“学生参与度”这一概念的发展。在此基础上，阿斯丁（Astin）提出“学生参与”（Student Involvement）理论。该理论认为，学生在有意义的教育活动中投入越长的时间、付出越多的努力和精力，就能获得越大的收获。该理论具有明显的双重核心特征，一方面关注学生在发展中的自身努力程度，包括学生付出的时间和精力等；另一方面关注大学为激励学生发展所创造的环境和条件，包括大学对资源的分配和组织、学习机会的提供等。

为进一步阐释学生个体特征、外界环境与理想的最终教育产出之间的关系，阿斯丁又在学生参与理论的基础上提出了I-E-O模型，该模型包括输入（Input）、环境（Environment）、输出（Output）三个环节。具体而言，输入环节包括个体特征、人际关系、家庭背景等内容，环境环节包括个体所接触的制度、政策、组织、文化、精神等内容，输出环节包括个体知识、技能、价值、信念、行为、人格等内容。该模型强调个体的发展是个

---

① 张爱卿:《归因理论研究的新进展》,《教育研究与实验》2003年第1期,第38-41页。

② 向海英:《成就动机的归因理论与教学改革》,《山东师范大学学报》(社会科学版)2000年第6期,第55-57页。

体特征与所在环境互动的结果，也就是说，学生的发展是学生个人素质、个人背景与所在大学提供的外部支持相互作用的结果。

第八节　多元智能理论

随着教育学、心理学、生理学的发展，学界对智能的理解越来越深入，“智能”这一概念有了更加丰富的内涵。在这一背景下，加德纳（Gardner）于1983年提出“多元智能理论”，指出智能不是一种单因素能力，而是多种能力的组合。具体的智能类型可能会持续变化，但智能的多元组合是不变的。智能不会以单一能力的形式独自存在，而是“在某种价值标准的指导下，个体用以解决问题所需的各种能力”[①]。智能之间组合方式的不同，造成了个体智能之间的差异，这是智能既多元又相互独立存在的结果。因此，为开发和激活智能，需要针对具体能力设置特定的环境或采用特定的教育方式。多元智能理论指导了本研究对“研究生科研能力”这一核心概念的界定，加德纳对智能的定义事实上就是对研究生科研能力的微观解释。在本研究中，研究生科研能力最终被定义为“研究生顺利完成科研活动所需的各种能力”。

智能是多元的。加德纳的初步研究指出，智能一共表现为7种形式，进一步研究后，他又将智能的表现拓展为9种形式。加德纳对多元智能的分类，反映出作为复杂概念的多元智能可以通过梳理关键要素来理解，这也是许多专家学者共同的认识。以多元智能理论为基础，另有学者将智能理解为抽象思维或推理能力、知识获得能力、问题解决能力、记忆力、环境适应力。

---

① Howard Gardner, *Frames of Mind: The Theory of Multiple Intelligences*(New York: Basic Books, 1983).

第九节　积极心理学理论

积极心理学（Positive Psychology）是一个利用心理学目前已比较完善、有效的实验方法与测量手段，来研究人类的力量和美德等积极方面的心理学思潮[①]。积极心理学是一个新兴概念，20世纪中叶，人本主义思潮兴起，引发的人类潜能运动为积极心理学的产生奠定了基础，心理学家开始重视对正常人心理活动积极一面的研究。1997年，著名心理学家马丁·塞利格曼（Martin E. P. Seligman）在担任美国心理学会（American Psychological Association，APA）主席期间正式提出了"积极心理学"这一全新视角，并强调心理学应当更多地研究和促进人类的积极面。2000年1月，塞利格曼与米哈里·契克森米哈赖（Mihaly Csikszentmihalyi）合作撰写并发表了《积极心理学导论》一文，这篇文章的发表被认为积极心理学作为一个独立的研究领域正式诞生的标志。自此，积极心理学在全球范围内得到了迅速发展，被广泛应用，不仅在学术研究中取得了丰硕成果，也在实践应用层面上影响了教育、心理咨询、组织管理等多个领域。

积极心理学是相对于消极心理学而言的，在研究焦点上有明显的转向。消极心理学也就是常见的传统心理学，主要从负向的、病理性的角度来研究心理问题与心理疾病的诊断与治疗。比如，常见的与"心理"相关的词有抑郁、焦虑、强迫、创伤等，其潜在的观念是把人的本质嵌套进疾病模式，而较少涉及潜能、乐观、希望等词汇，对人的积极心理品质缺乏研究，以至于在一定程度上限制了心理学的发展与应用。

积极心理学是致力于研究人的发展潜力和美德等积极品质的一门科学[②]，其最基本的假设就是，人们的美好和卓越与疾病、混乱和悲痛同样

① Kennon.Sheldon and Laura King, "Why Positive Psychology Is Necessary," *American Psychologist*, no.3(Mar. 2001): 216–217.

② Kennon.Sheldon and Laura King, "Why Positive Psychology Is Necessary," *American Psychologist*, no.3(Mar. 2001): 216–217.

都是真实存在的[①]，心理学研究不仅要关注人的疾病，也要关注人的力量和潜能。随着和平与发展的时代主旋律深入人心，人们对于心理学的需求重心已从传统的关注和修复心理问题转向了前瞻性地挖掘和提升个体心理潜能以储备未来发展所需的心理能量上。在此背景下，"心理资本"这一概念应运而生。

积极心理学的研究内容主要有三个主题：积极的主观体验（幸福、愉悦、感激、成就），积极的个人特质（个性力量、天分、兴趣、价值）和积极的机构（家庭、学校、商业机构、社区和社会）。其中，积极的机构可以促进积极特质的发展，进而促进积极主观体验的产生[②]。可见，学校作为"积极的机构"，在培养学生积极的个人特质和促进学生积极的主观体验中承担着重要角色。

第十节　建构主义学习理论

建构主义学习理论在20世纪90年代得到蓬勃发展，逐渐在当代心理学领域占据举足轻重的地位，成为与行为主义、认知主义并列的三大主流心理学理论之一。这一理论的早期奠基工作归功于瑞士心理学家让·皮亚杰，他在儿童认知发展研究中引入了内外因交互作用的观点，强调儿童的认知发展并非被动接受知识，而是通过与外部环境的持续互动，通过"同化"（将新的信息融入原有认知结构）、"顺应"（调整原有认知结构以适应新信息）和"平衡"（维持或打破认知结构的稳定状态）这三个核心过程来建构和重构个人知识体系。

紧随其后，苏联心理学家列夫·维果茨基进一步拓展了建构主义的内涵，他提出的"文化历史发展理论"特别关注个体的心理发展与历史文化背景的紧密联系。维果茨基主张复杂的心理过程，尤其是高级心理机能的发展，是通过语言符号系统等中介工具实现的，并且是从社会互动中向个

①克里斯托弗·彼得森：《积极心理学》，徐红译，群言出版社，2010，第3页。

②克里斯托弗·彼得森：《积极心理学》，徐红译，群言出版社，2010，第3页。

体内部转化的。他的“最近发展区”理论更是深刻影响了教育实践，该理论强调教学应围绕学习者现有水平与通过适当指导所能达到的潜在水平之间的差距展开，从而使教学活动既能够挑战学习者的智力边界，又能支持其进一步成长。建构主义学习理论由此衍生出了多种分支，诸如激进建构主义（强调知识的主观建构性与社会协商）、社会建构主义（注重社会互动与文化传递在知识建构中的作用）、社会文化取向（关注文化工具在认知发展中的中介作用），以及信息加工建构主义（结合信息加工理论解释知识建构的心理过程）。

建构主义学习理论的核心理念强调学习是个体基于已有经验，通过与外部环境互动构建自己对知识的理解的过程。这意味着，学习者对于客观世界的认识并不是简单地复制外部信息，而是依据自身已有的认知结构，通过选择性注意、解释、重组等方式对外部信息进行加工处理，从而形成独特的认知图式。这一过程中，“情境化”体现在学习内容与真实情境的关联，使学习更加贴近生活；“主动性”要求学习者积极参与到知识的探索和创造过程中；“社会化”则意味着学习发生在社会交往之中，他人特别是教师、同伴的影响对于知识的建构具有重要意义。

因此，按照建构主义视角，提高学生的学习质量不只是让学生记住教师传授的事实或原理，更重要的是培养他们运用已有经验解决问题、创造新知识的能力，以及培养他们在社会互动中不断反思、调整和完善自己认知结构的能力。教师的角色也相应转变为引导者和支持者，教师应当帮助学生找到适合自己的学习路径，激发学生的内在动机，并促进他们在合作交流中深化理解和构建更丰富、更具个性化的知识体系。

建构主义学习理论从20世纪90年代传入我国至今，极大地影响了传统的教育观念和教学方式的改进。这一理论不再只倡导学习是单向的、灌输式的知识传递，而是强调学习过程的动态性和互动性，鼓励学生从原有的知识框架出发，通过探究、协作、体验等多种途径，主动建构个人的知识体系和理解框架。在其影响下，师生定位更加明确，教师引导者、帮助者的身份和学生参与者、建构者的主体地位得到社会各界的广泛认可，并在我国部分地区得到落实。

第十一节　学生学习参与理论

20世纪90年代以来，教育公平和教育质量问题引起了世界范围内的广泛关注，特别是在美国等教育发达国家，掀起了深入全国的教育改革运动。这场改革逐渐将高等教育质量关注的焦点从院校的传统指标，如声誉、硬件设施等，转向学生的学习过程本身和教学质量的实质性提升。在此背景下，“学习参与”这一概念逐渐走入大众视野，成为衡量和改进教学质量的重要因素之一。

美国教育学家乔治·库对学习参与的概念作出了极具影响力的定义和诠释，他创造性地从个人维度（学生个体在学习过程中的主观能动性、投入程度）和院校维度（学校及教师提供的学习环境、资源与支持）双管齐下，对学习参与进行了全面而深入的分析。据此，可以将学生学习参与理论的发展历程划分为两个主要阶段，从前期阶段初步探索到后一阶段理论体系成熟完善，这一理论框架不仅在美国教育界产生了深远影响，而且对全球范围内的教育实践和研究都起到了积极的指导作用。

早期的学习参与理论研究更多地集中在学生个体的投入方面，其中，20世纪中期的美国教育心理学家拉夫·泰勒（Ralph Tyler）以其“任务时间”理论为学习参与理论的初期发展提供了理论基础。泰勒强调，学习者投入学习活动的时间量是决定学习效果的关键因素之一，时间投入与学习产出之间存在正相关关系。

到了20世纪80年代，受泰勒理论的启发，学者们进一步细化了对学生投入的认识。其中，佩斯提出了“努力质量”理论，强调了学习者在学习过程中付出的努力质量与其最终的学习成效之间的正比关系，这一理论将关注点从单纯的时间投入扩展到了学生主观能动性和学习效率层面。与此同时，亚历山大·阿斯汀（Alexander Astin）通过其“学生卷入”理论对学习参与的概念进行了更为全面和深入的阐述。阿斯汀指出，学生在学习活动中不只是投入时间那么简单，其投入还包括努力的质量，以及参与的广度和深度，这不仅限于学术活动，还涵盖了社交互动、课外活动等多个层面。在他看来，学生全方位、多角度地参与学习过程，是促进其学业成功和全面发展的重要途径。这一理论为后续教学实践和教育改革提供了有力的理论支撑，对教育质量的提升产生了深远影响。

随着时间的推移，一些学者将关注点从单纯的学生个人投入维度转向个人投入和院校投入两个维度。汀托（V. Tinto）提出的“社会和学术整合”理论就是这一时期学习参与理论的典型代表，他认为，大学以社会整合为目标的学习参与涵盖了师生互动、资源利用等个人投入因素，同时，院校资源的支持也是重要的因素。另一位学者乔治·库提出了较完整的学习参与理论，他认为，学生学习参与包含学生参与有效教学活动的时间、精力和高校在支持学生参与有效学习活动的投入力度两个方面内容。

学生学习参与理论的崛起与发展，是对高等教育质量深层次追问与反思的直接回应，它明确肯定了学生在高等教育质量评价中的主体地位，即学生的学业成绩和学习体验能从根本上评价高等教育的整体质量优劣。因此，尊重学生主体性、关注其成长需求、提升其学习参与度已成为当今各大高校的重要职责，也在实践中促进了学生学习参与量化研究的开展。

在全球范围内，基于前期理论构建的坚实基础，诸如全美大学生学习投入调查（National Survey of Student Engagement，NSSE）、社区学院学生学习投入调查（Community College Survey of Student Engagement，CCSSE）、研究型大学学生体验调查（Student Experience in the Research University，SERU）等大规模的高校调查项目相继实施，对全球高等教育产生了广泛而深远的影响。我国清华大学借鉴NSSE的理念和方法，将学习参与度测试本土化并应用于全国不同地区、不同类型高校，此举在一定程度上推动了我国高等教育体系及其评价标准的深化改革，同时也促进了学生学习参与理论在中国语境下的进一步丰富与拓展。

第十二节 全面质量管理理论

全面质量管理（Total Quality Management， TQM）是随着20世纪60年代工业生产和市场竞争的升级，从质量检测和统计质量控制这两种早期质量管理理论演进而来的先进管理理念和实践体系。该理论的先驱人物是美国通用电气公司的质量管理部部长阿文·费根堡姆（A.V. Feigenbaum），他在1961年首次明确提出“全面质量管理”的概念，并在其著作中详述了这一理论。费根堡姆强调，全面质量管理的核心目的在于通过最经济有效的途径，在充分满足用户需求的前提下，对产品的市场调研、设计、生产和服务等各个环节进行全面质量管理。这就要求企业内的所有部门、所有层级都必须围绕产品质量这一中心，通过全员参与，集成专业技术、管理技术和数理统计技术，构建起一个覆盖产品研发、维护和质量改进的综合管理体系。

全面质量管理的实践原则主张从用户的角度出发，力求做到“用户至上”，秉持以预防为主的管理思路，通过质量策划将质量管理从事后检查转变为事前控制，防止不良品的产生，确保产品在生产过程中就能达到高质量的标准。这一理念在全球范围内得到了广泛的认可和应用，它推动了企业文化的变革，促进了企业在战略层面和日常运营层面对质量管理的高度重视，并将质量管理转化为一种长期的竞争优势。

全面质量管理理论的核心观点主要体现在三个方面。其一是全面管理的观点。全面管理又可细分为对产品生产过程进行全面控制的全过程管理，强调把质量管理工作落实到企业所属各单位、各部门的全企业管理，以及将质量管控工作落实到每位员工的全员管理三种形式。其二是以预防为主的观点。在全面质量管理中，预防优于事后补救，该观点主张通过精心的设计、严谨的工艺规程、先进的设备和技术手段，提前识别并消除可能导致质量问题的因素，而不是等到问题发生后再行纠正。其三是用数据说话，意味着质量管理建立在科学数据分析的基础之上。全面质量管理强调使用统计方法和其他量化工具来收集、分析和解释数据，以此揭示生产过程的内在规律，通过数据实证来进行质量控制和持续改进，确保决策的客观性和准确性。

全面质量管理理论在高等教育领域的应用，意味着高校应当参照全面质量管理的模式来优化教育服务与人才培养过程。在我国高等教育体系中，高校作为教育服务的供应方，需要像企业关注产品质量一样关注教育服务质量，确保满足学生、家长、社会和未来雇主对教育成果的多元需求。

高校在践行全面质量管理理念时，首先，要将学生置于如同商业活动中顾客的核心地位，关注并提升学生对教育服务的满意度。这包括但不限于改善校园内的硬件设施和软件氛围，吸引并激励校内各部门、全体教职员工参与教育质量管理的各个环节，合力提升教育质量。其次，借鉴全面质量管理中的预防原则，高校应重视对学生学习过程的事前规划和事中控制。建立健全教学管理制度与教学质量监控体系，及时发现并解决可能影响学生学习质量的问题，确保学生能在良好的教育环境中全面发展。最后，强调对学习质量的全面评估和持续改进。高校应采用科学、量化的评价指标体系，对学生的知识掌握、技能习得、综合素质乃至创新能力等各方面进行全面考核，并且，结合中国国情及学生个体特点，实时监测、定期反馈、适时调整教育教学策略，确保学生在整个学习周期中都能得到有效的指导和培养。

第三章
拔尖创新人才的学习研究

第一节 学习性投入与学习收获

一、问题的提出与研究设计

（一）问题的提出

当前，我国高等教育正处于“内涵发展、质量提升、改革攻坚的关键时期和全面提高人才培养能力、建设高等教育强国的关键阶段”[①]，高等教育质量越来越成为时代命题。《一流本科教育宣言》的发起和《教育部关于加快建设高水平本科教育全面提高人才培养能力的意见》（又称“新时代高教40条”）的出台与执行，体现了国家层面坚决强化本科教育的决心，以及在教育教学各个环节，尤其是在知识传授、能力培养和素质教育等环节，致力于培养具有国际竞争力的高素质创新型人才的信心。教育部等六部门《关于实施基础学科拔尖学生培养计划2.0的意见》则是在上述总体方针指导下，针对国家急需人才的基础科学领域专门推出的一项重要政策。旨在选拔和培养一批在数学、物理学、化学、生物科学、计算机科学、天文学、地球科学、大气科学、基础医学等基础学科领域内具有深厚发展潜力的顶尖人才，是针对拔尖人才培养提出的新要求，推出的新举措。

在新教育政策的指引下，除了不断优化人才培养机制，大力推行“一

①教育部:《教育部关于加快建设高水平本科教育全面提高人才培养能力的意见》(教高〔2018〕2号),https://www.gov.cn/zhengce/zhengceku/2018-12/31/content_5443541.htm,访问日期:2024年1月11日。

制三化”（导师制、小班化、个性化、国际化）等已被验证卓有成效的教学模式之外，政策更加强调以学生为主体，全方位推进学生全面发展。在教育实践中，不仅要强调教师“教得好”，而且要关注学生“学得好”，致力于激发学生的学习热忱和潜能，鼓励他们积极自主深度学习，自主构建系统的知识框架，并在此过程中培养多元化的能力。也就是说，学生学习已经成为本科教育教学改革的重中之重，备受社会各界的关注与重视。在人才培养质量评价体系中，学生学习质量更是被确立为核心维度，成为衡量教育质量的关键指标。学生的学习收获在一定程度上反映了学生在接受一段时间教育后各方面呈现的发展状态，是学习质量的关键所在[①]。深度学习作为“21世纪技能”的关键构成部分，作为高校大学生能力培养的核心任务，将成为“基础学科拔尖学生培养试验计划”（简称“拔尖计划”2.0）人才培养的重点任务[②]。

2018年，国家在深入总结前期基础学科拔尖人才培养实践经验的基础上，制定了全新的发展规划，着重于扩大覆盖领域、增加培养规模、提升培养质量和创新培养模式，致力于打造符合中国国情且具有示范性的基础学科拔尖人才培养标准、模式和整体解决方案。这不仅为参与“拔尖计划”的各试点高校带来了前所未有的发展机遇，也对各高校提出了更高层次的要求和挑战，要求他们在实践中不断创新和完善人才培养机制。

对“拔尖计划”试验阶段学生的学习性投入与其学习收获之间的关系进行研究，不仅是评估和理解拔尖人才培养初步效果的关键途径，也为改进和有效实施“拔尖计划”2.0提供了宝贵的参考依据。

当前有关学习收获影响机制的研究，通常会围绕院校投入、学校课程和教师教学等外部因素展开探讨。内在因素方面，学者们在探讨学习收获影响机制时，更多地关注学习者自身，如其学习性投入的多少[③]。有研究

①武正营、汪霞：《大学生参与式学习质量的评价理念》，《现代教育管理》2015年第2期，第61-65页。

②刘宇、解月光：《大学生深层学习的过程研究及思考》，《中国电化教育》2014年第7期，第56-62页。

③汪雅霜：《大学生学习性投入度的实证研究——基于2012年“国家大学生学习情况调查”数据分析》，《中国高教研究》2013年第1期，第32-36页。

表明，大学生的专业承诺会影响其学习态度，进而影响其对知识和技能的掌握程度，同时，大学生采取的学习策略及他们对学习的期望也会影响其学习收获[①]。此外，也有学者将学习收获影响因素划分为内因与外因，分别进行探讨，并且通过分析论证得出学生的自主学习等内因是影响学习收获的主要因素[②]。

本研究基于内外因共同作用于学习收获的假设，将学习性投入划分为外部投入（课程强调、政策支持等因素），以及内部投入（精力投入、主动学习等因素），探究“拔尖计划”学生学习性投入对学习收获的影响机制。

（二）研究设计

本研究借鉴了中国大学生学习性投入调查量表的结构框架，对题目及维度进行了严谨的选择与整合，从而构建出学习性投入与学习收获评价量表。其中，学习性投入是关键指标，该指标具体指学生在各类与其学业和实践活动紧密相连的教育活动中所付出的时间和精力强度。值得注意的是，虽然学习性投入主要关联到个体的学习体验，但在学习过程中，学校、教师和家长的支援作用同样不可或缺。因此，在测量中，学习性投入维度下设学业挑战度、主动合作学习水平、师生互动、教育经验的丰富程度，以及校园环境的支持度5个具体测量指标[③]。学习收获是学生的阶段性学习结果，指学生在完成某一阶段、某一系列的课程培养后，在知识、技能、价值观等方面获得的能力与收获。学习收获维度下设知识、能力、价值观、学习满意度，以及创新性5个测量维度。

本研究设计了一份包含50个题目的调查问卷，各题目均采用4级计分规则，评分标准依次为0分、33.3分、66.7分和满分100分，50分为理论上的中等强度观测值。研究以参与“拔尖计划”的七所试点大学作为抽样范

---

①许长勇:《大学生专业承诺对学习投入和学习收获影响机制的研究》,博士学位论文,河北工业大学,2013。

②叶信治:《大学生学习质量保障:学生权利和责任的视角》,《复旦教育论坛》2008年第6期,第39-43页。

③杨院、李艳娜、丁楠:《大学生学习投入类型及其与学习收获关系的实证研究》,《高教探索》2017年第3期,第74-77页。

围，目标对象为成功入选“拔尖计划”的在校学生。发放纸质问卷总计2000份，有效回收1902份，经筛选剔除无效问卷后，得到有效样本1721份，问卷有效率为86%。研究样本分布广泛，涵盖了数学、物理学、化学、生物科学四大自然科学领域及人文社科领域，且研究对象横跨本科四个年级的不同阶段。

分别对学习性投入和学习收获进行高阶验证性因子CFA分析，结果如表3-1、表3-2所示。根据表3-1内容可知，学业挑战度、主动合作学习水平等二级指标的STD值都在0.6以上，SMC值在0.36以上，达到0.01显著性水平。CR值为0.808，在0.60～1.0区间内，CFA各指标值达到标准范围，量表信度良好。同理，根据表3-2内容可得出，学习收获CFA验证性因子分析模型亦符合标准，因此，本研究所创建的量表结构合理。

表3-1　学习性投入CFA因子分析表

因变量	自变量	S.E.	p值	C.R.	Es	SMC	STD	1-SMC	AVE	CR
LAC	学习性投入	—	—	—	1	0.412	0.642	0.588	—	—
ACL	学习性投入	0.255	***	10.961	2.791	0.884	0.94	0.116	—	—
SFI	学习性投入	0.216	***	10.554	2.277	0.716	0.846	0.284	0.482	0.808
EEE	学习性投入	0.087	***	6.284	0.545	0.411	0.641	0.884	—	—
SCE	学习性投入	0.141	***	9.391	1.321	0.396	0.629	0.72	—	

注：***表示$p<0.001$。

表3-2　学习收获CFA因子分析表

因变量	自变量	S.E.	p值	C.R.	Es	SMC	STD	1-SMC	AVE	CR
知识	学习收获	—	—	—	1	0.789	0.888	0.211	—	—
技能	学习收获	0.043	***	22.905	0.992	0.968	0.984	0.032	—	—
价值观	学习收获	0.039	***	21.017	0.822	0.757	0.87	0.243	0.759	0.939
创新性	学习收获	0.043	***	23.403	1.003	0.819	0.905	0.181	—	—
满意度	学习收获	0.037	***	17.932	0.668	0.461	0.679	0.539	—	—

注：***表示$p<0.001$。

二、"拔尖计划"大学生学习性投入、学习收获及其关系分析

（一）学习性投入

本研究中学习性投入下设学业挑战度、主动合作学习水平、师生互动、教育经验的丰富程度及校园环境的支持度5个二级测量指标，对各指标被试得分进行整体均值分析，结果见表3-3。以50分为中等观测水平，均值测量值在50分以上的学生可被认为达到良好的发展水平。由表可知，学业挑战度等在内的4个指标均值在50分以上，表明学生整体发展较好，学校能够为学生设置具有一定挑战难度的课程。但统计表中可见师生互动均值为46.14分，未能达到50分，这说明"拔尖计划"学生与任课教师在学术交流和生活交往过程中仍然存在一些问题，教师对学生的指导与帮助较少。

表3-3　学习性投入各测量指标均值统计表

维度	均值（M）	标准差（SD）	p值
学业挑战度	66.21	19.52	0.000***
主动合作学习水平	56.07	21.99	0.000***
师生互动	46.14	21.55	0.000***
教育经验的丰富程度	73.21	17.33	0.000***
校园环境的支持度	65.98	22.22	0.000***
学习性投入	62.54	14.68	0.000***

注：***表示$p<0.001$。

（二）学习收获

学习收获能够较为直观地反映出经过一段时间学习后学生各方面的发展水平。对学习收获各维度进行均值分析，得到表3-4。根据表格内容可知，"拔尖计划"学生的知识收获、技能收获、价值观收获、创新性发展及学习满意度均值都高于50分的中间观测水平，学生自我报告的学习收获达到了较好程度。在学习收获内部各维度中，学生创新性得分最高，发展最好，价值观收获得分次之。大学生的学习满意度均值相较下最低，说明部分学生对高校现有的教学设施、学习氛围等缺乏认同感和满意感。

表 3-4 学习收获各测量指标均值统计表

维度	均值(M)	标准差(SD)	p值
知识收获	69.26	23.50	0.000***
技能收获	66.88	21.09	0.000***
价值观收获	69.82	25.88	0.000***
创新性	70.63	20.79	0.000***
学习满意度	62.38	20.97	0.000***
学习收获	66.62	18.18	0.000***

注：***表示$p<0.001$。

（三）学习性投入对学习收获的影响模型

对学习性投入和学习收获执行相关性检验，两者的相关系数为0.785，显著性系数值p小于0.001，因此，学习收获与学习性投入呈现出显著的相关性，继续使用AMOS进行模型建构以探讨两者的关系。

1.整体影响机制

根据研究设计，学习性投入包括学业挑战度、主动合作学习水平等5大指标。对学习性投入下的指标进行均值换算，记为潜在变量学习性投入的观察变量，再对学习收获的5个指标执行均值换算，记为学习收获的观察变量，构建模型后进行适配度分析。在建立的模型中，$1<CMIN/DF<3$，AGFI、GFI、CFI、IFI、TLI、RFI值均大于0.9，RMSEA值小于0.05，可继续执行分析。

根据图3-1中SEM模型的标准化结果，潜在变量学习收获的R^2值为0.61，包括校园环境的支持度、教育经验的丰富程度等在内的学习性投入对学习收获的标准化系数值为0.78，已经达到了显著的正向影响水平。这表明“拔尖计划”学生的学习性投入对学习收获呈现显著正向影响，即学生投入越多，校园提供的政策和情感支持越多，师生互动越频繁，那么学生自我报告的学习收获就越高，知识、技能等指标的得分就越高，发展就越好。在学习性投入的解释指标中，校园环境的支持度、师生互动、主动合作学习水平、学业挑战度的解释系数均在0.6以上，表明学生获得的校园支持、与教师的良性互动水平、课程和精力的投入等对学习性投入贡献较大，对学习收获的影响也较大。

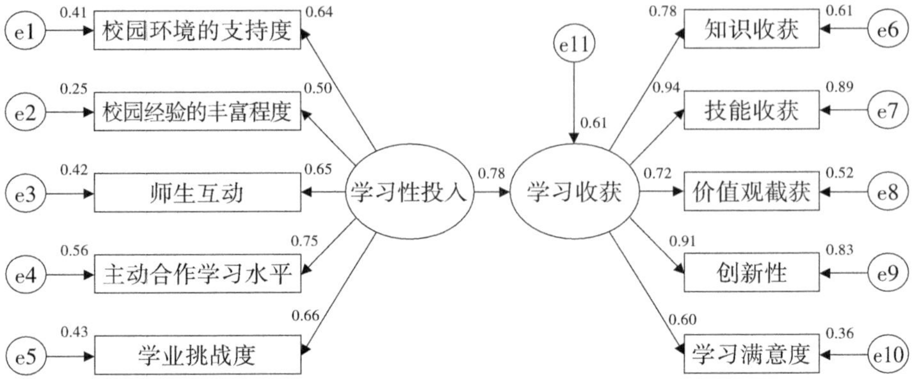

图3–1　学习性投入对学习收获的影响路径图

为探究学习性投入对学习收获的具体影响因素，将学业挑战度、教育经验的丰富程度、师生互动、主动合作学习水平和校园环境的支持度单独作为自变量，仍以学习收获作为因变量继续构建结构方程模型。模型构建符合标准，可以进行具体分析。

表3–5显示的是学习性投入具体指标分别对学习收获的影响，标准化系数即因果模型中的回归系数，它被用来表示自变量对因变量预测能力的大小，体现了学习性投入各指标对学习收获的影响力度。其中，校园环境的支持度和学业挑战度系数值在0.36以上，教育经验的丰富程度、主动合作学习水平系数值在0.1以上，以上4个指标对学习收获有显著的正向影响。据此推测，具有创新性和挑战度的教育实践活动、校园政策的倾斜和丰富的情感支持、学生与教师在教育实践过程中的积极互动与交流等，都会不同程度地促进学生学习收获的提高。

表3–5　学习性投入指标对学习收获影响系数表

因变量	自变量	标准化系数
学习收获	学业挑战度	0.360*
学习收获	主动合作学习水平	0.151*
学习收获	师生互动	0.030
学习收获	教育经验的丰富程度	0.268*
学习收获	校园环境的支持度	0.385*

注：*表示$p<0.05$。

2.外部投入对学习收获的影响机制

通过对学习收获的整体影响机制进行分析，发现学习性投入整体对学习收获的影响系数值达到0.72的显著正向影响水平。将“拔尖计划”学生的学习性投入按内、外两部分进行划分，其中，将校园环境的支持度下设的政策和情感支持2个测量指标及学业挑战度中的课程强调维度划为外部投入，将其余3个维度的全部指标划为内部学习性投入。

将课程强调、政策支持和情感支持下的题项加总后进行均值换算，记为潜在变量外部投入的观察变量，对学习收获的5个指标执行均值计算，记为学习收获的观察变量，构建模型后进行适配度分析。所建立的模型中，1<CMIN / DF<3，AGFI、RFI、TLI、GFI、IFI、CFI值大于0.9，RM-SEA值小于0.05，可以进行影响系数等分析。

根据图3-2的SEM模型的标准化结果显示，潜在变量学习收获的R^2值为0.52，包括课程强调、政策支持、情感支持在内的外部学习性投入对学习收获的标准化系数值为0.72，达到显著正向影响水平。数据表明，“拔尖计划”学生的外部学习性投入对学习收获呈现显著正向影响，即当课程难度达到较高的水平，挑战度较高，学校提供越多的情感和政策支持时，“拔尖计划”大学生自我报告的学习收获水平就越高，发展就越好。

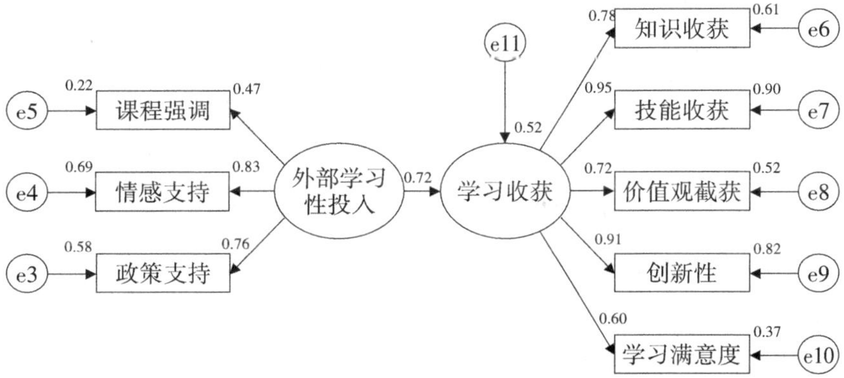

图3-2 外部投入对学习收获的影响路径图

通过SEM路径分析，得出外部投入对“拔尖计划”学生的学习性收获整体具有显著正向影响，至于外部投入对学习性收获具体维度的影响如何，需要进行进一步验证分析。

表3-6显示的是外部投入各具体指标对学习性收获的影响，根据表格

内容，情感支持对学生学习性收获的各个维度均有正向影响，且标准化系数绝对值均大于0.1，达到显著正向影响水平。课程强调对知识收获、技能收获、价值观收获和创新性发展的影响系数值在0.1以上，达到正向影响水平；虽然课程强调对学习满意度呈现负向影响水平，但系数绝对值在0.1以下，故可以忽略不计。同理，政策支持对"拔尖计划"学生的知识收获和学习满意度呈现显著正向影响。据此推测，可以通过提高课程的挑战度和创新性，以及增加院校政策和情感支持的方式促进学生的学习与发展。

表3-6　外部投入对学习性收获影响系数摘要表

维度	课程强调	政策支持	情感支持
知识收获	0.299*	0.204*	0.153*
技能收获	0.370*	-0.009	0.424*
价值观收获	0.326*	0.041	0.246*
创新性	0.410*	-0.025	0.313*
学习满意度	-0.005	0.468*	0.378*

注：*表示$p<0.05$。

3. 内部投入对学习收获的影响机制

根据上文分析，外部学习性投入对学习收获的整体影响系数达到0.72的显著水平。继续将学习性投入的内部投入作为自变量，学习收获作为因变量执行SEM路径分析。以大学生在学习过程中是否提前做准备并与他人探讨为主动学习和合作学习维度，学习过程中教师与学生之间在课上和课后的双向交流为内部投入，将学生在课堂之外参加的各项社会实践活动等都划到内部学习性投入指标体系中。本分析所构建的结构方程模型，各种拟合指标均达到适配标准（1<CMIN / DF<3，GFI、AGFI、RFI、IFI、TLI、CFI值均大于0.9，RMSEA<0.05），因此，可以进行后续的影响因素分析。

根据图3-3的SEM模型，学习收获的R^2值为0.36，内部学习性投入对学习性收获的影响系数为0.60，因此，内部投入对学习收获有正向影响。即学生在教育实践活动中投入的时间精力越多，师生之间良性互动越频繁，学生自我报告的学习收获水平就越高，知识、技能、价值观等的发展就越好。但同时可发现，内部投入对学习性收获的影响系数值小于外部投入的影响系数值，即外部投入更容易促进学生的成长。

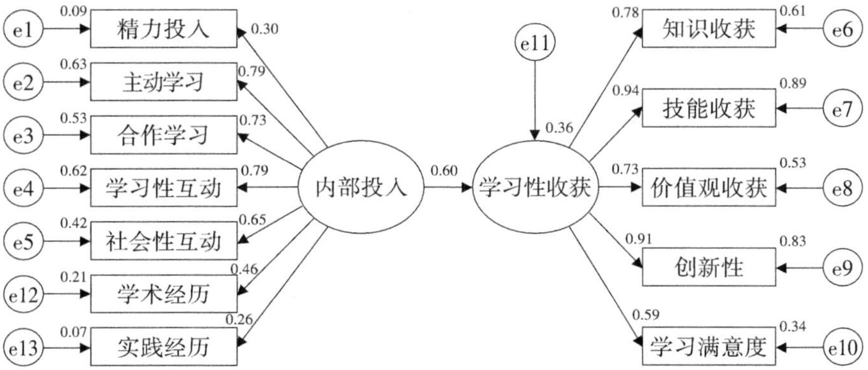

图3-3　内部投入对学习性收获的影响路径图

继续构建模型探究内部投入各具体二级指标对学习性收获各维度的影响，得到表3-7。根据表格内容所示，“拔尖计划”大学生的知识收获主要受学生主动学习、学习性互动和学术经历的正向影响，表明学生的课下准备越充分，与教师在学术上的互动越频繁，参加的学术社团及资格证考试越多，则越容易获得较高的知识收获。而社会性互动对知识收获呈现显著负向影响，这表明学生在实习、田野调查上的经历越多，知识收获越少。

“拔尖计划”学生的技能收获主要受学生合作学习水平和学术经历的影响，标准化系数值为正。这表明学生与同伴的合作学习及课外专业学习经历越丰富，其技能收获越高。

价值观收获主要受精力投入、合作学习、学习性互动和实践经历的影响，具体表现为当学生投入的时间和精力越多，合作学习水平越高时，其自我报告的价值观收获反而越低，对自己的认识和了解水平越低；当学生拥有较多的课外实践经历，与教师进行较多的学术探讨时，其自我报告的价值观收获水平就越高。

“拔尖计划”学生的创新性发展水平主要受教育经验丰富程度的影响，即学生参加的学习经历和实践经历越丰富，其创新意识和创新能力的发展水平越高，其中，实践经历的影响更大。

学习满意度反映了“拔尖计划”学生在参与学习活动之后的主观感受或态度，是一种对学习活动结果性的感知，主要受主动学习和实践经历的影响。当学生参与更多的实践活动，并且能够主动预习课程时，对学校校园环境、学术氛围等的满意度水平就越高。

表3-7　内部投入对学习性收获影响系数

维度	知识收获	技能收获	价值观收获	创新性	学习满意度
精力投入	0.040	−0.023	−0.129*	−0.061	0.078
主动学习	0.119*	0.017	0.074	0.040	0.131*
合作学习	−0.058	0.111*	−0.125*	−0.023	0.066
学习性互动	0.183*	0.063	0.104*	0.094	−0.026
社会性互动	−0.113*	−0.038	0.056	−0.062	0.067
学术经历	0.158*	0.191*	0.017	0.182*	−0.039
实践经历	0.094	0.091	0.223*	0.205*	0.115*

注：*表示$p<0.05$。

三、结论与建议

（一）结论

本研究通过建构不同的SEM模型探讨学习性投入对学习收获的具体影响机制，将学习性投入划分为内部投入和外部投入进行探讨，汇总结果见表3-8。

表3-8　学习性收获影响因素汇总表

因变量	自变量
知识收获	课程强调、政策支持、学习性互动、学术经历、情感支持、主动学习、社会性互动
技能收获	情感支持、课程强调、学术经历、合作学习
价值观收获	课程强调、情感支持、实践经历、精力投入、合作学习
创新性收获	课程强调、情感支持、实践经历、学术经历
学习满意度	政策支持、情感支持、主动学习、实践经历
学习性收获(总)	课程强调、情感支持、学术经历、实践经历、学习性互动

注：自变量中仅选取SEM模型中标准化系数显著的变量，按标准化系数绝对值由大到小排列。

1. 学习性投入对学习收获具有显著正向影响

学生学习性投入的多少可以直接影响学习收获，即学生学习性投入越多，自我报告的学习收获水平越高。本研究构建SEM模型对数据进行分析后发现，“拔尖计划”学生学习性投入对学习收获的影响系数值为0.72。这说明如果学生能接触到更多具有挑战性的课程，花费更多的时间和精力在学习上，保持良好的师生互动水平，经常与同伴合作学习，则其对知识的掌握会更深刻，对各项能力的掌握会更牢固，并且能够更好地认识自我，更能够在遇到问题时综合运用各种学科知识解决问题，同时能对学校提供的各种设施及学校的整体氛围有更高满意度。

2.学习性投入具体维度对学习收获的影响各有区别

在学习性投入下设各维度中，课程强调对学习收获总体影响最显著，其次是情感支持与帮助，它们都对学习收获具有显著正向作用。这说明对于“拔尖计划”大学生而言，具有一定挑战度的课程体系越完备，院校在情感上给予的各项支持越多，学生自我报告的学习收获就越高。

通过分析发现，师生互动水平不论是对知识收获、价值观收获，抑或是其他各类学习收获，影响系数均较低，这表明“拔尖计划”大学生的师生互动并不能对学习收获的提升做出贡献。对师生互动指标下各题项进行频率分析发现，被调查学生中有1/2以上与教师缺乏课外互动，他们表示很少有机会参与教师的课题研究，也较少与教师就自己的学习、生活、人生规划等问题进行探讨。当前“拔尖计划”内的学生仍缺乏与教师的交往互动，社会性互动亟待增强。

3.外部投入对学习收获影响显著

对于“拔尖计划”学生而言，良好的外部学习性投入比内部投入更能促进知识、技能、价值观、创新性与学习满意度水平的提升。笔者通过数据分析得知，外部学习性投入中的课程强调和情感支持对学习收获各维度的影响系数都达到了显著水平。根据维果斯基的最近发展区理论，具有一定挑战难度的课程反而更容易促进学生的成长与发展，而“拔尖计划”大学生理论与实践能力较强，也更迫切需要有一定难度的课程来进行拔高。相比于外部投入的高贡献度，内部投入对学习收获的影响不够充分，对大学生的成长与发展未起到较好的促进作用。

（二）建议

自“拔尖计划”实施以来，各试点院校投入大量人力、物力和财力，通过加大外部投入来提升人才培养质量和学生的学习质量，取得了一定的成果。本研究结果也表明，外部投入中的“高学业挑战”和“充足的支持”对大学生的个人成长与发展影响显著①。

然而，在对比之下，师生互动、自主合作学习、精力集中等内部投入要素对学生发展的积极推动作用尚未得到充分展现。因此，在未来的实践中，试点高校在坚持强化校园环境支持度、搭建富有挑战性的课程结构等外部投入策略的同时，应当更加重视增强学生内部投入，引导大学生逐渐掌握深层次学习方法，以期有效推动学生深度学习能力的发展。本研究现提出以下建议：

1.加大校园环境的支持度

院校应继续加大校园环境的支持度，努力构建良好的、利于人才互动交流的院校文化氛围和政策导向②。高校应通过定期组织多元化的校园活动，如开放日参观、各类竞赛、专题讲座等，积极宣传其教育理念与人才培养模式，吸引并影响即将入学的大学生。

与此同时，高校也应持续从政策层面予以扶持，不仅应在学业指导、生活关怀、经济援助等方面提供必要的协助和支持，而且应配备完善的硬件设施与充足的学习空间，为学生创造优质的学习生活环境。高校可以结合学生实际情况给予充分的情感关怀与支持，通过辅导答疑等途径帮助新生融入大学的集体生活并掌握学习方法；还可以开展系统的就业指导与咨询服务，建立完善的毕业生信息档案系统与跟踪回访机制，增进毕业生与母校的情感联系，增强学生与学院的情感纽带。以此让所有学生产生归属感，共同构建充满凝聚力与活力的育人环境等③。

2.构建具有挑战性的课程体系

基于本节分析，学生的创新能力培养主要受制于课程强调。为此，各参与试点的高校应当定期举行教学研讨会，坚定秉持“以学生为中心”的教育理念，积极建构遵循人才成长规律的课程架构。高校尤其要致力于开

---

①王纾：《研究型大学学生学习性投入对学习收获的影响机制研究———基于2009年“中国大学生学情调查”的数据分析》，《清华大学教育研究》2011年第4期，第24-32页。

②王纾：《研究型大学学生学习性投入对学习收获的影响机制研究———基于2009年“中国大学生学情调查”的数据分析》，《清华大学教育研究》2011年第4期，第24-32页。

③王纾：《研究型大学学生学习性投入对学习收获的影响机制研究———基于2009年“中国大学生学情调查”的数据分析》，《清华大学教育研究》2011年第4期，第24-32页。

发并完善具有一定复杂性和挑战性的探究式、实践型课程，着重于课程的灵活度和可选择性，激励学生充分利用课程选择权，依据个人兴趣、特长和实际需求自主决定修读课程的内容。

高校应注重因材施教的教学原则，针对不同年级、不同专业背景和不同能力水平的学生群体，科学设计并实施符合其个性化发展规律的课程体系和教学模式。在此过程中，尤应强调课程与教育流程的连贯性和一致性，力求充分发挥导师制度的优势，实现对各个年级学生学习进程与全面发展状况的有效关注和精准指导，密切关注并及时回应各年级学生在学习进程和未来发展上的需求变化。高校还应鼓励大学生突破传统专业界限，跨学科选修课程，积极参与各类社会实践活动、科研项目以拓宽知识视野，从而融合多元学科知识，培育和提升大学生的跨学科应用能力和创新潜能，形成自己的兴趣爱好与专业特长。

3.培养良好的师生关系

院校在教育教学管理中应当积极建设各种促进师生深度交流与合作的平台，从而培养出紧密且富有成效的师生关系，坚守“以学生为中心”的教育核心价值观，密切关注每一位学生在成长和发展道路上的实际需求与期望。为此，高校需要努力营造和谐、自由、民主、宽松且充满学术活力的校园文化环境，使教师能够勇于创新教学方法，学生敢于追求卓越进步。具体举措上，可以设立多元化的师生交流机制，如定期的师生座谈会、课题组研讨、一对一辅导、共同参与课外实践项目等，确保双方能够在这些平台上开展平等、真诚的对话与互动，共同推进学术研究技能提升和人格塑造。这样的做法不仅有助于提升教学质量，也能助力良好而持久的师生情谊形成，有力推动全体师生的全面发展。

高校还需打破传统的单向灌输式教育模式，积极倡导并践行双向互动、“教学相长”的教学理念。在“以生为本”理念的指导下，强调学术互动和社会性互动的双重培养途径，疏通和拓宽师生对话的渠道，搭建多元沟通平台，鼓励师生之间开展平等、开放、真诚的对话交流，构建积极健康的良性互动关系。为此，高校一方面要继续加强师生的学术性互动，打造贯穿课堂内外的联动机制，加强教师队伍的职业道德培训力度，使他们能在学生面临学术困惑时，始终保持高度的责任心和敬业精神，做到不辞辛苦、耐心细致地指导学生。另一方面，高校应强调社会性互动在师生关系中的重要意义，定期举行迎新晚会，庆祝传统节日，组织丰富多样的社团活动和社会实践项目，旨在拉近师生间的心理距离，消解双方接触时可能存在的陌生感和紧张情绪，从而建立起深厚而持久的师生情谊。

教师在与学生的交往中，应放下权威姿态，秉持“以生为本”理念，真心实意关心学生的学习和生活状况。高校应主动发现并解决学生在求学过程中遇到的各种难题，根据每个学生的特性和需求，为其量身定制个性化的学习计划和培养方案，因材施教进行针对性辅导与教学，保证教育过程中的公平、公正。对于学生来说，他们应当清晰认知自己对学校教育和服务的期待与需求，积极主动地通过各种合理、有效的途径，及时将自己的诉求反馈给教师和其他教育工作者。

4.促进学生深度学习

“拔尖计划”所追求的目标在于精心培育能够在基础学科领域展现出批判性思考能力和卓越科研实践才能的创新人才。对于这些学生而言，能够熟练运用深层学习方式进行深层次的知识探究，对其综合素质的发展、完善和实践技能的培养，具有至关重要的影响①。

深度学习是一个过程而非结果，它是个体将在某个情境中学到的东西应用到新情境中的过程②。在“拔尖计划”的试验阶段，各项创新人才培养机制、资金投入、教育生态环境、教学方法、课程体系建设、师资队伍力量等外部培养要素的投入已取得显著成效。而在推进“拔尖计划”2.0的过程中，除了要继续保持和优化对外部条件的投入，还应当特别重视激发和增强学生自身的内部投入。这意味着，需要在人才培养的全过程中，将学生作为主动学习的主体置于首要位置，给予他们实质性的关注和投入，使他们在培养流程的最前沿发挥关键作用。

在人才培养的具体实践中，为了促进拔尖创新人才的成长，教育体系应该致力于构建相对宽松且充满可能性的学习环境，鼓励学生按照个人兴

①张浩、吴秀娟:《深度学习的内涵及认知理论基础探析》,《中国电化教育》2012年第10期,第7-11页。

②孙妍妍、祝智庭:《以深度学习培养21世纪技能——美国〈为了生活和工作的学习:在21世纪发展可迁移的知识与技能〉的启示》,《现代远程教育研究》2018年第3期,第9-18页。

趣和特长自主选择学习领域和路径，从而充分挖掘和发展他们内在的潜能与自主学习的精神。在这种环境中，教师的角色更多地转变为引导者和支持者，需要通过合理安排教学活动激发学生形成积极向上的学习态度，增强学生独立思考和主动探究知识的习惯，使学生能够找到适合自己特点和节奏的学习方法，真正做到学会学习而非仅仅接受灌输。在学科专业知识的培养方面，不仅要确保学生打下坚实的基础，还要拓宽他们的知识视野，让他们能够在多学科交叉融合的背景下丰富和完善知识结构。

在信息化时代的背景下，培养学生的信息素养尤其被强调。信息素养包括但不限于高效获取信息、准确筛选信息、深度整合信息及灵活运用信息解决实际问题的能力。首先，高校应通过系统性的实践活动，锻炼学生面对复杂问题时的分析、决策与创新能力，确保他们能够在真实情境中展现出卓越的问题解决能力，成为未来社会所需要的拔尖创新人才。其次，高校应高度重视对学生科学精神、创新能力与探究能力的全方位培养，通过实践活动激活学生对未知世界的好奇心与探索欲望，鼓励学生勤奋阅读、深入学习，锻炼他们在面对学习与科研挑战时的毅力与承受力。再次，高校要着力培育学生的创新意识，启发创新思维方式，提升创新能力，弘扬和培养敢于突破难关、勇攀科学高峰的精神风貌，倡导学生积极涉足跨学科的学习、研究和实践活动，强化团队协作和合作学习能力的养成，鼓励他们主动携手导师和同窗共同探讨学术问题。最后，要培养出顶尖人才，学校不仅应培养他们深厚的专业知识底蕴、卓越的学术创新能力和国际比拼实力，而且要注重培育学生的家国情怀，鼓励其树立远大理想抱负，矢志不渝地为国家的繁荣昌盛贡献智慧和力量。

第二节　心理弹性与创造力

一、引言

2009年，著名科学家钱学森提出了“为何中国大学难以批量培养出顶尖创新人才”的问题，即“钱学森之问”，在中国高等教育界引起了深入且广泛的探讨。为了直面并解决这一教育挑战，中国政府适时启动了一项名为“基础学科拔尖学生培养试验计划”的战略举措，该计划针对数学、物理学、化学、计算机科学和生物学这五个核心基础学科，致力于选拔和精心培育有望成为未来科学领军人物的拔尖学生。

随着时间的推移，中国政府进一步强化了对上述问题的应对措施，到了2018年，教育部正式发布了《关于实施基础学科拔尖学生培养计划2.0的意见》[①]，继续实施“基础学科拔尖学生培养试验计划”。“拔尖计划”2.0除了延续“拔尖计划”1.0时期注重创设拔尖创新人才的外部培养条件这一要求外，还高度重视“激发学术志趣和内在动力”“创新学习方式”“注重个性化培养”“促进学生自主深度学习”“提升学生学习的挑战性”[②]。也就是说，随着外部条件建设的逐渐完善，“拔尖计划”2.0逐渐将重心落到对学习者自身学习潜力的激发与培养上。

学习被视为一种积极主动的知识建构活动，唯有透彻掌握学习者的学习状况，教育工作者方能更有效地指导其开展学习进程。“拔尖计划”2.0凭借其提供的广泛学术机会与优质教育资源，吸引了众多经过多元选拔机制筛选出的学生。那么，在这样的教育环境中，这些学生呈现出怎样的学习状态，他们是否能够成功适应高标准、高强度、高竞争的学习生活？面对学术和生活中的困难与压力，他们是否具备积极心理调适能力，他们在哪些方面有所收获，成长是否符合培养计划设定的目标期望，还有哪些潜在的能力尚未被充分挖掘？

对上述问题展开研究并给予解答，对于持续优化“拔尖计划”的人才培养流程、提升其培养质量与成效具有显著意义。因此，本研究在“以学生为中心”的理念指导下，引入心理弹性、学习适应性、创造力3个概念，从这3个变量之间的关系视角研究“拔尖计划”2.0学生的主体性学习状态，考量他们面对学业困难和压力时的心理弹性、对学习的适应状态和学

---

①《关于实施基础学科拔尖学生培养计划2.0的意见》，http://www.moe.gov.cn/srcsite/A08/s7056/201810/t20181017_351895.html，访问日期：2020年7月10日。

②《关于实施基础学科拔尖学生培养计划2.0的意见》，http://www.moe.gov.cn/srcsite/A08/s7056/201810/t20181017_351895.html，访问日期：2020年7月10日。

习后创造力的发展水平，以及3个变量之间的关系，以期推动“拔尖计划”2.0的有效实施，并为拔尖创新人才培养过程中如何激发学生学习兴趣与学习动机、提高心理弹性和学习适应性、增强主体性学习、培养创造力提供实用性的参考和启示。

二、文献综述与研究假设

对个人、社会和国家而言，创造力在应对挑战、与时俱进等方面都发挥着至关重要的作用①。“拔尖计划”2.0的核心宗旨在于选拔和定向培养那些怀揣科研梦想、展现出显著创新素养的学生群体。其中，提升学生的创造力是该计划人才培养任务中的关键目标之一。

以“创造力”为主题的研究开始于19世纪60年代。乔伊·保罗·吉尔福特（J. P. Guilford）通过对创造性人才典型特征的研究，提出了“智力结构模型”②。依据罗伯特·斯腾伯格（R. J. Sternberg）和陶德·洛巴特（T. I. Lubart）的观点，创造力是一种提出并产出具有新颖性和适切性产品的能力③。随着对创造力研究的不断深入，创造力培养成为研究的主要内容之一，创造力培养理论认为培养创造力的方法主要包括创造技能的训练和将创造力培养贯穿在学科教学中两种④。创造力的培养受多种因素的影响，特蕾沙·阿马比尔（T. M. Amabile）以创造动机为核心内容研究影响创造力的社会环境因素，指出教育环境、工作环境、家庭影响、社会影响、政治影响、文化影响，以前的活动、玩耍和幻想，以及物理环境等都会影响创造力的培养⑤。斯滕伯格和洛巴特提出“创造力投资”理论，认

①Lisa DaVia Rubenstein, Gregory L. Callan and Lisa M. Ridgley, “Anchoring the Creative Process Within a Self - Regulated Learning Framework: Inspiring Assessment Methods and Future Research,” *Educational Psychology Review*, no.9(2018): 921–945.

②Joy Paul Guilford, *The Nature of Human Intelligence* (New York: McGraw-Hill, 1967).

③Robert J. Sternberg and Todd I. Lubart, *Defying the Crowd: Cultivating Creativity in A Cultere of Conformity* (New York: Free Press, 1995).

④Calvin W. Taylor and Harold F. Harding, “Questioning and Creating: A Model for Curriculum Reform,” *Journal of Creative Behavior*, no.1(2011): 22–33.

⑤Teresa M. Amabile, “The Social Psychology of Creativity: A Componential Conceptualization,” *Journal of Personality and Social Psychology*, no.2(1983): 357–376.

为创造力的培养离不开智力、知识、思维风格、人格、动机和环境这六种不同但相互关联的资源，如果缺乏这些资源，创造力就不可能产生①。理察德·伍德曼（R. W. Woodman）认为，创造力具有个体差异，拥有某些个体素质的员工更容易发挥出创造力②。米哈里·契克森米哈赖（M. Csikszentmihalyi）也承认个体因素在创造过程中的重要作用，但认为个体因素必须与文化领域和社会力场相互作用才能实现创造③。

心理弹性又称“心理韧性”，目前主要分为能力取向、结果取向和适应过程取向三种定义方式。美国心理协会对心理弹性的定义方式属于适应取向，认为心理弹性是在逆境、创伤、悲剧、威胁或重大压力来源面前适应良好的过程④。心理弹性越高，创伤经历对心理健康的影响越小，越有助于心理健康恢复⑤。面对失败时，高心理弹性水平者挫折感较低，能尽快从失败中恢复并从失败中学习⑥。有研究表明，心理弹性与创造力呈显著正相关⑦，高心理弹性的个体在面对压力时更容易产生积极情绪，从而从压力中恢复并找到压力的积极意义⑧。同时，研究表明，积极情绪状态

①Robert J. Sternberg and Todd I. Lubart, “An Investment Theory of Creativity and Its Development,” *Human Development*, no.1(1970): 1-31.

②Richard W. Woodman, John E. Sawyer and Ricky W. Griffin, “Toward A Theory of Organizational Creativity,” *Academy of Management Review*, no.2(1993):293-321.

③Mihaly Csikszentmihalyi, *Implications of A System Perspective for the Study of Creativity* (Cambrideg: Cambridge University Press, 1999).

④“The Road to Resilience: What is Resilience,” The American Psychology Association, accessed June 20, 2020, https://www.apa.org/helpcenter/road-resilience.aspx.

⑤Minden B. Sexton, Diana C. Bennett, Maria Muzik and Katherine L. Rosenblum, *Resilience, Recovery, and Therapeutic Interventions for Peripartum Women with Histories of Trauma* (Berlin: Springer, 2018).

⑥Ariane Ollier-Malaterre, “Contributions of Work-Life and Resilience Initiatives to the Individual/Organization Relationship,” *Academy of Management Annual Meeting Proceedings*, no.1(2010): 41-62.

⑦Xinjie Chen and Amado M. Padilla, “Emotions and Creativity as Predictors of Resilience Among L3 Learners in the Chinese Educational Context,” *Current Psychology*, no.12(2019): 1-11.

⑧Michele M. Tugade and Barbara L. Fredrickson, “Resilient Individuals Use Positive Emotions to Bounce Back From Negative Emotional Experiences,” *Journal of Personality and Social Psychology*, no.2(2004): 320-333.

有利于增强创造性总体发挥水平①。综上所述，心理弹性可能会影响创造力，较强的心理弹性有助于促进个体创造力的发展。

学习适应是大学生适应的内容之一，学习适应性是主体根据环境及学习的需要，努力调整自我以达到与学习环境平衡的心理与行为过程②。在拔尖人才培养的过程中，相关院校提升了课程难度和学业挑战，使得“拔尖计划”中的学生所面临的任务和环境相较于普通学生更具挑战性和竞争性。只有当这些学生能够成功适应并适应这种高难度的学习任务与环境时，其创造力的培养与提升才有可能实现。强调学生内在动机、学习兴趣及学习体验，鼓励主动学习，这些措施对激发学生创造性潜能、培养创新能力具有重要意义③。阎琨研究发现，“拔尖计划”人才培养需求与学生个人成长需求存在冲突，学校在培养目标的制订和课程任务设定中过多考虑了学校的期望和要求，却较少考虑学生的期望和需求。例如，一些课程难度过高，学生接受有困难，学校过多用量化标准和统一的方式衡量个人成就导致个体的独特性和创造力被忽略等④。由此可见，学习适应性是影响“拔尖计划”学生创造力发展的因素之一。

此外，有研究表明心理弹性与适应能力呈显著正相关，心理弹性越高，个体对外界环境的调控能力越强，个体就具有越高的适应能力⑤。学习适应性可以预测学生在大学的学业成就，测量指标主要有平均绩点（Grade Point Average）、学分（Attained Number of Credits）和坚持意愿（Intention to Persist）三个，学生的内在动机和自我调节行为均通过学习适应性对学

① Matthijs Baas, Carsten K W De Dreu and Bernard A Nijstad, “A Meta Analysis of 25 Years of Mood Creativity Research: Hedonic Tone, Activation, or Regulatory Focus,” *Psychological Bulletin*, no.6(2008): 779-806.

②冯廷勇、苏缇、胡兴旺、李红：《大学生学习适应量表的编制》，《心理学报》2006年第5期，第762-769页。

③Ronald A. Beghetto, James C. Kaufman主编《培养学生的创造力》，陈菲、周晔晗、李娴译，华东师范大学出版社，2013，第371-385页。

④阎琨：《中国大学拔尖人才培养项目内部冲突实证研究》，《清华大学教育研究》2018年第5期，第63-74页。

⑤Bernhard Leipold and Werner Greve, “Resilience A Conceptual Bridge Between Coping and Development,” *European Psychologist*, no.1(2009): 40-50.

生的学业成就产生影响[①]，这表明学习适应性对实现学习成就具有重要的意义。安·玛斯腾（A. S. Masten）和米歇尔·奥康纳（M. J. O′Connor）发现，心理弹性在学业成就中也起着重要的作用[②]。更深入的研究表明，心理弹性与学生的学习适应呈显著正相关[③]。

以上论述表明，已有研究对心理弹性、学习适应性、创造力变量两两之间的关系进行了研究，对它们之间关系的论证为本研究假设的提出奠定了理论基础。目前，以"拔尖计划"学生（以下简称"拔尖学生"）为研究对象，深入研究以上3个变量之间关系的成果还较少。参与"拔尖计划"的学生在享受高质量的学习环境、充沛的学习资源和多元化的学习机遇的同时，也不可避免地要面临来自国家与学校设置的高度严格、极具挑战性的课程内容与学业任务所带来的压力。这些压力来源广泛，涵盖个人、学业、人际竞争对抗，以及创新探索等多个层面。因此，拔尖学生必须具备高水平的心理韧性，成功适应"拔尖计划"所特有的高压学习与生活环境。只有如此，他们才有可能在应对各种压力和挫折的过程中，不断提升自身的创造力，从而真正实现拔尖创新人才的培养目标。

由此，本研究引入中介变量，深入研究拔尖学生学业中的心理弹性、学习适应性和创造力现状，以及三个变量之间的深层关系。本研究的假设有三条：第一，拔尖学生的心理弹性正向预测创造力，即心理弹性越高，创造力发展越好；第二，拔尖学生的学习适应性正向预测创造力，即学习适应性越强，创造力发展越好；第三，拔尖学生的学习适应性在心理弹性与创造力之间存在中介效应，即心理弹性通过学习适应性影响创造力。

---

①Els C. M. van Rooij, Ellen P. W. A. Jansen and Wim J. C. M. van de Grift, "First Year University Students' Academic Success: The Importance of Academic Adjustment," *European Journal of Psychology of Education*, no.1(2018): 749-767.

②Ann S. Masten and Mary J. O′connor, "Vulnerability, Stress, And Resilience in the Early Development of a High Risk Child," *Journal of the American Academy of Child & Adolescent Psychiatry*, no.2(1989): 274-278.

③张光珍、王娟娟、梁宗保、邓慧华：《初中生心理弹性与学校适应的关系》，《心理发展与教育》2017年第1期，第11-20页。

三、研究设计

（一）研究对象

研究以9所实施“拔尖计划”大学的拔尖学生为对象，发放调查问卷2400份，共回收有效问卷2039份，有效回收率为84.96%。调查对象的基本情况是，男生1167人（占57.23%），女生872人（占42.77%）；大一学生504人（占24.72%），大二学生583人（占28.59%），大三学生572人（占28.05%），大四学生380人（占18.64%）。

（二）研究工具

1.心理弹性量表

本研究采用康纳和戴维森编制的心理弹性量表，克隆巴赫系数为0.89，于肖楠和张建新对其进行了中文修订并发现修订表具有良好的信效度，克隆巴赫系数为0.91[①]。此量表共25个项目，分为坚韧性、力量性和乐观性3个因子，采用李克特（Likert）5点计分法，1分表示“完全不是这样”，5分表示“几乎总是这样”，总分越高，表示被试心理弹性越强。本研究中，该量表的克隆巴赫系数为0.83。

2.学习适应性量表

本研究采用冯廷勇和李红编制的大学生学习适应量表来测量拔尖学生的学习适应情况[②]。此量表共25个项目，采用李克特5点计分法，“完全不符合”计1分，“完全符合”计5分，总分越高，表示被试学习适应性越强。表中25个项目分为学习动机、教学模式、学习能力、学习态度及环境因素5个因子，累积方差贡献率达67.87%。本研究中，该量表的克隆巴赫系数为0.81。

3.创造力量表

本研究采用威廉姆斯（Williams）编制、林幸台等修订的威廉姆斯创造力倾向性测验来测量拔尖学生的创造力水平。威廉姆斯发现，创造力高

①于肖楠、张建新:《自我韧性量表与Connor-Davidson韧性量表的应用比较》,《心理科学》2007年第5期,第1169-1171页。

②冯廷勇、李红:《当代大学生学习适应的初步研究》,《心理学探新》2002年第1期,第44-48页。

的个体敢于冒险，富有想象力，具有强烈求知欲，勇于挑战，创造力低的个体则循规蹈矩。因此，量表通过测验冒险性、好奇性、想象力和挑战性等个人特点，来判定拔尖学生的创造力水平。此量表共50个项目，采用3点计分法，包含8道反向计分题，总分范围为50～150分，总分越高，表明学生的创造力越强[①]。本研究中，该量表的克隆巴赫系数为0.86。

（三）数据处理

本研究通过SPSS软件对数据进行统计分析，采用罗伯特·巴伦（R. M. Baron）和大卫·肯尼（D. A. Kenny）提出的程序检验中介效应，并通过哈耶斯（Hayes）开发的Process宏程序V3.2中的模型4（Model 4）估计中介作用的总效应、直接效应和间接效应[②]。

四、研究结果

（一）拔尖学生心理弹性、学习适应性与创造力的描述统计

对拔尖学生学习适应性、心理弹性与创造力的描述统计分析见表3-9，由表可知，拔尖学生在与心理弹性有关的3个维度上，平均得分分别为坚韧性52.47，力量性34.68，乐观性15.43，总的心理弹性平均分为102.59，得分处于高分段。这说明拔尖学生的学习适应性较好，能够很好地根据需要及时调整自己的学习状态，进而保证学习质量。

表3-9　心理弹性、学习适应性与创造力的描述统计分析

变量	M±SD	变量	M±SD	变量	M±SD
坚韧性	52.47±5.58	学习动机	34.77±4.24	冒险性	26.89±2.63
力量性	34.68±3.37	学习能力	27.18±2.67	好奇性	36.25±3.25
乐观性	15.43±1.70	教学模式	31.91±3.09	想象力	29.62±3.41
心理弹性	102.59±9.39	学习态度	18.20±2.10	挑战性	31.35±2.48
—	—	环境因素	16.37±2.98	创造力	124.10±9.71
—	—	学习适应性	128.43±11.67	—	—

①特丽萨·M. 艾曼贝尔:《创造性社会心理学》,方展画、文新华、胡文斌译,上海社会科学院出版社,1987,第36页。

②Reuben M. Baron and David A. Kenny, “The Moderator-Mediator Variable Distinction in Social Psychological Research: Conceptual, Strategic, and Statistical Considerations,” *Journal of Personality and Social Psychology*, no.6(1986): 1173–1182.

拔尖学生在与心理适应性有关的5个维度上，平均得分分别为学习动机34.77，学习能力27.18，教学模式31.91，学习态度18.20，环境因素16.37，总的心理适应性平均分为128.43，得分处于高分段。这说明拔尖学生的心理弹性较好，能够很好地克服学习上的困难，遭遇的挫折感小，心理状态比较健康。

拔尖学生在与创造力有关的4个维度上，平均得分分别为冒险性26.89，好奇性36.25，想象力29.62，挑战性31.35，总的创造力平均分为124.10，高于王汉青等人测出的一般大学生创造力总体水平（M=116.20，SD=10.29）。对两者进行*T*检验，发现拔尖学生的创造力显著高于一般大学生的总体水平（T=36.76，$p<0.001$），这说明拔尖学生的创造力水平较高，可以从事创造性较强的任务。

（二）拔尖学生学习适应性在心理弹性与创造力之间的中介作用

采用巴伦和肯尼提出的程序检验中介效应，设心理弹性为自变量，创造力为因变量，学习适应性为中介变量[①]。

学习适应性在心理弹性和创造力间的作用如图3-4所示。下面分别阐述图中3个步骤。

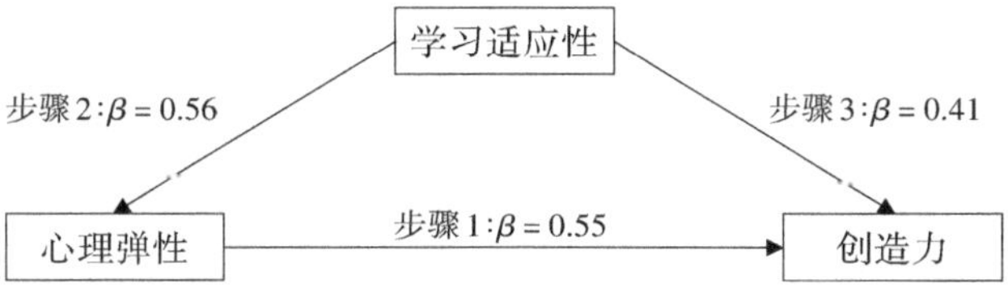

图3-4　学习适应性在心理弹性和创造力间的中介作用

步骤1：以心理弹性为自变量，创造力为因变量进行回归分析，发现心理弹性正向预测创造力（β=0.55，R^2=0.30，$p<0.001$），假设一得到验证。

步骤2：以心理弹性为自变量，学习适应性为因变量进行回归分析，发现心理弹性正向预测学习适应性（β=0.56，R^2=0.31，$p<0.001$）。

步骤3：在引入学习适应性这一中介变量后（β=0.25，$p<0.001$），心理弹性仍对创造力具有显著的预测作用（β=0.41，R^2=0.34，$p<0.001$）。这表

①Reuben M. Baron and David A. Kenny, "The Moderator-Mediator Variable Distinction in Social Psychological Research: Conceptual, Strategic, and Statistical Considerations," *Journal of Personality and Social Psychology*, no.6(1986): 1173-1182.

明学习适应性在心理弹性与创造力之间起到部分中介作用，假设三得到验证。

此外，以学习适应性为自变量，创造力为因变量进行回归分析，发现学习适应性正向预测创造力（$\beta=0.47$，$R^2=0.23$，$p<0.001$），假设二得到验证。

通过Process宏程序V3.2中的模型4，使用自助抽样法对中介作用的总效应、直接效应和间接效应进行估计①，在原样本的基础上进行有放回的重复随机抽样，共抽取5000个自助抽样样本，形成一个近似抽样分布，总效应、直接效应及间接效应值见表3-10。

表3-10　路径模型中介效应显著性检验的总效应、直接效应及间接效应值

项目	效应值(标准化)	标准误	95%的置信区间		效应量(%)
			下限	上限	
总效应	0.55	—	—	—	—
心理弹性—创造力	0.41	0.02	0.36	0.45	74.55
心理弹性—学习主体适应性—创造力	0.14	0.01	0.11	0.17	25.45

中介效应结果显示，学习适应性间接效应95%的置信区间为（0.11—0.17），不包括0，表明存在中介效应；直接效应的95%置信区间为（0.36—0.45），不包括0，表明学习适应性在心理弹性与创造力之间起部分中介作用，且标准化的中介效应值为0.14，占总效应的25.45%。

（三）拔尖学生心理弹性、学习适应性与创造力的相关分析

拔尖学生心理弹性、学习适应性与创造力相关分析的基本情况和相关关系见表3-11。由表可知，拔尖学生的心理弹性与创造力呈显著正相关，学习适应性与创造力呈显著正相关，心理弹性与学习适应性也呈显著正相关。

① Patrick E. Shrout and Niall Bolger, "Mediation in Experimental and Nonexperimental Studies: New Procedures and Recommendations," *Psychological Methods*, no. 3(2002): 422-445.

表3-11 心理弹性、学习适应性与创造力的相关矩阵

变量	创造力	冒险性	好奇性	想象力	挑战性	心理弹性	坚韧性	力量性	乐观性	学习适应性	学习动机	教学模式	学习能力	学习态度	环境因素
创造力	1. 00	—	—	—	—	—	—	—	—	—	—	—	—	—	—
冒险性	0.83*	1.00	—	—	—	—	—	—	—	—	—	—	—	—	—
好奇性	0.86**	0.67**	1.00	—	—	—	—	—	—	—	—	—	—	—	—
想象力	0.80**	0.51**	0.54**	1.00*	—	—	—	—	—	—	—	—	—	—	—
挑战性	0.81**	0.61**	0.62**	0.51**	1.00	—	—	—	—	—	—	—	—	—	—
心理弹性	0.55**	0.51**	0.51**	0.30**	0.50**	1.00	—	—	—	—	—	—	—	—	—
坚韧性	0.53**	0.50**	0.48**	0.29**	0.50**	0.95**	1.00	—	—	—	—	—	—	—	—
力量性	0.47**	0.43**	0.49**	0.23**	0.44**	0.87**	0.71**	1.00	—	—	—	—	—	—	—
乐观性	0.35**	0.35**	0.31**	0.26**	0.26**	0.69**	0.56**	0.50**	1.00	—	—	—	—	—	—
学习适应性	0.47**	0.45**	0.45**	0.23**	0.48**	0.54**	0.53**	0.28**	0.56**	1.00	—	—	—	—	—
学习动机	0.46**	0.42**	0.41**	0.25**	0.46**	0.55**	0.48**	0.28**	0.55**	0.89**	1.00	—	—	—	—
教学模式	0.25**	0.24**	0.26**	0.06**	0.29**	0.32**	0.37**	0.19**	0.35**	0.79**	0.58**	1.00	—	—	—
学习能力	0.52**	0.49**	0.51**	0.30**	0.45**	0.50**	0.47**	0.27**	0.52**	0.75**	0.70**	0.41**	1.00	—	—
学习态度	0.24**	0.18**	0.27**	0.08**	0.28**	0.23**	0.33**	0.12**	0.28**	0.72**	0.53**	0.61**	0.45**	1.00	—
环境因素	0.32**	0.34**	0.27**	0.15**	0.33**	0.38**	0.35**	0.18**	0.38**	0.66**	0.44**	0.44**	0.31**	0.31**	1.00
M	124.10	26.89	36.25	29.62	31.35	102.59	52.47	34.68	15.43	128.43	34.77	27.18	31.91	18.20	16.37
SD	9.71	2.63	3.25	3.41	2.48	9.39	5.58	3.37	1.70	11.67	4.24	2.67	3.09	2.10	2.98

注：**表示$p<0.01$。

五、讨论

（一）拔尖学生心理弹性、学习适应性与创造力的情况

总体上，“拔尖计划”培养下的学生在心理弹性、学习适应性和创造力测评中表现出色，往往处于较高分数区间。他们具备良好的心理素质，即使面对学习挫折也能迅速调整心态，保持较低的受挫感，展现出了较强的抗压耐受能力，并能在学习过程中积累丰富的积极情感体验。

此外，这些拔尖学生还擅长根据不同的学习需求和实际情境，灵活进行自我管理、调整学习策略，快速适应并胜任高要求、高负荷的学习挑战。在创造力方面，他们同样成绩斐然，体现出强烈的求知欲望和探索精神。

然而，进一步的细致研究表明，心理弹性、学习适应性及创造力这些指标在拔尖学生中存在着性别差异和年级差异。

首先看性别差异。数据显示，在“拔尖计划”中，女生在心理弹性与学习适应性这两个方面的表现明显优于男生。而在创造力评估上，尽管男生的平均得分略高于女生，但是两者之间的差距并不显著。这一结论与部分先前的研究成果存在差异[①]。

同时，研究发现，心理弹性与学习适应性均对创造力具有预测作用，女生的心理弹性与学习适应性均显著高于男生，但创造力方面反而不如男生。进一步分析时发现，创造力的性别差异主要表现在挑战性方面，这说明女生相较于男生更不善于寻找多种可能性，逻辑性较弱，不愿深究复杂的问题或观点，比较循规蹈矩，这可能与中国社会长期的文化观念有关，传统上对女性角色的期待常常包含了更多的规矩约束与稳定性上的要求，一定程度上限制了女性在创造性思维方面的自由发展。

其次看年级差异。研究发现，心理弹性、学习适应性和创造力普遍存在大一到大二的上升期，大二到大三的平缓期，以及大四的下滑期，这与

①冯廷勇、李红：《当代大学生学习适应的初步研究》，《心理学探新》2002年第1期，第44–48页。

以往研究结果不尽相同[①]。研究表明，拔尖学生经过大一学年扎实的知识积淀后，通常在大二和大三阶段表现出强劲的创新能力。然而，当进入大四阶段，由于面临毕业、就业及升学深造等多种现实问题，他们的注意力和精力不可避免地被分散，从而导致学习适应能力和创新表现呈现出一定程度的下滑趋势。此外，临近毕业，学生们开始逐步从校园生活过渡到社会生活，其间经历的求职申请、面试淘汰等过程，可能对他们的心理承受力和韧性带来一定考验。

李雄鹰等人研究兰州大学萃英学院拔尖学生的学习质量发现，学生在大三学年相比大四学年参与了更多学术项目、实践活动和社团活动[②]。大四学生由于面对毕业设计、求职准备，以及继续深造等问题，导致其在学习上的投入相对减少，难以为自己营造充足的学习满足感和收获感，也从侧面支持了上述观点。

（二）拔尖学生心理弹性与创造力的关系

数据分析表明，拔尖学生的心理弹性可以正向预测创造力，心理弹性对创造力的解释力达30%，表明增强学生的心理弹性有利于提高拔尖学生的创造力。研究证据表明，心理品质是创造力成长的“土壤”，良好的心理资本（个体在成长和发展过程中表现出的一种积极心理状态）更有利于创造力的发挥[③]。

创新往往不是一蹴而就的，创新失败容易给人带来不愉悦感，降低个体的自尊，从而削弱个体的创造力[④]。心理弹性是心理健康品质的重要构成部分，心理弹性较高的个体具有顽强的意志、调动一切解决问题的应对

①李新啸：《高校大学生创造力的倾向调查及培养对策》，《产业与科技论坛》2011年第21期，第120-122页；高珊、曾晖：《大学生创造力倾向现状调查分析》，《中国电力教育》2012年第10期，第138-139页。

②李雄鹰、黄海峰、马树超等：《兰州大学“拔尖计划”人才培养质量研究——基于大学生学习投入、学习心理与学习收获的视角》，《兰州大学学报》（社会科学版）2018年第5期，第188-197页。

③Lei Huang and Fred Luthans, “Toward Better Understanding of the Learning Goal Orientation Creativity Relationship: The Role of Positive Psychological Capital,” *Applied Psychology*, no.2(2014): 444-472.

④Andrew C. Corbett, “Experiential Learning Within the Process of Opportunity Identification and Exploitation,” *Entrepreneurship: Theory and Practice*, no.4(2005): 473-491.

方式和乐观的心态，有利于缓解、调节与修复失败带给个体的负面影响[①]。

在心理弹性的各个因子中，坚韧性、力量性和乐观性与创造力的各维度均有较强的相关性，均对创造力的影响作用较大。这表明具备高心理弹性的学生在面临高标准的培养目标、艰巨繁重的学术任务、激烈的竞争氛围，以及持续的自我挑战与探索时，能够展现出积极向上的学习态度，保持对自身行为的掌控力，以坚韧不拔的精神、敏锐快捷的反应速度来应对各种挑战。当面临学习瓶颈、发展受阻，甚至遭受失败和批评打击时，这类学生的良好心理弹性可以缓冲负面效应，发挥防御性功能，使他们勇于采用多种策略解决问题，乐于接受并攻克那些复杂且富有挑战性的学习任务。反之，心理弹性较低的学生则可能在“拔尖计划”的学习与发展过程中受阻，其潜能无法最大化发挥。这一结论与史蒂夫·堡尔（S. J. Bull）等的研究发现一致[②]。

（三）拔尖学生学习适应性与创造力的关系

研究发现，“拔尖计划”学生的学习适应性对创造力具有显著的正向预测作用，即学生只有适应了自我、学习任务与环境，才有可能从学习中有所获得，创造力的发展也才有可能实现。林崇德认为，学生的学习行为会受其学习动机所支配，而学习动机通过激发学生强烈的学习需要与意向发挥作用，进而促进其强烈的求知欲和广泛的兴趣，使其渴望独立地进行具有挑战性和创新性的任务[③]。各领域的拔尖创新人才能全身心地沉浸于他们的工作中，甚至达到忘我的状态，均因其拥有强大的内部驱动力。因此，在拔尖创新人才培养中，各高校都特别重视教育教学改革和学习环境建设，为创新人才成长提供沃土[④]。

---

①Dean A. Shepherd, Johan Wiklund and J. Michael Haynie, “Moving Forward: Balancing the Financial and Emotional Costs of Business Failure,” *Journal of Business Venturin*, no. 2 (2009): 134-148.

②Stephen J. Bull, Christopher J. Shambrook, Wil James and Jocelyne E. Brooks, “Towards an Understanding of Mental Toughness in Elite English Cricketers,” *Journal of Applied Sport Psychology*, no.17(2005): 209-227.

③林崇德:《关于创造性学习的特征》,《北京师范大学学报》(人文社会科学版)2000年第1期,第56-63页。

④Mihaly Csikszentmihalyi, *Creativity: Flow and the Psychology of Discovery and Invention* (New York: Harper Collins, 1996).

本研究中的学习适应性包括学习动机、学习能力、学习态度、教学模式和环境因素5个因子，结果表明，“拔尖计划”学生无论是在教学模式、环境因素等外部环境方面，还是在学习动机、学习能力和学习态度等自我内部方面都适应良好，各因子均对其创造力的发展发挥着积极作用。

祁红梅和王惠东的研究表明，当个体学习能力足够强时，外部因素几乎不对个体的绩效创造产生影响①。即在拔尖创新人才的培养进程中，单纯依赖优质的外部学习环境建设和资源配置并不能充分保证培养出高度创新的杰出人才，教育机构还必须着重考量并关注拔尖学生个体在学习适应性方面的培养与提升。这就意味着在实践中，教育机构必须高度重视并着力激发拔尖学生的学习能力，端正其学习态度，培养其持久有效的学习动机，这样才能全方位地孕育出具有高创造力的拔尖人才。

（四）拔尖学生学习适应性在心理弹性和创造力间的中介作用

检验中介效应发现，“拔尖计划”学生的学习适应性在心理弹性和创造力之间起部分中介作用。心理弹性既可以直接影响创造力水平，也可以促进个体对学习动机、学习态度、学习能力和外部环境等方面的适应性，进而影响其创造力。个体的心理弹性高，不仅能降低应激对其心理健康的不利影响，还使其具有更强的适应性②。

高心理弹性对于“拔尖计划”学生的创新能力激发与健康发展的促进作用至关重要。它不仅能帮助学生有效调动内在潜能和积极性，还能推动他们在面对挑战时积极调整自我，适应不同环境，始终保持良好的适应状态和高效的学习状态。拥有良好心理弹性的学生将坚定自信、积极进取，持之以恒地克服各种困难，从而不断提升学习能力，并在此基础上促进创造力的充分发展。

---

①祁红梅、王惠东:《知识定制化与知识转移绩效:个体能力的调节作用》,《科学学与科学技术管理》2013年第7期,第38-44页。

②Ann S. Masten and J. Douglas Coatsworth, “The Development of Competence in Favorable and Unfavorable Environments,” *American Psychologist*, no.2(1998): 205-220; Michael Rutter, “Resilience in the Face of Adversity, Protective Factors and Resistance to Psychiatric Disorder,” *The British Journal of Psychiatry*, no.6(1985): 598-611.

（五）研究的局限性与展望

本研究的局限在于，所关注的拔尖学生群体具有特殊的教育背景和学习要求，研究结果可能无法完全适用于一般大学生或其他受教育群体。未来，可以进一步扩展研究群体，提高研究结果的可推广性。

另外，本研究在测量学习适应性时采用了由冯廷勇等国内学者基于我国大学生群体特点编制的量表，但在创造力和心理弹性方面，均采用国外的成熟量表。虽然这些工具在全球范围内获得了广泛的认可和应用，但文化背景的不同可能导致测评结果在跨文化情境下的适用性受影响。未来的研究可以对心理弹性和创造力的量表进行本土化修订和编制，以便进一步探讨本土化问题。

六、结论与建议

根据以上研究结论，笔者针对“拔尖计划”2.0的实施提出以下几点建议。

首先，内外兼修，多方位激发学生积极性。在拔尖创新人才培养过程中，教育机构不仅要持续关注并加强诸如人才培养模式、课程内容、教材选用、师资力量与学习环境等外部硬件条件的建设与优化，还要投入大量精力去深入了解并关注学生个体的学习需求、学习收获、学习困扰等内在因素。通过多方位、多层次的努力，最大限度地激发“拔尖计划”学生的学习积极性，深入挖掘他们的学习潜能，扎实培养其高效学习能力。因为，即使为学生提供了最为优越的学习环境和大量机会，如果学生本身缺乏内驱力、迷失方向或者对自身能力的认知不准确，便无法顺利适应新的学习情境和挑战性任务，他们提升创造力的可能性也将大大受限。在持续加强各项外部资源配置与设施建设的同时，务必更加重视“以学生为中心”的教育理念，将其切实体现在日常教育实践中，密切关注“拔尖计划”学生的内心世界和主观能动性，以期通过内外兼修的方式，全方位提升他们的学习能力和创新能力。

其次，加强心理健康教育，增强学生心理弹性。“拔尖计划”旨在孕育那些专注于基础学科研究、怀揣深厚的学术热忱、富含创新精神的未来领军人才。这意味着这一特殊的学生群体将会承载比一般学生更为厚重的学术责任，他们在追求科研卓越的道路上，必然要面对层出不穷的挑战，经历频仍的挫败和高压挑战。在攀登科学高峰的过程中，他们的心智、意志和信念都将经受多重因素的严峻考验。耶鲁大学教授德雷谢维奇·威廉在《优秀的绵羊》一书中这样描写精英名校大学生：“他们双修专业，擅长体育，谙熟多种乐器……参加为世界某贫穷地区组织的援助项目……我们似乎不得不向这一群内外兼修、无所不能的精英名校生投以一种羡慕景仰的目光，……当那层不可一世的自信和完美无缺的光鲜外表被剥离之后，你会惊讶地发现，这群年轻人身上寄居着令人窒息的恐惧、焦虑、失落、无助、空虚和孤独。”[①]可见，即使是世界顶级高校的学生也同样面临着心理健康问题的困扰。

近年，我国研究者指出，我国大学生群体中出现了一种被称为“空心病”的现象。该现象对个体的成长和社会发展造成了严重的负面影响，表现出以“理想信念淡薄，缺乏自我认知”“价值取向偏移，功利化倾向显现”“道德情感模糊，道德知行脱节”等为特征的价值虚无感和生命无意义感，给大学生的身心健康发展带来严重困扰，给人才培养带来严峻挑战[②]。

心理弹性作为衡量心理健康状况的一个关键指标，在“拔尖计划”实施背景下的拔尖创新人才培育过程中扮演着至关重要的角色。良好的心理弹性能够显著增强学生在面对创新活动中不可避免的困难与挫折时的抗压能力和复原能力，这一点尤其体现在学生经历困难后仍能保持良好的适应状态、持续学习进步。为此，大学在实施“拔尖计划”时，应当将心理健康教育全面纳入人才培养的整体框架之中，确保为学生提供全程心理健康教育支持和服务。这意味着教师的责任不仅在于关注学生的学术成就，还要深度关切学生的心理成长，采取措施促进学生建立起积极、强韧的心理状态。高校应通过专业的心理健康教育，帮助拔尖学生建立和提升心理弹性，使之能够在学术和人生探索道路上具备更强的抗压能力，从而更好地服务于未来的创新活动和长远发展。

---

①William Deresiewicz, *Excellent Sheep: The Miseducation of the American Elite and the Way to a Meaningful Life* (New York: Simon & Schuster, 2014).

②崔欣玉：《大学生“空心病”现象的反思与对策——基于价值虚无主义的视角》，《思想政治教育研究》2018年第3期，第148-152页。

最后，因材施教，增进学生满足感。在拔尖人才培养过程中，高等教育机构不应盲目追求课程难度的提升，而应当遵循学生身心发展的科学规律，精心策划并实施合理的培养计划，特别是在课程内容编排上要兼顾不同学生的适应性。此外，还需根据不同专业的特性、学生的性别差异及其各自的学习能力差异，个性化定制学习内容，以此增强教学内容的精准匹配度，从而提升学生学习的质量和效率，让学生在学习过程中能够切实体验到进步和收获，增进其学习的满足感。

第三节　拔尖创新人才的培养质量

一、问题的提出与研究设计

（一）问题的提出

出于对国际一流水平基础学科领域创新人才的战略需求，我国在国家人才发展规划和教育发展规划的指导下，自2009年启动了“基础学科拔尖学生培养试验计划”。这项计划的实施标志着我国高等教育人才培养模式迈上了新的台阶，高等教育机构开始集中力量，采取更为精细和高效的培养策略，专注于为中国基础学科领域输送具有卓越创新能力的顶尖人才。自该计划提出至今，各试点大学从人才培养理念、培养模式、课程设置、师资队伍、人才选拔与评价、国际交流、成长环境、学习方式、科学研究及管理等方面给予计划内学生充分的重视和政策倾斜，“拔尖计划”实施效果显著。

2010年8月，兰州大学结合自身基础学科优势，以及多年来通过“基地班”“隆基班”等形式在创新人才培养方面的长期探索，专门成立萃英学院，负责实施“拔尖计划”。学院除承担国家数学、物理学、化学、生物学“拔尖计划”培养任务以外，配套进行了人文学科拔尖学生培养试验[①]。

①龙瑞军、安黎哲、张稳刚、徐鹏彬：《“基础学科拔尖学生培养试验计划”的探索与思考——以兰州大学为例》，《高等理科教育》2015年第4期，第97-102页。

多年来，萃英学院秉持“少而精、高层次、国际化”的原则，逐渐建立起能够吸引相关学科优秀大学生的培养体制机制。萃英学院作为兰州大学积极探索“拔尖计划”大学生创新培养的荣誉学院和教育教学改革示范区，在其探索和实践过程中形成了包括学术精神质疑化、学术环境国际化、能力培养实践化等在内的“十化”人才培养理念。在“十化”培养理念的指导下，学院致力于打造成拔尖创新人才培养的特区。

随着“双一流”大学建设方案的提出和党的十九大将建设教育强国确定为中华民族伟大复兴的基础工程，高等教育领域持续多年的改革发展逐渐揭开了新的篇章。实现内涵发展、提高质量成为高等教育发展的新追求。高等教育质量的评价维度众多，其中，人才培养质量无疑是衡量整体教育质量的核心指标，而大学生的学习质量更是人才培养质量的直观反映和重要组成部分。大学生作为“拔尖计划”实践的主体，其学习质量是“拔尖计划”质量最重要也是最直接的构成和体现，能直接检验人才培养理念和目标的达成度。

（二）研究设计

本研究依照学习质量评价理论和全面质量管理理论的观点，将学习质量界定为“学生学习活动的客观状态及其对当前学习活动是否满足自身需要的主观感受”，据此设计了由学习性投入、学习心理、学习收获3个二级指标和14个三级指标构成的学习质量评价指标体系，在此指标体系基础上编制大学生学习质量调查问卷。

学习性投入作为学生学习质量的测量指标，是学生在课堂活动、与同学和老师互动，以及课外活动等学术性经历中，个人在生理和心理两方面的投入和参与。对学习性投入进行具体测量，需要考虑学校、教师、家长及学生各方面的教育投入。学习性投入下设学业挑战度、主动合作学习水平、师生互动、教育经验的丰富程度及校园环境的支持度5个具体测量指标①。

学习心理包括学习兴趣、学习动机、学习态度和学习意义感4个二级测量指标。其中，学习兴趣即学生是否喜欢学习，是学生对学习过程的积

①史静寰、王文:《以学为本，提高质量，内涵发展：中国大学生学情研究的学术涵义与政策价值》,《华东师范大学学报》(教育科学版)2018年第4期，第18-27页。

极情绪状态；学习动机是一种动力倾向，它能够指导学生产生学习行为并完成学习目标；学习态度具有调节学习行为、影响学习效果的作用，本研究将从学生学习的注意力状况和情绪状况两方面进行测量；学习意义感是学生的一种意识活动，是其在学习活动中对学习的意义和价值的认同，可从对知识的理解及对学习的价值体验两方面进行测量①。

学习收获通常被用来表示学生在阶段学习后期望获得的结果或收获，指学生在完成一系列课程或者培养计划之后，能够证明自己在知识、技能和价值观念上具备了应有的能力。学习收获下设知识、能力、价值观、学习满意度和创新性5个测量维度。

问卷共65道题目，问卷中学习质量各维度采用4点记分法，由低到高分别是0分、33.3分、66.7分、100分，以50分为理论上的中等强度观测值。本研究以兰州大学萃英学院2015级、2016级和2017级180名学生为研究对象，并从相应学科随机抽选1000名普通学生作为对照组。其中，萃英学院回收有效问卷180份，有效率为100%；普通学生共回收有效问卷917份，有效率为91.7%。问卷组成信度CR值为0.874>0.7，CFA的高阶验证符合标准，信度良好。问卷效度0.844>0.80，亦呈现出“良好”的标准。

二、“拔尖计划”大学生学习质量分析

本分析将学习质量划分为学习性投入、学习心理和学习收获3个二级测量指标，对三个量表总体得分情况进行统计，深入分析三级指标内容，并与普通大学生进行各指标上的差异比较，以考察“拔尖计划”学生学习质量。

（一）“拔尖计划”大学生学习质量总体分析

对学习性投入、学习心理和学习收获三个量表总体得分情况进行统计，将每名学生在各题项上的得分加总后取各指标平均值，得到表3-12。从表3-12可以看出，萃英学院学生在学习性投入、学习心理和学习收获三个子量表得分均值均高于50分的中间观测值，表明学习质量总体情况偏向

①容翠、伍远岳：《学习的意义感：价值、内涵与达成》，《教育发展研究》2016年第18期，第13-17页。

高分值，这说明萃英学院学生的整体学习质量良好①。

表3-12 萃英学院学生学习质量总体情况频率表

指标	均值	中值	标准差	极小值	极大值
学习性投入	62.5379	62.3774	14.68237	10.75	100
学习心理	70.8431	66.7000	22.58585	0.00	100
学习收获	66.6167	66.6786	18.17805	0.00	100

在3个二级测量指标中，学习性投入包括学业挑战度、主动合作学习水平、师生互动、教育经验的丰富程度和校园环境的支持度5个方面的内容，其均值为62.5379分，高于50分的中间观测值。这表明萃英学院能够为学生设置具有一定挑战难度的课程，提供较为优越的学习场所和实践条件。学生投入了较为充分的时间和精力，学生与教师保持良好的课内外的双向互动，学生的实践能力得到了较好的培养与发展。

在3个指标中，学习心理得分均值最高，为70.8431分，高于50分的中间观测水平，可见萃英学院的培养方式对大学生良好的学习心态和动力具有积极激发作用。结果还表明，超过半数的学生对学习非常有兴趣，在学习动力上，70%以上的学生能够保持对学习的热情和动力。在学习态度上，75%的学生选择了正向选项，表明学生能够专心学习，学习态度端正。

萃英学院学生学习收获整体均值达到66.6167分，高于50分的中间观测值。表明学生通过在学院的学习增长了知识，拓展了视野，价值观积极向上，跨学科思维和创新能力有了较好的发展，达到了“拔尖计划”的培养要求。

（二）“拔尖计划”大学生学习质量差异性分析

1.性别差异

在受调查的180名萃英学院学生中，女生60名，男生120名。对男女学生的学习性投入、学习心理和学习收获的差异性分析显示，男生在学习性投入、学习心理和学习收获量表的得分均值高于女生。

①吴明隆:《问卷统计分析实务——SPSS操作与应用》,重庆大学出版社,2010,第323页。

在学习性投入下设的具体测量指标中，男生在学业挑战度、主动合作学习水平和校园环境的支持度上均值高于女生，表明男生更善于与同学进行合作学习，在课堂上更能主动提问。在师生互动指标中，女生均值高于男生，表明女生更倾向于与教师沟通和交流，不论是讨论学术问题，还是交流生活经验、探讨职业理想，女生都比男生更乐于分享和交流。在教育经验的丰富程度上，女生均值略高于男生，表现在小指标上，女生在学术经历上的均值高于男生，但在实践经历上，男生均值要高于女生。这表明女生相比于男生较少参加社会实践、社团活动等。

在学习心理具体维度上，男生在各指标的得分均值都高于女生，乐学性和向学性明显，表明他们能够较好地调节自己的心理状态。在学习收获的具体指标得分上，女生均值均小于男生，说明萃英学院男生在知识、技能等方面发展要好于女生，但男女生之间差异性不显著。

2.年级差异

萃英学院学生均为大一学年结束后统一选拔，之前均在普通学院进行培养，因此，萃英学院只有大二至大四年级在校生。故以下分析时仅选取大二至大四学生的数据进行差异性比较。

在学习性投入上，大三和大四年级在教育经验三级指标上存在显著性差异（$p<0.05$），大三学生得分显著高于大四学生。表明大三学生参加学术活动、社团活动、社会实践等的经历多于大四学生。其余4个三级指标上，大三学生均值最高，但与其他年级学生不存在显著差异。

就学习收获各指标而言，除知识收获指标上大二学生均值高于大三和大四学生外，其余指标大三学生均值都最高。表明大三学生无论是在知识收获、创新性发展还是学习满意度等指标上，都高于其余两个年级学生。

对学习心理各题项的分析显示，大三学生比大四学生更能够在学习上有快乐的体验和感受。笔者通过与学生进行访谈得知，经过一年的适应过渡期，在大三学年他们感到对课程较为适应，也更有时间和精力发展自己的兴趣爱好，尤其在独立承担课题时，学生感到满足和快乐，达到了在校期间的体验高峰。而大四学生将更多的时间和精力投入在毕业实习、论文设计、就业深造等事项上，精力不够集中，对学习的体验感和获得感有所下降。

3.专业差异

萃英学院目前共设有数学、物理、化学、生物、人文五个专业，对不同专业学生在3个指标上的差异分析显示，在学习性投入、学业挑战度和教育经验的丰富程度指标上，数学、物理、化学、生物专业的学生得分均值明显高于人文专业学生。理科学生对学习、实验等环境条件满意度高，在学业和课程上的精力投入较多，乐于参加各类学术活动或实践活动。但是在师生互动方面，人文专业学生的得分最高，他们更愿意与教师进行交流和沟通，互动较多。

在学习心理上，不同专业学生存在显著差异，其中，生物专业学生与化学专业学生的均值差达到22.16，物理专业与化学专业学生的均值差达到15.65，三个专业学生均值均超过50分的中等观测水平。这表明生物和物理专业的学生比化学专业学生更能够在学习中保持积极的心态和良好的动机。同样地，物理和生物专业的学生与人文专业学生相比，均值差分别为18和24.5，说明人文专业学生动力明显低于物理和生物专业学生。在其他具体维度上，数学专业的学生学习兴趣最浓厚，并且具有强烈的学习满足感和意义感。

在学习收获上，不同专业学生在知识收获和学习满意度上得分均值差异较小，不存在明显的差异。在技能收获维度上，数学、物理、化学和生物专业的学生与人文专业相比，自我报告的沟通能力、组织领导能力、批判性思维收获较强。在价值观维度上，化学专业学生与人文专业学生相比优势较为明显，化学专业学生表示通过大学的学习能够更加清晰地认识自己和了解自己。在创新性维度上，化学专业的学生与人文专业学生相比拥有更好的创新意识、创新思维和创新能力，获得感更强烈。

（三）“拔尖计划”学生与普通大学生学习质量比较分析

1.学习性投入

利用SPSS软件分别对萃英学院学生和普通学生的三大指标进行比较发现，在学习性投入量表中，萃英学院学生得分均值均显著高于普通学生。其中，学业挑战度、主动合作学习水平和师生互动3个指标得分均值差均在2.10以上。表明萃英学院学生和普通学生在学习性投入各指标上均存在显著性差异，并且以学业挑战度等三项差异较大两类大学生群体学习性投入具体变量的均值差异比较。两类大学生群体学习性投入具体变量的均值差异比较见表3-13。

表3-13 两类大学生群体学习性投入具体变量的均值差异比较

指标	变量	均值(M)		比较		
		萃英学生学院	普通学生	均值差值	T	p值
学业挑战度	课程强调	68.1656	53.6448	14.52080	7.201***	0.000
	精力投入	62.3178	55.2180	7.09978	3.495***	0.000
	总学业挑战度	66.2108	54.1692	12.04160	7.061***	0.000
主动合作学习水平	主动学习	53.4261	36.5033	16.92279	8.299***	0.000
	合作学习	58.7089	48.8550	9.85387	5.024***	0.000
	总学习水平	56.0675	42.6792	13.38833	7.444***	0.000
师生互动	学习性互动	51.1096	33.7738	17.33584	8.238***	0.000
	社会性互动	41.1698	30.4041	10.76574	5.165***	0.000
	总师生互动	46.1397	32.0889	14.05079	7.357***	0.000
教育经验的丰富程度	实践经历	79.5100	77.7357	1.77430	0.987	0.324
	学术经历	68.4822	57.9790	10.50327	6.650***	0.000
	总经验程度	73.2084	66.4461	6.76228	4.847***	0.000
校园环境的支持度	政策支持	62.3681	58.2662	4.10181	1.946*	0.033
	情感支持	69.5926	62.3112	7.28146	3.975***	0.000
	总支持度	65.9803	60.2887	5.69163	3.319***	0.001
总学习性投入	—	62.5379	52.7645	9.77344	8.062***	0.000

注：*表示$p<0.05$，***表示$p<0.001$。

继续对学习性投入各个具体维度进行均值分析，本研究发现萃英学院学生除了在实践经历维度得分均值未达到显著性水平，在其他各具体维度的得分均明显高于普通类大学生。

在学业挑战度维度上，两类大学生群体在课程强调和精力投入维度的得分均值都在50以上，超过了中等观测水平，且萃英学院学生与普通大学生均值差在7以上。表明萃英学院学生相比于普通大学生，能够在学习上投入更多的时间和精力，并且学院更能够根据学生接受程度适当安排具有一定挑战性的课程以培养学生的创新能力。

在教育经验的丰富程度维度上，两类大学生群体的实践经历得分均值均显著高于其学术经历的得分均值。值得注意的是，在师生互动水平上，萃英学院学生和普通学生得分都在50以下，即选择师生互动频率“低”“很低”两项的学生居多。在学习性互动层面，萃英学院学生与普通学生有明显的差别，且萃英学院学生的学习性互动显著高于普通学生。同理，萃英学院学生在社会性互动及师生互动总得分层面均显著高于普通学生，表明萃英学院学生整体与他人的互动多于普通学生。在学习性互动与社会性互动中，萃英学院学生和普通学生在社会性互动指标的得分均低于在学习性互动指标的得分，这也反映了两类学生均缺少与教师在课程外互动的经历。而在学习性互动和社会性互动均值分析中，萃英学院学生得分明显高于普通学生得分。萃英学院多采取导师制，学生可跟随导师进行课题研究，此外，萃英学院配备专门的生活指导教师，因此，萃英学院学生在生活、交往、职业规划等社会性互动中得分明显高于普通学生。

调查发现，萃英学院学生与普通学生不仅在学习性投入各指标水平上存在显著差异，并且两者在年级变化趋势上也存在较为明显的不同，不同培养方式学生在学习性投入指标上随年级变化的趋势见图3-5。萃英学院学生从大二到大四，教育经验的丰富程度、校园环境的支持度和学业挑战度变化趋势为先上升后下降，在大三达到最高值，教育经验丰富程度和学业挑战度在大四时均达到最低值。普通学生中，学业挑战度呈现先上升后下降的趋势，与萃英学院变化趋势一致。结合访谈内容，因为学生在大三学年课程较为集中，并且部分学生为考研或就业而努力学习，不论是学校、课程还是学生自身的原因，都使得大三学生投入学习中的精力较多。升入大四后，学生在校时间减少，课程开设数量少甚至没有，且学校给予高年级学生更多的时间和自由，因此，学业挑战度在大四的得分较低。但这并不意味着学生学习压力减少了，相反，大四年级的学生，不论是就读于萃英学院学生还是普通学院，均面临较大的学业压力。

普通学生在主动合作学习水平指标上呈现持续下降趋势，这与萃英学院学生随年级增长合作学习水平不断提高的趋势形成鲜明对比，可见萃英学院学生主动学习和合作学习意识较强。和上文叙述相一致，尽管在师生互动指标上萃英学院学生和普通学生均有上升趋势，但萃英学院学生均值依旧在50分以下，达不到应有水平。通过访谈得知，尽管学院实行导师制和生活指导教师制度，但萃英学院学生与教师的互动依旧多停留在课堂层面，尤其是与各领域泰斗级教师，平时见面机会较少，得到的辅导也较少。

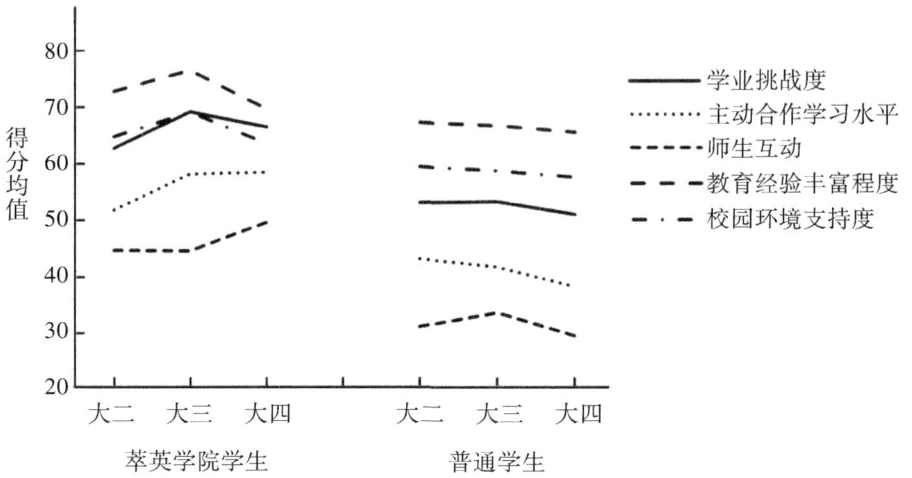

图3-5　不同培养方式学生学习性投入指标随年级变化趋势图

2.学习心理

表3-14体现了不同培养方式学生在学习心理4个指标的均值差异性检验数据。根据表格内容，两类大学生群体在学习兴趣、学习动力、学习意义感和学习态度子量表上均存在显著性差异（p值均为0，小于0.001，达到显著性水平）。结合各指标得分均值，可以认为，萃英学院学生的学习心理显著优于普通学生。尤其是在学习兴趣指标下，两类学生均值差约为20，表明萃英学院学生对学习更加充满兴趣，乐学向学性明显高于普通学生。

表3-14　两类大学生群体在学习心理上的差异分析

检验变量	培养方式	均值(M)	T
学习兴趣	萃英学院 普通学院	73.3444 53.5083	10.172***
学习动力	萃英学院 普通学院	70.7506 50.3442	9.036***
学习意义感	萃英学院 普通学院	70.5647 53.0164	8.487***

续表3-14

检验变量	培养方式	均值(M)	T
学习态度	萃英学院 普通学院	66.4900 51.3269	6.502***
总学习心理	萃英学院 普通学院	70.8431 52.4534	9.752***

注：***表示$p<0.001$。

对不同培养方式学生学习心理的年级变化趋势进行分析，绘制出图3-6。由图可知，在萃英学院学生群体中，学习兴趣、动力、意义感和学习态度得分均值均在60以上，表明学生整体具有良好的心理素质。在年级变化趋势上，萃英学院学生学习动力随年级增加不断下降，学习兴趣、学习意义感和学习态度先上升后下降。普通学生变化趋势正好相反，各指标变化都呈现先下降后上升的趋势，其中，大三年级学生不论是学习兴趣，还是学习动力等，得分均值都在50以下，表明在大三学年，学业任务繁重，学生出现了学习疲惫感等不良心理情绪。需要注意的是，普通学生经过自我调整后学习心理各指标在大四学年均有所提升，而萃英学院学生在最后一学年各类指标都有所下降，尽管仍显著优于普通学生，但这样的下降趋势仍然值得注意。

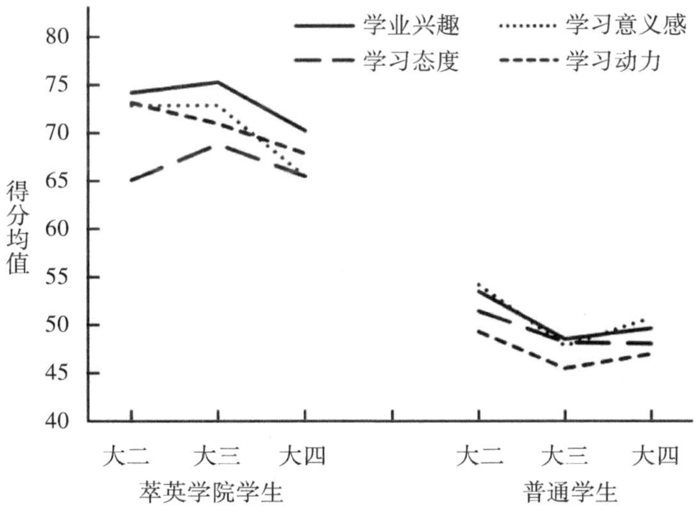

图3-6 不同培养方式学生在学习心理指标随年级变化趋势图

3.学习收获

对萃英学院学生与普通学生的学习收获指标进行均值分析和差异性检验，结果见表3-15。由表可知，萃英学院学生在学习收获一级维度和知识收获、技能收获、价值观、创新性和学习满意度5个二级维度上的得分均值均高于普通大学生，且优势明显（$p<0.05$）。尤其是在知识收获和创新性收获层面，二者得分均值差达到10以上，表明萃英学院学生理论掌握牢固，创新能力突出。此外，萃英学院学生在创新性部分的得分为70.6285，高于中高等强度观察值，说明萃英学院学生在学习的过程中能够主动探索新的观点和寻求更多爱好。

表3-15　两类大学生群体在学习收获上的比较

检验变量	培养方式	均值(M)	p值
知识收获	萃英学院 普通学院	69.2697 55.3826	0.000
技能收获	萃英学院 普通学院	66.8815 58.2940	0.000
价值观收获	萃英学院 普通学院	69.8239 65.2390	0.016*
创新性收获	萃英学院 普通学院	70.6285 59.3099	0.000
学习满意度	萃英学院 普通学院	62.3751 57.8909	0.006*
总学习收获	萃英学院 普通学院	66.6167 58.6702	0.001*

注：*表示$p<0.05$。

由上述分析可知，萃英学院学生在学习收获各指标得分均值均显著高于普通学生。学习收获是一个渐进性的过程，因此，比较两类学生之间的差异还应该结合不同学生各年级指标的变化情况，从多维度比较分析。不同培养方式学生在学习收获指标上随年级变化趋势见图3-7。

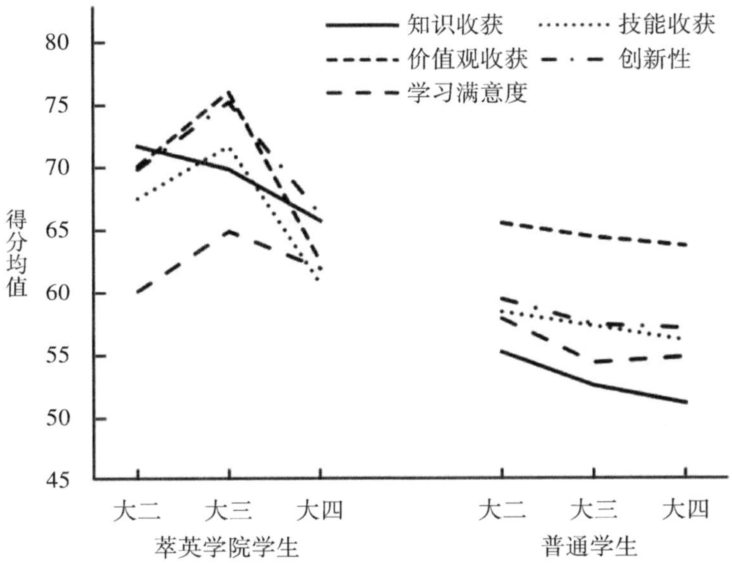

图3-7 不同培养方式学生学习收获指标随年级变化趋势图

由图可知，萃英学院学生在知识收获指标上的得分呈现随年级增长不断下降的趋势，这与普通学生在知识收获层面的变化趋势相一致。萃英学院学生在技能、价值观、创新性和学习满意度4个指标的得分呈现先上升后下降的趋势，在大三各项得分达到最高值，在大四迅速下降。而普通学生与萃英学院学生呈现不同的变化趋势，即除学习满意度在大四上升外，其余各项指标都在随年级增长而不断下降。

“拔尖计划”致力于培养在基础学科领域内具有扎实的理论基础和知识储备，能够以国际化的视野看待问题，创新精神和创新能力并存的学生。因此，学生整体创新性水平最能直接体现计划的实施效果。对创新性具体维度和题项进行差异性分析发现，萃英学院学生在创新意识、创新思维和创新能力3个指标上均显著高于普通学生。

在创新意识维度上，两类大学生群体在题项“主动寻找新的兴趣和爱好”上得分均值均在60分以上，高于中等观察值，说明他们都能够在学习中发现新的兴趣增长点。在题项“探索新的观点”上，萃英学院学生得分均值明显高于普通大学生，在一定程度上反映了拔尖大学生比普通学生具有更强的探索欲和好奇心。

在创新思维维度上，两类大学生群体在题项“能够深入思索事物的奥妙”和“能够从不同的角度思考复杂问题”上的得分均值均高于50分的中等观测水平。但是对于深入思考题项，两类群体均值差达到最大，表明萃英学院学生遇到问题时更倾向于进行深入与细致的研究。

在创新能力维度上，总体来看，萃英学院学生得分均值高于中等观测水平，而普通大学生得分均值为47.7644，低于50分的中等观测值。在具体题项“能够运用所学知识解决实际问题”和“能够寻求解决问题的各种可能性”上，普通大学生均值均明显低于50分中等水平。这表明萃英学院的教育一定程度上使得大学生能够在面对困难时发散思维，多思考、多动手，积极从多种学科入手，寻求多种解决问题的方法，创新能力得到较好的发展。

三、兰州大学“拔尖计划”的实施成效

兰州大学萃英学院自成立以来就得到了校方的高度重视与全力支持，始终坚守科学选拔人才的原则，贯彻因材施教的理念，致力于为我国乃至全球的基础学科研究领域源源不断地输送优秀人才。相较于兰州大学其他学院，萃英学院改革了传统的教学方式、教学组织形式和人才培养模式，汲取国际先进教育理念和实践经验，将实践教学和自主学习深度融合进课堂教学体系，赋予学生更广阔的学习自由度，从而全方位、多维度地激活学生的学习兴趣，提高其学习积极性和内在动力。通过一系列教育改革措施，萃英学院在培养拔尖人才方面付出了坚持不懈的努力，并取得了显著的效果。

（一）秉持科学育人理念，强调创新发展

在衡量“拔尖计划”的实施效果时，学生整体及其在不同学习阶段所展现的创新性水平最具说服力。就学院内部比较而言，萃英学院学生在创新性上的发展要显著好于知识、技能等学习收获。随着本科生导师制的实施，学院内各个专业在创新性维度的得分较为均衡，整体态势良好。就外部比较而言，萃英学院学生在创新意识、创新思维和创新能力各维度的得分均值均明显高于普通大学生，也说明学院的培养模式能够帮助大学生发散思维，运用多学科思维进行问题的探索和解决。

兰州大学萃英学院大学生创新性的良好发展与其一贯坚持的育人理念和科学化的培养目标等息息相关。萃英学院自成立以来便坚持以培养具有

社会责任感、创新精神和实践能力的国际化人才为目标，把创新精神的培养视为衡量其人才培养质量的标准之一。在科学培养目标的指引下，学院将人才培养摆在中心地位，力求以“领跑者”的理念构建“拔尖计划”人才培养示范区，科学地选才、育才，强调学生实践能力和跨学科思维的养成。萃英学院在实践摸索中，逐步凝练出“十化”人才培养理念和模式，其中包括学术精神质疑化、能力培养实践化等，对于培养学生的创新意识和创新能力发挥了至关重要的指导作用。

（二）强调教学改革，促进学习性投入

学生的学习性投入水平是衡量其学习质量的关键指标之一。数据显示，萃英学院学生在学业挑战、教育经验和校园环境的支持度等几项评价维度上，平均得分均超过66.7。这有力地证明了萃英学院学生在这些方面的整体优异表现，体现出学院在提供富有挑战性的学术环境、丰富的教育经验和强有力的支持系统方面所做的努力取得了积极成效，从而能有效促进了学生高品质学习的达成。萃英学院学生积累了相当丰富的教育实践经历，且实践经验明显超过了纯学术经历，这彰显出萃英学院的教育模式并非仅限于理论知识的传授，而是注重将理论与实践相结合，倡导全面发展。学院高度重视拔尖创新人才的投入与产出比，不断审慎修订人才培养方案，革新教学方法，引进与培养优秀的师资力量，优化教学设施和资源，竭力提升学生的学习投入度，从而促进学生的全面发展和学术创新能力的增长。

自成立之初，萃英学院便秉持由专家教授共同参与管理的运行理念，2015年又进一步提出优化导师团队建设的战略，积极推动教法、学法、考法全面改革。学院通过邀请国内外一流师资力量加入“拔尖计划”导师团队和建立完备的科研导师资源库，极大地增强了师资实力。2016年，萃英学院启动了新一轮的专业课程培养方案修订工作，针对数学、物理学、化学、生物学、人文（文史哲）等五大专业，进行了严谨而科学的课程设置和教学模式规划。学院加大了对教学改革的投入力度，逐步实施了三学期制、课程选修制等一系列创新举措，旨在使课程体系更加契合不同专业学生的发展需求和个性化学习特点，从而全面提升拔尖创新人才培养的质量和效率。

（三）关注学生成长，学风积极向上

大学生的学习心理状态在获取知识、提升技能、培养创新能力等方面发挥着不可忽视的积极作用，因此，关注和维护学生的学习心理健康乃是提升其整体学习效果的必然举措。据数据分析，萃英学院学生在各项学习心理指标上的得分均达到了显著性水平，且都达到66.7以上的中高水平，这有力证明了萃英学院学生在学习态度、学习期望、学习动力和学习兴趣等方面具有显著优势。

兰州大学萃英学院秉持“文化育人”理念，将文化熏陶融入人才培养全过程，实现思想政治教育与教学实践、科学研究、社会服务工作的同步策划、同步监督和同步考核。学院尤其关注大学生的心理健康发展，一方面，借助雷锋纪念日、五四青年节等契机组织一系列丰富多彩的课外教育活动，增强学生的社会责任感和自我主体意识；另一方面，学院组建了专门的心理健康教育团队，由学院党政领导和各班级学业导师担任负责人，聚焦学生心理健康的维护与辅导，及时为学生们在学业和个人生活中遭遇的各种困扰给予援助，以此来有力地促进学院内部积极向上、互助友爱的良好学风建设。

四、兰州大学“拔尖计划”的建设路径

2018年是见证国家基础学科拔尖人才培养模式的锐意进取与创新迭代的一年，这一年推出的“六卓越一拔尖”人才培养计划2.0版本，标志性地删除了“试验”二字。这意味着各大高校自此不再需要谨慎地“摸着石头过河”，而可以立足过往经验，勇敢迈入一个更具信心、更为成熟的全新发展阶段，积极打造具有坚实基础和前瞻性的“拔尖计划”2.0培养体系，为国家培养更多大师型人才。在“拔尖计划”的实施过程中，兰州大学萃英学院始终坚持把学生置于中心位置，致力于推动创新人才的培养与成长。学院在践行这一教育理念的过程中，积累了丰富的实践经验，取得了显著的教育成果，同时亦面临着新的挑战和亟待解决的问题。

（一）完善基础学科“拔尖计划”，加大校园环境支持力度

基于实证研究成果，萃英学院在实施拔尖创新人才培养的过程中，应当进一步强化校园环境的支持体系，从政策层面给予特别关注和扶持。不

仅要在学业辅导、生活照顾和经济资助等方面给予学生实实在在的帮助，更关键的是，学院还应加大对学生情感关怀的投入①。为了帮助新入学的学生适应环境并缓解初入学院时可能产生的紧张情绪，萃英学院应积极开展新生答疑活动，营造轻松和谐的氛围。与此同时，对于临近毕业的学生，学院则应提供更为细致的职业生涯规划指导和实用建议，深化学院与学生间的情感纽带，力求让每一位学生都能在此过程中体验到强烈的归属感，真切感受到学院的关怀与支持。

学院在提升校园环境支持力度的同时，也需要与时俱进，借鉴一流高校的成功经验，紧密结合自身的特色优势，在坚守“创新”这一核心理念的基础之上，通过“增量”“拓围”“提质”三个手段全面提升办学水平。这意味着在保持原有学科特色之余，可以根据市场需求和科技发展趋势，适时增设具有前瞻性和竞争力的专业领域，适度扩大招生规模，特别是要针对高水平、高素质的大师级潜力学生，设计并实施精细化、个性化的培养计划，以吸引和培养更多的杰出人才。学院的目标是建设成为一块能充分滋养学生成长、有力推动学术研究的肥沃土壤。在此过程中，学院要特别强调以人为本，根据不同学生的特质和发展需求，灵活制订多元化、针对性强的人才培养方案，并在实践中不断优化升级，迈向人才培养的2.0阶段。

（二）因材施教，注重教育过程延续性

大学生在不同阶段的成长呈现出明显的连续性和阶段性特征，从本科一年级直至四年级，每个年级的学生都拥有各自独特的成长需求和发展重点。因此，在整个本科教育过程中，应当重视并强化连续性的培养策略，即从整体出发，将培养目标精细拆解，对应到每个年级阶段，采取灵活多样的管理模式，以确保实现对学生个体差异化的因材施教。为保证教育效果的延续性，必须把握不同学生的心理，帮助学生明确自己的学习期望与学习动力，以应对不同阶段的学习与发展困难。

对于处于较低年级阶段的学生，高校教育的重点在于培育其内在的创新精神和创新能力，通过多样化的教学手段激发他们对周围世界的好奇心，锻炼其发现问题、分析问题和解决问题的探索能力，助力他们在学术与生

①杜玉波:《探索拔尖创新人才培养新机制》,《中国高等教育》2014第2期,第4-6页。

活双重层面平稳度过转型期，顺利完成从新生到成熟学生的角色转换。

而对于高年级，尤其是大四年级学生，高校教育焦点则转向提升他们对所学知识的实际应用水平和对职业生涯的前瞻规划能力，引导他们准确理解并把握个人未来发展路径，充分利用有限的时间进行深度学习和自我提升。此外，高校还需着力培养他们的自我教育意识和自我管理技巧，以便他们在未来的人生道路上具备独立思考、自我驱动和高效管理的能力。

大四学年是学生学习方式的转型阶段，课程压力的减轻可能导致部分学生出现自我管理能力不足、无所适从的状态。因此，高校可考虑合理安排大四学年的课程内容，此举既能够在大二和大三阶段适当释放学生的学习压力，又能确保教育流程的连续性和完整性。同时，鉴于高年级学生已积累了较为丰富的知识储备，传统的填鸭式教育和过度监管已难以满足他们个性化的成长需求。教师和学校更应该从心理关怀、学业自由度和职业规划指导三个方面着手，密切关注学生的内心世界，尊重并拓展其学术发展空间，有针对性地为他们提供职业发展规划支持与协助。教育过程的延续性要求学校及教师更加注重对高年级学生的因势利导，指导与沟通相结合，帮助他们完成自己的学习任务。

（三）加强师生互动，促进主动合作学习

对基础学科拔尖人才的培养，必须注重加强学生与教师之间的良性互动，促进学生自主学习和合作学习水平的提高。

对高校来说，需要创建民主和谐、宽松自由的校园氛围，激发教师工作和学生学习的动机，改变传统“以教师为中心”的培养理念，秉持“以生为本”的理念，促进学生和教师的互动与交流，建立起平等的师生互动模式。一方面强化课堂内外的学术性互动，设立灵活多样的线上线下联动辅导机制，确保学生在任何时间与地点都能得到及时有效的答疑解惑；另一方面，也要积极创造广泛的社会性互动机会，鼓励师生共同参与社团活动、新年晚会、实验实践及谈心谈话等，借此培养深厚的师生情谊，营造积极正向的校园人文环境。同时，高校应积极推动和深化师生之间的对话交流，构建涵盖学术探讨、生活指导、人格塑造等方面的多维度、立体式的互动模式，鼓励双方展开基于平等与尊重的真诚对话与积极互动。

对于教师而言，应当深入理解和贯彻“以生为本”的教育理念，在制订教学计划和辅导策略时，充分考虑每一个学生的个性化需求和潜能差异，主动出击，积极提供个别化的辅导和指导，确保教育资源的公正公平分配，做到因材施教，实现对学生个性化发展的有效支持和引领。

为提高基础学科创新类学生主动学习能力，教师应竭力打造卓越的课堂教学环境，激发出学生强烈的学习热情和持久的学习兴趣。同时，教育过程中应当充分尊重学生的主体性，鼓励学生积极参与学习进程的管理和评价，参与学习质量的监控和跟踪，让他们能够清晰掌握自己在学术、技能、个人素质等多方面的发展状况。通过这种方式，学生不仅能对自己的学习进度和成果有明确认知，而且能积极主动地投入学习过程，不断提升自主学习的效能。

为了提升学生的合作学习能力，可以设置学习互助小组，鼓励学生围绕课内课外学习中的疑问和课题进行集体研讨与协同学习，共同攻克课程任务，这种团队合作的过程无疑会极大锻炼学生们的合作技巧与创新能力，同时也能加深组员之间的友谊与默契。第二课堂活动也是培养合作学习能力的重要途径之一，举办各种形式多样、富有挑战性的学生团队比赛或项目活动，可以为学生提供更多元、更真实的合作学习场景，让他们在实际操作和团队竞争中学会沟通协调、分工协作，进一步提高合作学习的层次和成效。此类活动不仅有利于学生在解决问题时展现出更强的团队合作精神，还能促进他们全面发展，形成良好的合作学习习惯和团队协作能力。

（四）注重软指标构建，提高学习满意度

基础学科拔尖学生的学习满意度未达理想水平这一现状，具体来说是学生对学习环境、学习经历及职业规划等方面的软性建设不够满意。因此，在提升学习满意度的工作中，首要任务是关注学生的实际需求。高校可以通过设立学生评价机制，收集学生们对现行规章制度的评价意见，以便更有针对性地改进学生工作。高校应当聚焦于构建愉悦而积极的学习氛围，弘扬互助协作的学习风尚，在保证学生有足够的时间专注于学业并积累丰富学习经历的同时，也要注重增强他们的社会交往能力与实践经验[①]。

---

①文静:《大学生学习满意度:高等教育质量评判的原点》,《教育研究》2015 第 1 期，第 75-80 页。

基础学科拔尖类学生培养并非在远离世俗的桃源进行闭关修炼，而是将这些学生融入大学的整体生态系统中，甚至鼓励他们在不同高校间进行广泛的交流与学习。这样做能够让这些拔尖学生清晰认识到自身的优点与不足，激发他们追求卓越的动力，保持持久的学习激情，同时也更容易让他们对现行的培养模式和教学质量产生高度认同感。因此，在校园内部，可以适度放宽学院的边界，接纳普通类别学生参与交流学习，这既能让拔尖学生与广大同学之间产生更紧密的联系，汲取更丰富的实践经验，同时也有助于全体学生的共同发展与进步，真正实现教育的开放和包容。

（五）加强学习心理指导，提高学习动力

大学生的学习心理健康对于知识吸收、技能习得和创新思维培养起着积极推动的作用，故而，关注并优化学生的学习心理健康是提高教育质量不可或缺的一部分。为此，有必要构建一套涉及导师、辅导员、授课教师及同辈等多方面角色的社会全面支持网络，共同协助学生塑造积极健康的学习心理。

对于基础学科拔尖学生这类各专业领域的佼佼者而言，应当为其设定更高的课程发展目标，提供科学合理、深度广度兼具的学习内容，用以激励他们不断追求卓越。同时，设置具有一定挑战性的课程任务和丰富多元的学习素材，可以增强学业挑战度，从而有效激发他们的内在学习动力，推动他们积极向前，不断提升自我。

学习心理的各项指标相互关联而非孤立存在，其中，学习动力的提升尤为依赖学习兴趣和学习态度等多方面因素的协同增长。同时，学生的学术成绩、对待学习的态度，以及外界环境的变迁等因素，都会对学习动力产生直接或间接的影响，造成其动态波动。尽管萃英学院的学生们拥有丰富的教育经历，但一些学生反映存在个人学习动力不足的问题，究其根源，可能是海量教育资源未经系统化、明确化的整合就直接呈现给学生，过多且分散的教育经历反而让学生感到难以吸收消化。因此，高校在强化对学生学习心理辅导的同时，务必注重教育目标的明晰化，使之更为科学、精确且易于被理解和执行。教育目标明晰化的关键在于教育资源质量的提升而非数量的盲目扩张，学校应对学生进行针对性的专业指导，协助他们明智地选择适合自己发展的学术活动和实践项目，借此点燃对学习的热情，并能始终保持高昂的学习动力。

（六）注重实践教学，构建创新性课程体系

实践教学是培养大学生创新意识、创新思维和创新能力的重要途径。作为基础学科人才培养基地，萃英学院在保持现有教学特色的同时，应着力打造实践性和探索性课程，鼓励学生通过多动手、多参观、多实践和多反思的方式培养自己的创新潜质①。同时，学院应当构建遵循学生发展规律和个性化需求的弹性课程体系，赋予学生充分的选择权，减轻过重的学业压力，更多地倡导和支持他们参与社会实践，通过实践活动锤炼和提升创新能力。

对于不同年级和学术表现各异的学生，要制订与之相适应的课程框架和教学模式，避免“一刀切”的做法，拒绝形式主义，尤其重视教育体验在整个大学阶段的连贯性。针对大四学生面临的特殊挑战与困惑，应充分利用导师制度的优势，为大四学生提供跨学科发展的广阔舞台，鼓励他们在多个学科领域进行探索，发掘和培养自身的学术兴趣和业余爱好，以确保他们在大学生涯的最后阶段依然能够保持旺盛的学习热情和持续的成长动力。

创新性作为一种高级认知能力，其发展深受学习兴趣、学习习惯及学习动力的直接影响。因此，学院可以变革传统的教学模式，采取更具吸引力的互动性教学方法以激发学生的学习兴趣，进而推动学生创新性的培养和发展。在教学过程中，教师应秉持“以学生为中心”的教学理念，灵活运用多媒体教学手段和互动讨论的教学方式，积极培养学生的自我教育与自我管理能力，让他们在实践中自行发现问题，独立思考问题，努力寻求解决方案，激发其主观能动性和持久的学习动力。同时，教育工作者应鼓励学生在自我成长与发展中扮演主动角色，始终保持积极进取、勇于探索的心态，面对学术挑战时以主人翁的姿态积极参与，学习过程中遇到疑难点及时与教师沟通交流，有效自我调节，始终保持昂扬向上的态度，力争在拔尖人才培养计划中脱颖而出，成就卓越。

①岳晓东:《大学生创新能力培养之我见》,《高等教育研究》2004年第1期，第84-91页。

第四章
研究生学习现状

第一节　问题的提出

进入21世纪，为应对学生在全球化时代学习面临的新挑战，“学生应该收获哪些重要的学习成果”“高校应该采取哪些措施以促进这些学习成果的产生”成为全社会共同关注的重要议题。除了传统的课堂教学，提供经济资助、完善导师制度、制订个性化培养方案、参与课题或项目等成为促进研究生发展的重要举措。在这些举措中，越来越多的教育活动涌现出来。由于不同的教育活动对研究生的促进作用不同，其中一部分能为研究生提供巨大教育益处的有效教育活动广受关注，被称为“高影响力教育实践”。

科研成果是研究生应该收获的重要学习成果之一，因此，科研能力被普遍认为研究生培养质量的核心素养，也是高影响力教育实践重点关注的学生发展指标。目前，高校开展的高影响力教育实践是否有助于研究生科研能力的提高，这一问题有待思考和回答。考虑到高校资源总归是有限的，重点执行和推进一部分更有助于研究生发展的教育活动成为提高高校资源配置效率的有效手段。在此背景下，关注相对更能给研究生带来教育收益的高影响力教育实践显得尤为重要。因此，本研究以高影响力教育实践为切入点，围绕高影响力教育实践对研究生科研能力的影响这一主题展开。

（一）研究生是支撑社会主义现代化强国建设的关键力量

纵观中外历史，大国的崛起总是伴随着教育，尤其是高等教育质量的兴盛。19世纪，德国的大学在崭新大学理念的指引下，构建起世界一流的大学体系，为德国的统一与强盛奠定了扎实的人才基础、文化基础和科技基础。20世纪，随着美国在政治上和经济上走向世界舞台中心，美国的高等教育也成为全世界关注的焦点和学习的重心，发达的高等教育夯实了美国作为超级大国的地位根基。

高质量的高等教育在适应政治、经济与社会需求的基础上，培养出大批高层次人才，为促进区域经济发展、迎接新时代社会变革奠定了良好的基础。因此，自党的十八届三中全会以来，为支持社会主义现代化强国建设，我国围绕“培养什么人，怎样培养人，为谁培养人”这一教育领域的根本问题和永恒主题，展开了教育领域综合改革[①]。研究生教育改革是教育领域综合改革的重要组成部分，国家颁布了一系列政策以推动研究生教育改革的发展。教育部、国家发展改革委和财政部三部门紧随其后共同制定《关于加快新时代研究生教育改革发展的意见》，指出目前的研究生培养机制在高质量培养和个性化培养上尚有不足，仍有进一步完善进步的空间，未来应进一步强调学术学位研究生的知识创新能力培养，重视专业学位研究生的实践创新能力培养，同时严格把关科研成果要求，倒逼学生潜心治学[②]。

总的来说，研究生教育位于国民教育体系的最顶层，且教育之于政治、经济都有重要的影响，使得研究生成为战略性的人力资源。无论是历史还是现实，都表明在实现中华民族伟大复兴中国梦的征途中，研究生这一类高层次人才是支撑社会主义现代化强国建设的关键力量。

（二）科研能力是研究生的核心素养

研究生作为高素质人才，是国家人才竞争和科技竞争的重要支柱。研究生培养质量的高低不只关乎学生个人的成功、学校和学科的声望，更关乎国家和时代的发展进步，关乎创新驱动发展战略的实施成效和创新型国家的建设水平。只有重视和提高研究生培养质量，才能提升人才培养质

①柴葳:《为中华民族伟大复兴铸魂育人:党的十八届三中全会以来教育领域综合改革成就述评之一》,《中国教育报》2020年11月11日。

②教育部、国家发展改革委、财政部:《关于加快新时代研究生教育改革发展的意见》,http://www.moe.gov.cn/srcsite/A22/s7065/202009/t20200921_489271.html,访问日期:2021年8月9日。

量，构建起新的竞争优势。随着我国经济社会的发展，研究生规模扩大，如何进一步确保研究生培养质量，进而发挥研究生在新时代建设社会主义现代化强国的征程中作为高素质人才和高水平人才的关键性作用，成为社会各利益相关群体广泛关注的问题。

研究生培养质量涉及一系列指标，实际上是对“培养什么人”这一问题的回答。对这一问题的理解是多种多样的，刘延东在全国研究生教育质量工作会议上指出，提高研究生培养质量应该从专业素养、学术潜质和职业能力入手，尤其应该关注创新能力和实践能力的培养和提高①。教育部、国家发展改革委和财政部三部门发布《关于深化研究生教育改革的意见》，指出研究生培养要加强对研究生科研创新能力和专业学术潜质的考察②。国务院学位委员会和教育部发布《关于进一步严格规范学位与研究生教育质量管理的若干意见》，强调提高研究生培养质量应该严抓培养全过程监控与质量保证，遵循学科发展和人才培养规律，突出学术规范和学术道德要求③。学界方面，国内学者普遍认同提高研究生培养质量应该关注研究生内在品质的培养，注重培养情智双修、学问精深的人，尤其应该重视研究生研究能力和创新能力的提高④；西方学者提出“学生成功”的概念，认为研究生培养质量体现在研究生是否能够获得各种有助于学业成功和职业成功的能力，如研究能力和解决问题的能力⑤。

总的来说，研究生教育以研究为主要特征，同时在输送高水平人才上

---

①刘延东:《在全国研究生教育质量工作会议暨国务院学位委员会第三十一次会议上的讲话》,《学位与研究生教育》2015年第1期,第1-6页。

②教育部、国家发展改革委、财政部:《关于深化研究生教育改革的意见》,http://old.moe.gov.cn//publicfiles/business/htmlfiles/moe/A22_zcwj/201307/15418.html,访问日期:2021年8月11日。

③国务院学位委员会、教育部:《关于进一步严格规范学位与研究生教育质量管理的若干意见》,http://www.moe.gov.cn/srcsite/A22/moe_826/202009/t20200 928_492182.html,访问日期:2021年8月10日。

④程斯辉、王传毅:《研究生培养模式:现实与未来——“研究生培养模式改革”高端论坛综述》,《学位与研究生教育力》2010年第3期,第50-53页。

⑤叶信治:《高影响力教育实践:美国大学促进学生成功的有效手段》,《中国高教研究》2012年第9期,第35-39页。

具有无可替代的地位，这使得研究生科研能力不仅成为衡量研究生教育质量的关键，也成为直接影响我国科技创新能力发展和创新型国家建设的重要因素。因此，无论采用什么标准，科研能力都是衡量研究生培养质量的关键性指标，科研能力是研究生的核心素养。

（三）高影响力教育实践是推动研究生发展的重要措施

作为研究生培养质量的关键性指标，科研能力成为高校重点关注和培养的研究生发展内容。高校普遍采取多种措施推动研究生科研能力发展，如提高入学标准、营造良好的研究环境、提供经济资助、完善导师制度、加强导师指导、制订个性化的培养方案、将科研能力视作衡量研究生优劣和研究生导师绩效的重要指标、改革课程体系和课堂教学方法、加强科研组织建设和科研方法训练、设立研究生专项研究课题和研究经费、鼓励研究生参加导师的科研课题、严格学位论文各环节评审、提高毕业标准、加强学术交流、重视导师队伍建设等。可以看到，除了传统的课堂教学活动，越来越多的教育活动成为高校推动研究生科研能力发展的重要措施。

在高校面向研究生提供的各种教育活动中，一部分更能为研究生提供巨大教育益处的有效教育活动逐渐凸显，被称为“高影响力教育实践”[①]。高影响力教育实践能够促使研究生在有目的性的学习任务上付出大量时间和精力，与教师和同伴维持大量互动，与不同文化背景的个体交流，获得频繁的反馈[②]。高影响力教育实践所具有的特点，有助于保障研究生学习成果的产生。虽然由于存在个体差异性，研究生在同一教育活动中往往呈现不同的反应，但整体而言，高影响力教育实践能够比较好地界定对大多数研究生的学业成功有良好促进作用的教育活动。可以认为，高影响力教育实践是推动研究发展的重要措施。

高影响力教育实践的提出，为回答研究生在全球化时代应该收获哪些

①George D. Kuh, *High-Impact Educational Practices: What They Are, Who Has Access to Them, And Why They Matter* (Washington D.C.: Association of American Colleges and Universities, 2008).

②George D. Kuh, *High-Impact Educational Practices: What They Are, Who Has Access to Them, And Why They Matter* (Washington D.C.: Association of American Colleges and Universities, 2008).

重要的学习成果、高校应该采取哪些措施以促进这些学习成果的产生提供了崭新视角。研究生发展包括诸多层面的内容，其中，作为研究生核心素养的科研能力，是体现研究生学业发展和学业成功的关键性证明。因此，强调促进研究生达成学习成果，进而实现学业成功的高影响力教育实践，也将科研能力作为重点关注的学生发展指标。目前，高校开展的高影响力教育实践是否事实上有助于研究生科研能力的提高，这一问题有待回答。

因此，本研究以高影响力教育实践为切入点，围绕高影响力教育实践对研究生科研能力的影响这一主题展开。

第二节　文献回顾

（一）概念界定

1.“高影响力教育实践”的概念界定

基于对人才培养的重视和对学生主体地位的承认，在学习性投入、学习收获、学习积极性等领域，研究逐渐兴起。高校采取的哪些措施更能促进学生的学习性投入、更能提高学生的学习收获，成为学界关注的议题。在这一背景下，大量实证研究展开，证实了各种有目的性的学习活动对学生学习结果的正向作用[①]。1987年，齐克林和加姆森（Chickering & Gamson）总结出七条最能促进学生学习成效的良好本科教育实践原则（Principles of Good Practices in Undergraduate Education），提出有效的教育活动需要做到鼓励师生接触、推动学生合作、促进学生主动学习、基于学生及时反馈、要求学生花费大量时间、传递表达高期望、尊重学生差异这七点[②]。

进入21世纪，相关研究继续发展。出于国家层面对本科教育质量的高度重视，美国学院和大学协会（American Association of Colleges and Univer-

①许丹东、吕林海、傅道麟:《中国研究型大学本科生高影响力教育活动特征探析》,《高等教育研究》2020年第2期,第58-65页。

②Arthur W. Chickering and Zelda F. Gamson, “Seven Principles of Good Practice in Undergraduate Education,” *New Directions for Teaching & Learning*, no.47(1991): 63-69.

sities，AAC&U）基于21世纪对全球化高素质人才的需求，在2005年展开一项以素质教育为主题的国家战略计划（Liberal Education and American's Promise），并发布报告《为了新的全球世纪的大学学习》（*College Learning for The New Global Century*）[①]。基于大量研究，该计划总结出十项能够有效促进学生发展的教育活动，具体包括新生研讨会、学习共同体、通识体验项目、写作强化课程、合作学习、本科生科研、全球化体验、服务学习、实习和顶点课程，强调了教育实践的重要地位[②]。

在总结上述教育活动有效性原因的过程中，"高影响力教育实践"这一概念逐渐产生。计划的参与者库（Kuh）指出，一部分教育活动更能促使学生在有目的性的学习任务上付出大量时间和精力，同时与教师和同伴保持大量互动，与不同文化背景的个体进行交流，获得频繁反馈[③]，这些教育活动所体现的要素是促使学生取得学业成功的关键。可以看到，Kuh所定义的高影响力教育实践，重点关注学生投入和学生互动问题。教育活动需要能保证学生投入大量的时间和精力，也需要能实现学生与更多群体的交流沟通，能够实现这两点的教育活动被认定为高影响力教育实践。围绕这两点，Kuh所在的美国学院和大学协会总结出十项高影响力教育实际实践，不过，这十项高影响力教育实践存在一定的重合，在区分上比较困难。例如，学习共同体和合作学习（两者都以小组合作的形式进行，但前者更强调"共同体"，持续时间较长，而后者更强调"合作"，持续时间较短，这两项活动往往同时进行）；通识体验和全体化体验（两者都强调多

---

①Association of American Colleges and Universities and National Leadership Council, *College Learning for the New Global Century: A Report from the National Leadership Council for Liberal Education & America's Promise* (Washington D.C.: Association of American Colleges and Universities, 2007).

②Association of American Colleges and Universities and National Leadership Council, *College Learning for the New Global Century: A Report from the National Leadership Council for Liberal Education & America's Promise* (Washington D.C.: Association of American Colleges and Universities, 2007).

③George D. Kuh, *High-Impact Educational Practices: What They Are, Who Has Access to Them, And Why They Matter* (Washington D.C.: Association of American Colleges and Universities, 2008).

元价值，着重培养和提高学生在思想、道德、情感方面的能力，但前者更强调“共性”，关注相对永恒的普遍的议题，如环境问题，而后者更强调“个性”，关注民族、种族、性别、文化等导致的差异问题，如种族议题）。这些问题表明，对高影响力教育实践概念的定义有待进一步明确。

对有效性教育活动的强调，使高影响力教育实践力逐渐得到更多机构和学者的关注和重视。机构方面，加州州立大学富尔顿分校（California State University, Fullerton，CSUF）将包括研究、体验、主动学习、学习共同体和人性探索在内的五类活动认定为高影响力教育实践[①]。布林莫尔学院（Bryn Mawr College，BMC）颁布“360°项目”，将调研、学习共同体、艺术创作、展览策划、实验等活动认定为高影响力教育实践，并特别强调师生交流在高影响力教育实践中具有十分重要的意义[②]。

学者层面，斯瓦纳和布朗内尔（Swaner & Brownell）将高影响力教育实践理解为能为学生带来一系列积极学习成果、能把学生引向更高水平发展的非课堂教学活动，明确新生研讨会、学习共同体、本科生研究和服务学习是高影响力教育实践的构成要素[③]。怀特（White）指出，高影响力教育实践是提高学生参与度和坚持度的活动，包括新生研讨会、学习共同体、合作项目、本科生研究、服务学习和实习等形式[④]。总的来说，国外

① Shari McMahan, “Creating A Model for High Impact Practices At A Large, Regional, Comprehends University: A Case Study,” *Contemporary Issues in Education Research*, no.2(2008): 111-116.

②Kim Cassidy and Sarah Theobald, “The Bryn Mawr College 360° Program: Implementing High-Impact Educational Practices,” *Association of American Colleges & Universities*, no.1 (2017): 40-45.

③Lynn E. Swaner and Jayne E. Brownell, *Outcomes of High Impact Practices for Underserved Students: A Review of the Literature* (Washington DC.: Association of American Colleges and Universities, 2009); Jayne E. Brownell and Lynn E. Swaner, *Five High-Impact Practices: Research on Learning Outcomes, Completion, and Quality* (Washington D. C.: Association of American Colleges and Universities, 2009).

④Allison White, “Understanding the University and Faculty Investment in Implementing High-Impact Educational Practices,” *Journal of the Scholarship of Teaching and Learning*, no. 2(2018): 118-135.

的研究更多地关注哪些教育活动属于高影响力教育实践，在此基础上提炼高影响力教育实践的定义和特点，从这一角度探讨高影响力教育实践的内涵，有助于加强高影响力教育实践的实际应用。

在国内，清华大学“中国大学生学习与发展追踪研究”（China College Student Survey，CCSS）课题组针对中国高校具体情况，指出高影响力教育实践是能够激活学生学习内部动机、增强学生学术自我效能和明确未来发展方向的活动，是非课程性的，需要大量学习投入的，能为学生带来更大教育收获的活动[①]。高影响力教育实践涉及知识面广，需要不同专业的学生合作完成，能够促进学生在真实情境中发现和解决问题。张华峰等人将高影响力教育实践划分为拓展性学习活动、研究相关性活动和社会实践类活动三大类，这三类活动有助于学生在知识、技能和自我认知三方面的发展[②]。徐丹东等人将高影响力教育实践理解为帮助学生与他人广泛深入地交流、为学生创造合作机会和具有挑战性的任务，它能促使学生知行合一和自主学习、使学生感受师者风范、启发学生深入思考、提供多元文化体验和大量阅读写作机会的活动[③]。

优质学习是高质量教育实践的核心。赵长林和谷红斌考察发现，高影响力教育实践的提出是为了应对教育的经济导向和教育之于人的永恒要素之间的矛盾，高影响力教育实践追求卓越、强调应用，是注重学生学习设计和实践操作的活动[④]。郭娇指出，高影响力教育实践是对学生发展具有显著正向作用的课内外教育实践活动，包括社团活动、学生会、兼职、各类竞赛、跟着老师做课题或项目、辅修、发表学术论文或申请专利、创

①文雯、初静、史静寰：《“985”高校高影响力教育活动初探》，《高等教育研究》2014年第8期，第92–98页；文雯、史静寰、周子矜：《大四现象：一种学习方式的转型——清华大学本科教育学情调查报告2013》，《清华大学教育研究》2014年第3期，第45–54页。

②张华峰、郭菲、史静寰：《促进家庭第一代大学生参与高影响力教育活动的研究》，《教育研究》2017年第6期，第32–43页。

③许丹东、吕林海、傅道麟：《中国研究型大学本科生高影响力教育活动特征探析》，《高等教育研究》2020年第2期，第58–65页。

④赵长林、谷红斌：《美国高影响力教育实践课程改革透视》，《山东高等教育》2014年第4期，第78–85页。

业、海外交流和双学位十种形式[①]。可以看到，国内学者的研究更多地关注高影响力教育实践具有哪些属性和特征，从这一角度探讨高影响力教育实践的内涵，有助于区别高影响力教育实践与其他教育活动。

综合国内外研究发现，高影响力教育实践具有以下特点：第一，对学生发展有正向影响；第二，要求学生深度参与；第三，强调情境性、实践性和互动性。这些特点使得高影响力教育实践区别于一般的教育活动，一般教育活动不特别强调对学生的影响，也不特别关注究竟影响本身是正面的还是负面的，而高影响力教育实践强调对学生的有效性，强调对大多数学生的发展促进作用。也就是说，高影响教育实践一定是教育活动，而教育活动不一定是高影响力教育实践，高影响力教育实践是有效的教育活动，是能给学生带来一系列积极学习成果、能把学生引向更高水平发展的教育活动。

同时，考虑到国外许多学者将课程排除在高影响力教育实践之外，而国内许多教育活动（研讨形式课程、实验课程、暑期研学课程等）仍以"课程"的形式进行，且国内外学者所排斥的"课程"主要指以教师讲授为主要形式的传统课堂，而写作强化课程、通识课程等以学生为中心的、强调师生互动的新式课程仍在高影响力教育实践的范畴之内，故本研究并不特意将"课程"排除在外，而是选择具体情况具体分析。也就是说，在符合定义的情况下，一部分课程也能被视为高影响力教育实践。

本研究最终将高影响力教育实践定义为对学生发展有正向影响的，要求学生深度参与的，强调情境性、实践性和互动性的教育活动。结合相关研究的分类和研究生群体的特点，高影响力教育实践被分为交流类、研究类和拓展类三类活动。具体来说，交流类活动，是以科研交流为主题的高影响力教育实践；研究类活动，是以科学研究为主题的高影响力教育实践；拓展类活动，是不以科研交流或科学研究为主题的、综合性的高影响力教育实践。

2."研究生科研能力"的概念界定

能力是个体顺利完成某项活动所需的个性心理特征[②]，是个体的各种

①郭娇:《本科生高影响力活动与其毕业后预期目标的匹配——基于2019年中国本科教与学调查数据》,《教育发展研究》2019年第23期,第18-26页。

②顾明远主编《教育大辞典》(增编合订本),上海教育出版社,1998。

意识倾向和稳定而独特的心理特征的总和①。能力和实践活动总是联系在一起的，只有通过实践活动，才能了解个体的能力，进而发展个体的能力②。能力可以分为一般能力和特殊能力，一般能力适用于普遍性活动要求，如想象力、记忆力、观察力等，特殊能力适用于专业性活动要求，如逻辑思维能力、形象思维能力、曲调节奏表现能力等③。科研能力也是一种特殊能力，在科学研究这一特殊的活动领域发挥作用。科研能力是个体在人文科学、社会科学和自然科学等领域进行探究真理的普遍理智创造活动所需的能力，即个体顺利完成科研活动所需要的能力。研究生科研能力是研究生进行探究真理的普遍理智创造活动所需的能力，即研究生顺利完成科研活动所需要的能力④。具体来说，从不同角度切入，会形成对研究生科研能力的不同理解。

从科研要素构成来看，阿拉伯维拉和马瑞奇（Arambewela & Maringe）指出，研究生科研能力包括高水平的认知能力、独立思考的能力和批判的能力⑤。芬顿-史密斯和汉普瑞斯（Fenton-Smith & Humphreys）认为，独立学习能力、时间管理能力、技能掌握水平和学术道德水平共同组成研究生科研能力⑥。孟万金对文、理、工三科研究生科研能力结构要素进行研究后发现，创新能力、逻辑推理能力、资料搜集与处理能力、问题解决能力，以及语言表达能力是研究生科研能力中最重要的五项，其中，创新能力最重要⑦。张颖香提出，研究生科研能力由自然要素、创新要素和协作要素构成，具体包括智能、体能、创新品质、情商、与人协作等综合因

①章志光主编《心理学》，人民教育出版社，1984。

②段丽：《研究生科研能力的培养研究》，硕士学位论文，湖南大学，2003，第5页。

③段丽：《研究生科研能力的培养研究》，硕士学位论文，湖南大学，2003，第5页。

④段丽：《研究生科研能力的培养研究》，硕士学位论文，湖南大学，2003，第6页。

⑤Rodney Arambewela and Felix Maringe, "Mind the Gap: Staff and Postgraduate Perceptions of Student Experience in Higher Education," *Higher Education Review*, no.2(2012): 63-84.

⑥Ben Fenton-Smith and Pamela Humphreys, "Language Specialists' Views on Academic Language and Learning Support Mechanisms for EAL Postgraduate Coursework Students: The Case for Adjunct Tutorials," *Journal of English for Academic Purposes*, no.20(2015): 40-55.

⑦孟万金：《研究生科研能力结构要素的调查研究及启示》，《高等教育研究》2001年第6期，第58-62页。

素[①]。总的来说，这些学者主张将研究生科研能力看作一个共时性的集合，集合内的若干要素共同构成研究生科研能力，个体掌握和使用这些要素的水平决定着他们科研能力的高低。从要素构成的角度理解研究生科研能力，也就是把研究生科研活动视作一个整体。这一角度能够很好地反映研究生科研活动的复杂性，但在考察和统计各要素水平及各要素如何共同作用影响研究生科研能力等方面存在一定的困难。

从科研活动过程来看，鲁甘伯瓦和托马斯（Rugambwa & Thomas）认为，科研能力就是在不同阶段利用不同的资源解决问题的能力[②]。邢晓辉等人发现研究生科研能力包括前期的发现问题能力、中期的研究实践能力和后期的论文写作能力[③]。总的来说，这些学者主张将研究生科研能力看作一条历时性的过程，研究生科研能力即研究生解决不同阶段科研活动所面临的挑战的能力。由于科研活动在不同阶段呈现出不同的特点，因此，在每一阶段的科研活动中，研究生表现出的具体能力也有侧重。从科研活动过程的角度理解研究生科研能力，也就是把研究生科研活动分为几个阶段，每个阶段对应着一项重要能力。这一角度有助于量化考察研究生科研能力水平高低，并针对不同阶段的问题提出具有针对性和可操作性的提高措施，但这一视角相对忽视了任一阶段的科研活动都需要多种能力共同作用的事实。

综合上述观点并结合实际需要，本研究主要采取孟万金的观点，同时参考邢晓辉的理解，将“研究生科研能力”定义为研究生顺利完成科研活动所需的五大能力，即创新能力、逻辑推理能力、资料搜集与处理能力、问题解决能力、语言表达能力。其中，创新能力是个体对未知世界的探究能力和发明新事物的能力，是研究生科研能力中最首要的能力[④]。逻辑推

①张颖香:《刍议大学生科研能力培养》,《中国成人教育》2007年第10期,第131-132页。

②Allen Rugambwa and Matthew A. M. Thomas, *Teachers' Conceptualizations and Practices of Inclusion* (Berlin: Springer, 2013), p.115-131.

③邢晓辉、何美蓉、凌朝辉:《以课程教学为切入点培养研究生的科研能力》,《当代教育论坛》(学科教育研究)2008年第4期,第69-71页。

④孟万金:《研究生科研能力结构要素的调查研究及启示》,《高等教育研究》2001年第6期,第58-62页;张建林:《基于创新能力的研究生培养机制改革探索》,《中国高教研究》2008年第3期,第34-38页。

理能力是个体运用知识和思维进行判定、推断和得出结论的能力，是研究生科研能力中第二重要的能力①。创新能力和逻辑推理能力是发现问题阶段、研究实践阶段和论文写作阶段同时需要的能力。资料的搜集与处理能力是个体系统有效地搜集、处理和评价资料的能力，科学研究建立在可靠证据的基础上，要想获得可靠证据，离不开准确的资料搜集与处理，该能力主要运用于发现问题阶段。问题解决能力是个体运用经验知识和创造性思维推导正确答案的能力，问题总是贯穿科学研究的全过程，解决问题的过程就是科学研究的过程，该能力主要运用于研究实践阶段。语言表达能力是个体使用语言准确表达科研成果的能力，科研活动的成果归根到底需要通过口头语言或书面语言进行呈现和交流，语言表达越具有规范性和精确性，呈现和交流的效果也就越好，该能力主要运用于论文写作阶段。

需要注意的是，科研活动的每一个阶段都需要五种能力的配合，缺一不可，如论文写作不仅需要良好的语言表达能力来呈现资料和观点，还需要严密的逻辑推理能力来组织资料，让观点更具有说服力。本研究划分不同阶段不同能力的主次关系主要是为了概念的明确和研究的便利。

（二）文献综述

1.“高影响力教育实践”的研究现状

截至2021年8月13日，以“high-impact educational practices”为主题词检索ERIC教育资料文献数据库，共发现文献304篇；检索Springer电子期刊数据库，共发现文献155篇。以“高影响力教育实践”为主题词检索CNKI中国知网数据库，共发现文献18篇。以“高影响力教育活动”为主题词检索CNKI中国知网数据库，共发现文献16篇。此外，由于以“高影响力教育实践”“高影响力教育活动”为主题的国内文献比较少，为更全面地进行文献综述，再次以“高校教育活动”为主题词检索CNKI中国知网数据库，共发现文献3821篇。

总的来说，国内外有关高校教育活动的研究比较丰富，有关高影响力

①金哲、陈燮君、李良美主编《现代能力导向》，重庆出版社，1994；陈艳敏、孟万金：《对研究生逻辑推理能力现状的调查研究》，《北京航空航天大学学报》（社会科学版）2000年第3期，第55–57页。

教育实践的研究肇始于21世纪初，近十余年有大幅增长。从主题上看，国内外相关研究主要包括高影响力教育实践的内涵、高影响力教育实践促进学生成功的证据、高影响力教育实践的影响因素等方面，下面将逐一进行梳理。

首先是对高影响力教育实践的内涵进行探讨。如前文概念界定部分所说，库最早提出高影响力教育实践这一概念，认为促进学生成功的教育实践即高影响力教育实践[①]。斯瓦纳和布朗内尔发展了库的定义，将高影响力教育实践理解为能为学生带来一系列积极学习成果[②]，能将学生引向更高水平发展的非课堂教学活动[③]。科滕和汤普森（Cotton & Thompson）等学者也有类似的观点，共同强调高影响力教育实践带给学生的收获感[④]。

在国内，许丹东将高质量教育实践理解为优质学习[⑤]。赵长林和谷红斌认为，高影响力教育实践是追求卓越、强调应用、注重学生学习设计和实践操作的活动[⑥]。郭娇指出，高影响力教育实践是对学生发展具有显著正向作用的课内外教育实践活动[⑦]。文雯指出，高影响力教育实践是能够

---

①George D. Kuh, *High-Impact Educational Practices: What They Are, Who Has Access to Them, And Why They Matter* (Washington D.C.: Association of American Colleges and Universities, 2008).

②Lynn E. Swaner and Jayne E. Brownell, *Outcomes of High Impact Practices for Underserved Students: A Review of the Literature* (Washington DC.: Association of American Colleges and Universities, 2009).

③Jayne E. Brownell and Lynn E. Swaner, *Five High-Impact Practices: Research on Learning Outcomes, Completion, and Quality* (Washington D.C.: Association of American Colleges and Universities, 2009).

④Christophor Cotton and Carla Thompson, "High-Impact Practices in Social Work Education: A Short Term Study-Abroad Service-Learning Trip to Guatemala," *Journal of Social Work Education*, no.4(2017): 622-636.

⑤许丹东、吕林海、傅道麟:《中国研究型大学本科生高影响力教育活动特征探析》,《高等教育研究》2020年第2期,第58-65页。

⑥赵长林、谷红斌:《美国高影响力教育实践课程改革透视》,《山东高等教育》2014年第4期,第78-85页。

⑦郭娇:《本科生高影响力活动与其毕业后预期目标的匹配——基于2019年中国本科教与学调查数据》,《教育发展研究》2019年第23期,第18-26页。

有效增强学生学习目的性和主动性的活动[①]。

总的来说，学界对高影响力教育实践这一概念内涵的界定，是为了明确哪些教育活动属于高影响力教育实践，哪些教育活动不属于高影响力教育实践。明确高影响力教育实践的内涵为后续研究奠定了良好的基础，也为相关教育活动的应用实施提供了合理的参考。

其次是对高影响力教育实践促进学生成功的证据，即高影响力教育实践的功能进行探讨。一部分学者关注具体的某一种高影响力教育实践的作用。例如，海斯和麦森（Hesee & Mason）发现，学习共同体本质上是一种跨课程的整合性学习，能有效地帮助学生从不同视角思考和探讨问题[②]。斯瓦纳和布朗内尔（Swaner & Brownell）发现，新生研讨会和学习共同体有助于学生的顺利过渡，有助于学生课堂内外高水平的参与和互动，社会服务和课程学习相结合能有效地提高学生的能力，促进他们将所学知识和实践联系起来[③]。杜瑞（Durel）发现，顶点课程为学生提供了一个整合和应用所学知识的机会，事实上为学生营造了一种巅峰体验，促进了学生各方面能力的发展[④]。杰汉格尔、威廉姆斯和杰斯科（Jehangir, Williams & Jeske）发现，高影响力教育实践有助于学生体验多元文化，这能刺激学生自我认知的发展。

另有一部分学者关注整体的高影响力教育实践的作用[⑤]。例如，库归纳和总结出六条高影响力教育实践促进学生成功的证据，其一是学生深度

①文雯、初静、史静寰:《“985”高校高影响力教育活动初探》,《高等教育研究》2014年第8期,第92–98页。

②Maria Hesse and Marybeth Mason, “The Case for Learning Communities,” *Community College Journal*, no.1(2005): 30–35.

③Lynn E. Swaner and Jayne E. Brownell, *Outcomes of High Impact Practices for Underserved Students: A Review of the Literature* (Washington DC.: Association of American Colleges and Universities, 2009).

④Theodore C. Wagenaar, “The Capstone Course: A Rite of Passage,” *Teaching Sociology*, no.3(1993): 223–225.

⑤Rashné Jehangir, Rhiannon Williams and Judith Jeske, “The Influence of Multicultural Learning Communities on the Interpersonal Development of the First-Generation College Students,” *Journal of College Student Developments*, no.2(2012): 267–284.

投入大量时间努力完成有意义的任务，其二是让学生处于一个与教师、与同伴产生实质性接触的环境，其三是学生通过与人接触意识到人的多样性，其四是学生获得频繁的反馈，其五是学生获得在不同情境中学习的机会，其六是学生参与的活动具有改变人生的重大意义[①]。瓦格汉、帕娜和拉隆德（Vaughan, Parra & Lalonde）主持的研究表明，高影响力教育实践能够有效降低学生的退学率、提高学生的学业表现[②]，芬雷（Finley）也有类似的研究发现[③]。印第安纳大学的一项调查发现，参加探索性活动更多、与导师交流更多的学生，获得的教育收获更多[④]，这与叶信治的研究结果一致，他发现高影响力教育实践与教育收益存在正相关关系[⑤]。上述这些研究从功能和价值上丰富了各利益相关群体对高影响力教育实践的认识，为高影响力教育实践存在之必要性、推广之可行性提供了充分证明。

最后是对高影响力教育实践的影响因素进行探讨。例如，斯瓦纳和布朗内尔发现，大学文化和教育目标对高影响力教育实践的效果具有一定的影响，他们提出大学在设计高影响力教育实践时应该考虑自己的教育目标、学校条件和学生需求等内容[⑥]。文雯等人发现，教师在学生自主学习中发挥着引导和促进的作用，师生有效互动是高影响力教育实践发挥作用

---

①George D. Kuh, *High-Impact Educational Practices: What They Are, Who Has Access to Them, And Why They Matter* (Washington D.C.: Association of American Colleges and Universities, 2008).

②Angela L. Vaughan, Janessa Parra and Trent L. Lalonde, "First-Generation College Student Achievement and the First-Year Seminar: A Quasi-Experimental Design," *Journal of the First-Year Experience & Students in Transition*, no.2(2014): 51- 67.

③Ashley Finley, *Assessment of High-Impact Practices: Using Findings to Drive Change in the Compass Project* (Washington D.C.: American Association of Colleges & Universities ,2011), p.29-33.

④Indiana University Center for Postsecondary Research, Experiences That Matter: Enhancing Student Learning and Success, Annual report (Indiana, Bloomington, 2007).

⑤叶信治:《高影响力教育实践:美国大学促进学生成功的有效手段》,《中国高教研究》2012年第9期,第35-39页。

⑥Jayne E. Brownell and Lynn E. Swane, "High-Impact Practices: Applying the Learning Outcomes Literature to the Development of Successful Campus Program," *Peer Review*, no. 2(2009): 26-30.

的关键因素，此外，她们还发现学生在参与高影响力教育实践方面还具有明显的校际、年级和学科差别①。文雯等学者进一步研究了年级如何影响高影响力教育实践的参与，发现高年级学生对高影响力教育实践的投入更多，与教师的互动更频繁、更深入，自主探究性学习显著提高②，这与郭娇的研究结果一致，其研究发现学生参加高影响力教育实践存在年级、学科和性别差异。郭娇的研究同时发现，学生毕业后的预期目标和学生的家庭背景对高影响力教育实践具有显著影响③。张华峰等学者也发现家庭文化资本能够影响高影响力教育实践的参与度和参与效果，高影响力教育实践对弱势群体具有补偿效果，能够很好地推动第一代大学生的全面发展，但这一群体在高影响力教育实践的参与频率上往往比较低④。上述这些研究主要探讨哪些因素对高影响力教育实践的参与存在影响。对这一方面内容的掌握，有助于各利益相关群体完善高影响力教育实践的应用机制，促使其发挥最大效用。

2.“研究生科研能力”的研究现状

随着科学研究成为高等教育的第二职能，科研活动逐渐发展为大学生活的重要组成部分。19世纪末，约翰·霍普金斯大学设立研究生院，使得研究生培养与科研相结合的教育传统得到进一步的巩固。随着研究生教育的发展，研究生科研能力越来越多地进入国内外学者的研究视线，国内外学者对“研究生科研能力”作了比较丰富的研究。

国外相关研究开展得比较早，截至2021年8月13日，以“post graduate scientific research ability”为主题词检索ERIC教育资料文献数据库，共发现文献5886篇；检索Springer电子期刊数据库，共发现文献21169篇。国外关于“研究生科研能力”的相关研究肇始于20世纪初，二战后有了大幅增长，

①文雯、初静、史静寰：《“985”高校高影响力教育活动初探》，《高等教育研究》2014年第8期，第92-98页。

②文雯、史静寰、周子矜：《大四现象：一种学习方式的转型——清华大学本科教育学情调查报告2013》，《清华大学教育研究》2014年第3期，第45-54页。

③郭娇：《本科生高影响力活动与其毕业后预期目标的匹配——基于2019年中国本科教与学调查数据》，《教育发展研究》2019年第23期，第18-26页。

④张华峰、郭菲、史静寰：《促进家庭第一代大学生参与高影响力教育活动的研究》，《教育研究》2017年第6期，第32-43页。

此后趋于平稳，这一现象与以美国为首的国外研究生教育发展较早有关。

国内相关研究则开展得相对比较迟，截至2021年8月13日，以“研究生科研能力”为主题词检索CNKI中国知网数据库，共发现文献1839篇。国内关于“研究生科研能力”的相关研究肇始于20世纪80年代，进入21世纪后有了大幅增长，近些年的年发表数一直在100篇以上，这一现象与我国研究生教育规模的扩大有着紧密联系。

从主题上看，国内外相关研究主要包括研究生科研能力的内涵、其他国家和地区的研究生教育、研究生科研能力的具体某一维度，以及如何培养和提高研究生科研能力等方面，下面将逐一进行梳理。

首先是对研究生科研能力的内涵进行探讨。例如，克拉克（Clark）对美、英、法、德、日五国的研究生教育制度进行了全面的介绍，对各国研究生科研训练的特点进行了比较深入的分析，发现科研是一种高效率的教学①。泰斯特（Trostle）将研究生科研能力理解为同时实现个人目标和团队目标这一复杂结构的能力②。孟万金对研究生科研能力的结构要素进行统计分析，发现创新能力、逻辑推理能力、资料搜集与处理能力、问题解决能力及语言表达能力是研究生科研能力中最重要的五项③。顾明远对研究生知识结构和能力结构进行统计分析，发现创新能力、科研能力、口头表达能力、人际交往能力和书面表达能力是研究生最重要的能力④。赵彦生指出，研究生的科研能力具体指发现科学问题的能力、科学实践能力和研究论文写作能力⑤。上述这些研究通过对研究生科研能力内涵的探究，丰富了各利益相关群体对研究生科研能力这一概念的认识，通过明确哪些能力属于研

①Clark Burton R., *The Research Foundations of Graduate Education* (Berkley: California University Press, 1994).

②James Trostle, “Research Capacity Building in International Health: Definitions, Evaluations and Strategies for Success,” *Social Science & Medicine*, no.11(1992): 1321-1324.

③孟万金:《研究生科研能力结构要素的调查研究及启示》,《高等教育研究》2001年第6期,第58-62页。

④顾明远:《试论21世纪研究生的知识结构和能力结构》,《学位与研究生教育》1998年第3期,第10-13页。

⑤赵彦生:《当代研究生应具备的几种能力》,《太原理工大学学报》(社会科学版)2002年第3期,第17-19页。

究生科研能力，哪些能力不属于研究生科研能力，为相关研究夯实基础。

其次是对世界各国家和地区的研究生教育及研究生科研能力进行探讨。例如，鲁迪和辛普森（Rudd & Simpson）系统论述了英国研究生教育的发展历程及研究生科研能力的培养模式，指出学校提供给学生科研交流环境和条件的重要性[①]。我国的研究生教育起步较晚，因而比较多地借鉴外国经验。李胜兵的《研究生教育模式嬗变》、陈学飞的《西方怎样培养博士》、贺国庆的《外国高等教育史》等著作都对国外研究生教育培养进行了全面的分析[②]，其中涉及国外研究生科研能力的培养情况[③]，探讨了英国、美国、德国等代表性国家的研究生科研能力培养机制[④]。

再次是就研究生科研能力的某一点进行研究，以及对外国研究生教育提高研究生科研能力的具体措施予以介绍。例如，顾明远在探讨未来研究生需要什么样的知识结构和能力结构这一问题的过程中，回顾了西方国家研究生教育目标的重新设定，其中涉及对研究生科研能力的要求[⑤]。易红郡在分析英国现代研究生教育的发展及特点时，特意对英国研究生的科研能力及培养机制进行了介绍[⑥]。李帆在对美国研究生教育的历史进程及其特点的分析过程中，探讨了美国研究生科研能力及培养机制[⑦]。上述这些研究聚焦世界各国家和地区研究生科研能力的各个方面，尤其是培养模式和状态水平。分析其中可供借鉴的部分，有助于改进本国研究生培养模式，提高本国研究生的科研能力。

---

①Ernest Rudd, "The Highest Education: A Study of Graduate Education in Britain," *British Journal of Educational Studies*, no.3(1975): 198.

②李盛兵:《研究生教育模式嬗变》,教育科学出版社,1997。

③陈学飞等:《西方怎样培养博士——法、英、德、美的模式与经验》,教育科学出版社,2002。

④贺国庆、王保星、朱文富:《外国高等教育史》,人民教育出版社,2003。

⑤顾明远:《世界研究生教育发展和改革的动向》,《学位与研究生教育》1996年第2期,第6-9页。

⑥易红郡:《英国现代研究生教育的发展及特点》,《比较教育研究》2002年第10期,第23-26页。

⑦李帆:《美国研究生教育的历史进程及其特点》,《高等教育研究》1995年第4期,第77-82页。

最后是对如何培养和提高研究生科研能力进行探讨。一部分学者关注研究生的准入机制，认为优化研究生选拔流程是提高研究生生源质量和科研能力的关键。布威克（Brink）关注研究生入学的必需条件，指出研究生个人的研究计划和研究背景应该被纳入选拔过程①。刘尧指出，研究生选拔的宗旨应是选拔具有科研能力和科研意识的学生，因而有必要改革报名资格、命题工作、笔试和面试等环节②。孟万金认为，现有的研究生考评系统需要改革，应该重点考察科研所必需的基础知识、技能和综合素质，选拔具有突出能力和创新潜能的研究生③。孙远雷和魏海苓建议改革入学考试科目、考试内容、考试组织结构和录取方式以选拔有研究能力，特别是有创新能力的学生④。

一部分学者关注研究生的培养过程，强调在过程中加强对研究生科研能力的培养。培养过程之下又分两大侧重，有的学者侧重考察师生关系和教育环境的影响。兰森（Lanser）指出，师生双方实质上是一种合作关系，导师应该引导研究生独立思考，培养他们的科研能力⑤。霍恩（Horn）指出了环境对研究生科研积极性的促进作用⑥。殷辉安等人强调研究生创新教育的重要性⑦。王瑞飞等人进一步指出应从师生关系和环境两个方面激

① William J. Brink, "Selecting Graduate Students," *The Journal of Higher Education*, no.5(1999).

②刘尧:《对我国研究生选拔工作的思考》,《煤炭高等教育》2001年第1期,第7–9页。

③孟万金:《研究生选拔考试改革的必要性与可行性》,《江苏高教》2001年第3期,第13–15页。

④孙远雷、魏海苓:《试论研究生入学考试制度改革》,《高等建筑教育》2002年第3期,第67–69页。

⑤Ellen G. Lanser, "Reaping the Benefits of Mentorship," *Healthcare Executives*, no. 3 (2000): 18–23.

⑥Raymond Anthony Horn, "Promoting Social Justice and Caring in Schools and Communities: The Unrealized Potential of the Cohort Model," *Journal of School Leadership*, no. 4 (2000): 313–334.

⑦殷辉安、李余生、刘蜀骏:《创新教育:研究生教育发展和进步之魂》(下),《学位与研究生教育》2000年第3期,第11–14页。

发研究生的创新精神[①]。瞿海东等人从斯滕伯格（Sternberg）的创造力投资理论入手进行考察，发现个体和环境对研究生的影响[②]。还有的学者侧重考察课程和教学方法的影响。德莱蒙特（Delamont）和佩鲁切特（Peluchette）等人[③]研究发现，集体性指导是一种有效提高研究生科研能力的方式[④]。卡佛瑞拉和班内特（Caffarella & Barnett）调查发现，研究方法课程有助于研究生科研能力的提高[⑤]。穆伦（Mullen）指出，跨学科训练能够帮助研究生提高科研能力[⑥]。李其生、潘百齐等学者关注课程体系的改革[⑦]，强调构建学科基本结构，以及处理纵向专深与横向贯通之间关系的重要性[⑧]。郭贵春、李东和王晖、孙庆祝等人关注教学方法的优化[⑨]，提出多元化教学法[⑩]，强调从重知识获得到重能力获得的转变，重视研究生科研能力和科

---

①王瑞飞、陈劲、李飞宇:《关于研究生创新素质和能力的调查》,《学位与研究生教育》2001年第5期,第27–29页。

②瞿海东、章丽萍:《略论构筑研究生培养质量保证体系的若干思路》,《高等理科教育》2002年第6期,第26–29页。

③Sara Delamont and Paul Atkinson, "Critical Mass and Doctoral Research: Reflections on the Harris Report," *Studies in Higher Education*, no.3(1997): 319–331.

④Joy van Eck Peluchette and Sandy Jeanquart, "Professionals' Use of Different Mentor Sources at Various Career Stages: Implications for Career Success," *Journal of Organizational Psychology*, no.5(1996): 549–564.

⑤Rosemary S. Caffarella and Bruce G. Barnett, "Teaching Doctoral Students to Become Scholarly Writers: The Importance of Giving and Receiving Critiques," *Studies in Higher Education*, no.1(2000): 39–52.

⑥Carol A. Mulen, "Linking Research and Teachings: A Study of Graduate Student Engagement," *Teaching in Higher Education*, no.1(2000): 5–21.

⑦李其生:《谈研究生培养之管理(三)——关于构建面向21世纪的先进课程体系》,《学位与研究生教育》1998年第4期,第43–47页。

⑧潘百齐:《论优化文科研究生教学内容和课程体系》,《江苏高教》2000年第3期,第76–79页。

⑨郭贵春、张培富:《多元化教学方法促进高层次创新人才的培养——山西大学科学技术哲学专业研究生教学方法探讨》,《山西大学学报》(哲学社会科学版)2001年第1期,第1–3页。

⑩李东、王晖:《简析研究生教学模式》,《江苏高教》1998年第6期,第63–64页。

研创新能力的培养[①]。

另有一部分学者关注研究生的准出机制，指出加强论文的评价标准有助于研究生科研能力的提高。史密比（Smeby）、道尔塔（Drotar）等学者提出论文撰写是重要的培养批判思维的科研训练过程[②]。科亚（Colyar）进一步强调，论文的写作过程就是了解所知、表达所知和交流所知的过程，是提升科研能力的重要途径[③]。吴赞敏指出，论文质量能够有效地反映研究生的科研能力和水平[④]。王伯年发现，加强论文的审查有助于科研创新[⑤]。

上述研究分别从准入机制、培养过程，以及准出机制切入，探讨采取何种措施能够有效提高研究生科研能力，这也是进行相关研究的最终目的。对这一问题的研究，有助于理解研究生科研能力提高的背后机制，进而促使利益相关群体采取针对性措施，切实提高研究生的科研能力。

3.文献述评

综合国内外关于"高影响力教育实践"的研究可以看到，目前以"高影响力教育实践"为主题的研究以实证研究和整体研究为主，以本科生为主要研究对象，研究内容集中在高影响力教育实践的内涵和作用上，关注哪些教育活动是高影响力教育实践，以及高影响力教育实践从哪些方面促进学生发展。相关研究对本科生之外的研究生等学生群体关注较少，对高影响力教育实践的内涵、功能、发展规律及影响因素的了解有待进一步

---

①孙庆祝、孙晋海、刘一民：《研究生创新能力的培养和建立多维系统教学模式的研究》，《中国体育科技》2002年第7期，第57-60页。

②Jens-Christian Smeby, "Disciplinary Differences in Norwegian Graduate Education," *Studies in Higher Education*, no.1(2000): 53–67; Dennis Drotar, "Training Professional Psychologists to Write and Publish: The Utility of A Writers' Workshop Seminar," *Professional Psychology Research & Practice*, no.4(2000): 453–457.

③Julia Colyar, "Becoming Writing, Becoming Writers," *Qualitative Inquiry*, no.2(2009): 421–436.

④吴赞敏、梁旭巍：《研究生学位论文选题方法与论文质量的研究》，《天津纺织工学院学报》1997年第3期，第26–29页。

⑤王伯年：《对我国研究生教育现状与制度的思考之二——关于学位论文的格式审查》，《学位与研究生教育》1995年第4期，第27页。

深入。随着学生中心理念逐渐发展成为各界共识，关注学生主观能动性和学生学业收获的高影响力教育实践势必成为学术研究和高校改革的新热点。

在“研究生科研能力”方面，综合国内外相关研究可以看到，已有研究主要集中在如何培养和提高研究生科研能力方面，助力研究生科研能力从不同方面进行培养和提高已成为国内外学者的共识。不过，相关研究基本围绕教学活动和科研活动展开，即考察传统的教学活动和科研活动对研究生科研能力的影响。由于高影响力教育实践这一概念比较新，有关高影响力教育实践对研究生科研能力的影响研究比较少。

已有的涉及高影响力教育实践对研究生科研能力影响的研究更多地关注某一具体高影响力教育实践对研究生科研能力的影响。例如，赵世奎等学者调查发现，参与科研项目对研究生科研能力发展有明显的促进作用①。李宏祥等学者分析发现，导师指导是提高研究生科研能力的重要手段②。秦彦文梳理发现，实习有助于发展研究生分析和解决问题的能力，这一能力在科研中十分重要③。

还有一部分研究注重对高影响力教育实践整体情况的梳理分析。例如，斯瓦纳和布朗内尔发现，参加高影响力教育实践有助于发展学生的研究能力，包括解决问题、写作、批判性思维、整合等在内的各种能力，都能在参与高影响力教育实践的过程中得到发展④。郭娇进一步关注到，高影响力教育实践和科研能力不仅存在关联，而且这一关联受学生毕业后预期的影响，以博士为目标学历的学生群体在参与高影响力教育实践中表现

①赵世奎、张帅、沈文钦：《研究生参与科研现状及其对培养质量的影响——基于部分高校和科研单位的调查分析》，《学位与研究生教育》2014年第4期，第49-53页。

②李宏祥、王燕妮：《国外高校教师如何培养研究生的科研能力》，《高等教育研究学报》2008年第1期，第58-61页。

③秦彦文：《谈医学研究生科研能力的培养》，《中国医药导报》2012年第4期，第5-6页。

④Lynn E. Swaner and Jayne E. Brownell, *Outcomes of High Impact Practices for Underserved Students: A Review of the Literature* (Washington DC.: Association of American Colleges and Universities, 2009).

出更强的自主性参与[①]。单亦亮指出，研究生科研能力受个人、学校、家庭的共同影响，仅从学校层面来看，设立各类高影响力教育实践对研究生科研能力的发展有正向影响作用[②]。

上述研究表明，高影响力教育实践对研究生科研能力存在一定的影响作用。在理想状态下，参与高影响力教育实践能够促进研究生科研能力的发展。但相关研究往往只涉及某一种高影响力教育实践对研究生科研能力的促进作用，对整体情况的关注稍显不足，缺乏广度；而少数对整体情况有所关注的研究，通常又只将高影响力教育实践与研究生科研能力的关系作为结论之一稍作阐释，在深度上略有欠缺。

随着高影响力教育实践逐渐受重视、成为研究生或多或少参与着的教育活动，专门以高影响力教育实践对研究生科研能力的影响为主题进行研究，考察高影响力教育实践如何促进研究生科研能力发展，显得十分有必要。因此，本研究具有一定的研究价值。结合文献综述内容，本研究最终作出研究假设如下：参与高影响力教育实践有助于研究生科研能力的提高。

第三节　研究设计

（一）研究对象

本研究的研究对象为两所西部“双一流”高校（甘肃一所、四川一所）的全日制在读研究生。问卷调查方面，由于问卷发放时间为秋季学期，研一学生处于新入学的状态，研究生阶段的学习生活尚未完全展开，故问卷调查只针对研二学生和研三学生。访谈调查方面，第一次访谈面向研二学生和研三学生，第二次访谈面向研一学生、研二学生和研三学生。

---

①郭娇：《本科生高影响力活动与其毕业后预期目标的匹配——基于2019年中国本科教与学调查数据》，《教育发展研究》2019年第23期，第18-26页。

②单亦亮：《学术型硕士研究生科研能力现状及其影响因素的研究——以上海市985高校为例》，硕士学位论文，华东师范大学，2017。

（二）研究方法

本研究所使用的研究方法包括：文献研究法、访谈调查法和问卷调查法。

1.文献研究法

本研究借助CNKI中国知网数据库、ERIC教育资料文献数据库、Springer电子期刊数据库等中外网络数据库对相关文献资料进行查阅和分析。

一方面，通过大量阅读，整理、比较、分析、综合相关文献主要观点，形成对“高影响力教育实践”“研究生科研能力”这两个核心概念的全面而深入的内涵界定，以此确保研究方向的准确性；另一方面，经过全方面和多渠道的搜集、整理、归类、总结，获悉有关“高影响力教育实践”“研究生科研能力”的国内外研究现状，对已有研究形成较为全面而系统的认识，以此界定研究空间的有效性。

2.访谈调查法

访谈调查法是一种典型的质性研究方法。由于缺乏对应领域的成熟量表，本研究需要自行编制量表和设计问卷。为了使量表和问卷更具科学性和针对性，本研究在正式编制和设计前，对代表性个案进行开放性访谈，以此来了解研究生群体的高影响力教育实践参与情况和科研情况，为问卷设计奠定基础。

此外，为了丰富研究内容，本研究还在问卷调查之后进行了第二次访谈。第二次访谈采取半开放的形式，进一步探讨高影响力教育实践参与对研究生科研能力的影响，从而为深入分析数据结论、提出对策性建议提供可靠参照。第二次访谈调查共涉及三个环节：首先，依据前期资料，确定访谈对象和访谈内容；其次，进行面对面访谈；最后，整理访谈材料，依据访谈材料的核心概念和关键内容，对访谈材料进行分析。

3.问卷调查法

本研究采用自行设计问卷的方法，对相关问题进行探讨分析。设计问卷的过程共涉及四个环节：首先，依照问卷研究的基本原则，在借鉴以“高影响力教育实践”“研究生科研能力”为主题的相关研究的基础上，自行编制符合研究需要的量表和问卷；其次，通过对部分高校研究生进行线上抽样调查开展试测，收集和分析相关数据；再次，进一步修正量表，删除问卷中信度和效度较低的题项，形成正式的量表和问卷；最后，发放正式问卷，并基于问卷数据，进行统计分析。

（三）研究工具

1.访谈提纲的编制

本研究访谈调查共计两次。第一次采取开放式访谈的形式，其目的是给问卷编制提供参考，主要询问研究生各类教育活动的参与情况与受益情况，以及受访对象科研能力的整体情况。第二次采取半开放式访谈的形式，其目的是提取有效信息以用于后续分析。

访谈提纲的编制主要是为第二次访谈作准备，第二次访谈提纲围绕高影响力教育实践对研究生科研能力的影响这一主题展开。由于访谈时间定在秋季学期（9月至11月），一年级研究生入学不久，研究生阶段的各类教育活动尚未完全展开，故访谈时着重采访其期望，以期与二、三年级研究生教育活动参与经历形成对照。因此，访谈提纲分为两种，依据访谈对象的年级，划分为研一访谈提纲和研二、研三访谈提纲。

具体来说，研一访谈提纲主要包括三个部分：第一部分目的是了解研究生基本情况（第1题）；第二部分目的是了解新入学研究生对高影响力教育实践的看法（第2—6题）；第三部分目的是了解新入学研究生对科研能力的看法（第7—8题）。

研二、研三访谈提纲主要包括三个部分：第一部分目的是了解研究生基本情况（第1题）；第二部分目的是了解研究生高影响力教育实践的参与情况，即他们在研究生阶段接触过哪些高影响力教育实践，哪一部分高影响力教育实践对科研能力的帮助比较大，哪些因素影响研究生参与这些高影响力教育实践（第2—6题）；第三部分目的是了解研究生的科研能力情况，即他们认为科研能力受哪些因素影响，学校应该提供哪些帮助（第7—8题）。

2.问卷的编制

鉴于本研究的核心问题及研究需要，本研究选择自行编制相关问卷。高影响力教育实践部分，基于前期访谈内容，借鉴相关研究及中国大学生学习与发展追踪研究（CCSS）问卷，改编构成包括研究类、交流类、拓展类3个维度的研究生高影响力教育实践调查问卷。研究生科研能力部分，以孟万金的观点为主，将研究生科研能力理解为创新能力、逻辑推理能力、资料搜集与处理能力、问题解决能力和语言表达能力5个方面，编制研究生科研能力调查问卷。

最终合并两部分问卷，形成的研究生高影响力教育实践与科研能力调查问卷（试测版）框架如下：

第一部分，基本信息调查，包括性别、年级、学科等13个题项。

第二部分，研究生高影响力教育实践调查。共设置3个维度，15个题项，其中，研究类活动维度6个题项（A1—A6），交流类活动维度5个题项（A7—A11），拓展类活动维度4个题项（A12—A15）。这一部分调查采用4点计分法，用以计算研究生高影响力教育实践参与频率，“1”为“从不”，“2”为“有时”，“3”为“经常”，“4”为“总是”。

第三部分，研究生科研能力调查。共设置5个维度，23个题项，其中，创新能力维度6个题项（B1—B6），逻辑推理维度4个题项（B7—B10），资料收集与处理维度4个题项（B11—B14），问题解决维度6个题项（B15—B20），语言表达维度3个题项（B21—B23）。这一部分内容采用5点计分法，用以计算研究生科研能力水平，“1”为“非常不符合”，“2”为“比较不符合”，“3”为“一般符合”，“4”为“比较符合”，“5”为“非常符合”。

（四）问卷的试测

1.试测问卷的信效度分析

本研究第一次问卷试测于2021年9月展开。试测共回收162份问卷，剔除无效问卷后得到有效问卷155份，问卷有效率95.68%。在155个试测样本中，男生75人（占48.39%），女生80人（占51.61%）；人文社科类86人（占55.48%），理工农医类69人（占44.52%）。试测样本符合抽样标准。下面将对试测问卷回收的数据进行信效度分析。

（1）探索性因子分析

对研究生高影响力教育实践调查这一部分内容进行KMO值检验，KMO值为0.764，巴特利特球形度检验显著性为0.000，表明该部分内容适合进行因子分析。

同时采用主成分分析法和最大方差分析法进行探索性因子分析，依据问卷编制的理论框架与研究需要，设置3个因子提取数。由于各条目须在公共因子上有0.4及以上的高负荷值，且保持对其他公共因子的低负荷值，分析发现该部分问卷须剔除2个不合适题目[①]。最终这一部分问卷保留13个题目，其中，研究类活动5个题目，交流类活动5个题目，拓展类活动3个题目。

对研究生科研能力调查这一部分内容进行KMO值检验，KMO值为0.917，巴特利特球形度检验显著性为0.000，表明该部分内容内部存在共同因素，适合进行因子分析。

同样采用主成分分析法和最大方差分析法进行探索性因子分析，依据问卷编制的理论框架与研究需要，设置5个因子提取数。采用同样标准分析发现该部分占问卷须剔除2个不合适题目。最终本部分问卷共保留21个题目，其中，创新能力维度5个题目，逻辑推理能力维度4个题目，资料收集与处理能力维度4个题目，问题解决能力维度5个题目，语言表达能力维度3个题目。

（2）信度分析

删除不适宜题目后，对研究生高影响力教育实践与科研能力调查问卷（试测版）回收的数据进行信度分析。其中，研究生高影响力教育实践部分总体α值为0.779，各维度的α值均在0.6以上；研究生科研能力部分总体α值为0.926，各维度的α值均在0.7以上，表明本研究采用的问卷结构可靠性高，信度较好。

2.试测后的问卷修订

第一次试测分析后，使用删除不合适题目后形成的问卷进行第二次试测。第二次试测同样在2021年9月展开，此次试测共回收120份问卷，剔除无效问卷后得到有效问卷118份，问卷有效率98.33%。其中，男生46人（占38.98%），女生72人（占61.02%）；人文社科类学生58人（占49.15%），理工农医类学生60人（占50.85%），试测样本符合抽样标准。

对这次回收的问卷进行验证性因子分析。分析发现研究生高影响力教育实践参与部分X^2/df=1.565，RMSEA=0.070，RMR=0.058，AGFI=0.826，

①蒋小花、沈卓之、张楠楠等：《问卷的信度和效度分析》，《现代预防医学》2010年第3期，第429-431页。

GFI=0.874，CFI=0.806；研究生科研能力部分 X^2/df=1.910，RMSEA=0.088，RMR=0.062，AGFI=0.747，GFI=0.804，CFI=0.838，总体上各项拟合指数符合相关要求①，能够保证问卷结构效度良好②。

结合两次试测的数据分析结果，最终形成研究生高影响力教育实践与科研能力调查问卷（正式版）。正式版维度框架与试测版一致，但在具体题项设置上有所调整。正式版问卷最终构成如下：

第一部分为基本信息调查，包括性别、年级、学科等13个题项。

第二部分为研究生高影响力教育实践参与调查，共设置3个维度、13道题目。其中，研究类活动维度5个题项（A1—A5），交流类活动维度5个题项（A6—A10），拓展类活动维度3个题项（A11—A13）。这一部分调查采用4点计分法，用以计算研究生高影响力教育实践参与频率，“1”为“从不”，“2”为“有时”，“3”为“经常”，“4”为“总是”。

第三部分为研究生科研能力调查，共设置5个维度、21道题目。其中，创新能力维度5个题项（B1—B5），逻辑推理维度4个题项（B6—B9），资料收集与处理维度4个题项（B10—B13），问题解决维度5个题项（B14—B18），语言表达维度3个题项（B19—B21）。这一部分内容采用5点计分法，用以计算研究生科研能力水平，“1”为“非常不符合”，“2”为“比较不符合”，“3”为“一般符合”，“4”为“比较符合”，“5”为“非常符合”。

（五）正式问卷的发放

1.发放情况

正式问卷于2021年10月发放。正式发放共回收742份问卷，剔除无效问卷后得到有效问卷727份，问卷有效率97.98%。其中，男生300人（占41.27%），女生427人（占58.73%）；人文社科类400人（占55.02%），理工农医类327人（占44.98%），问卷回收样本符合抽样标准。

2.信度分析

对研究生高影响力教育实践与科研能力调查问卷（正式版）回收的数

①Rex B. Kline, *Principles and Practice of Structural Equation Modeling* (New York: The Guilford Press, 2005)

②Herbert W. Marsh and John Balla, “Goodness-of-Fit Indexes in Confirmatory Factor Analysis: The Effect of Sample Size,” *Psychological Bulletin*, no.3(1988): 391-410.

据进行信度分析。其中，研究生高影响力教育实践参与部分总体α值为0.805，各维度的α值均在0.6以上（0.680，0.640，0.693），研究生科研能力部分总体α值为0.904，各维度的α值均在0.6以上（0.679，0.682，0.681，0.624，0.655），这表明正式问卷的信度整体较好。

第四节　数据分析

（一）高影响力教育实践与科研能力的描述性分析

本部分主要对研究生高影响力教育实践参与和研究生科研能力水平进行描述性分析。通过对样本研究生的总体和各维度进行分析，探究研究生高影响力教育实践参与情况和研究生科研能力整体水平，为后续研究奠定基础。

1. 高影响力教育实践描述性分析

表4-1是对于高影响力教育实践的描述性分析，如表所示，在高影响力教育实践的参与情况上，样本研究生总体得分均值为2.56分，各维度得分均值由高到低排序依次为交流类（2.67分）、研究类（2.57分）、拓展类（2.43分）。除拓展类得分均值外，总体得分均值、交流类得分均值、研究类得分均值均高于理论中值2.5分，但与理论中值相差不大。在总体得分及各维度得分上，最大值与最小值差异明显，标准差较大。这说明，受调查研究生均有一定的参与高影响力教育实践的经历，研究生的高影响力教育实践参与整体处于中等水平；相对而言，研究生参与交流类活动最多、研究类活动居中、拓展类活动最少；研究生内部高影响力教育实践参与差异大。

表4-1　研究生高影响力教育实践描述性分析

维度	个案数	最小值	最大值	均值(M)	标准差(SD)
高影响力教育实践	727	1.13	3.73	2.56	0.40
研究类	727	1.00	4.00	2.57	0.47
交流类	727	1.20	4.00	2.67	0.40
拓展类	727	1.00	4.00	2.44	0.56

具体到高影响力教育实践的3个维度，研究类维度包括5个题项（A1—A5），交流类维度包括5个题项（A6—A10），拓展类维度包括3个题项（A11—A13）。高影响力教育实践各题项的描述性分析如表4-2所示。

表4-2　研究生高影响力教育实践各题项描述性分析

题项	从未	有时	经常	总是
A1	28(3.9%)	281(38.7%)	363(49.9%)	55(7.6%)
A2	21(2.9%)	291(40.0%)	332(45.7%)	83(11.4%)
A3	50(6.9%)	327(45.0%)	285(39.2%)	65(8.9%)
A4	87(12.0%)	231(31.8%)	314(43.2%)	95(13.1%)
A5	73(10.0%)	291(40.0%)	273(37.6%)	90(12.4%)
A6	18(2.5%)	298(41.0%)	334(45.9%)	77(10.6%)
A7	37(5.1%)	318(43.7%)	290(39.9%)	82(11.3%)
A8	8(1.1%)	226(31.1%)	380(52.3%)	113(15.5%)
A9	26(3.6%)	351(48.3%)	273(37.6%)	77(10.6%)
A10	25(3.4%)	256(35.2%)	337(46.4%)	109(15.0%)
A11	48(6.6%)	305(42.0%)	310(42.6%)	64(8.8%)
A12	166(22.8%)	286(39.3%)	231(31.8%)	44(6.1%)
A13	74(10.2%)	248(34.1%)	314(43.2%)	91(12.5%)

在研究类维度上，96.1%的研究生参与过项目或课题，57.5%的研究生经常性参与项目或课题；97.1%的研究生参与过课程小组合作，57.1%的研究生经常性参与课程小组合作；93.1%的研究生撰写或发表过论文，48.1%的研究生经常性撰写或发表论文；88.0%的研究生参与过实验或调研，56.3%的研究生经常性参与实验或调研；90.0%的研究生翻译、撰写或编辑过专著，50.0%的研究生经常性翻译、撰写或编辑专著。

在交流类维度上，97.5%的研究生参与过同门交流，56.5%的研究生经常性参与同门交流；94.9%的研究生参与过学术会议，51.2%的研究生经常性参与学术会议；98.9%的研究生接受过导师指导，67.8%的研究生经常性接受导师指导；96.4%的研究生参与过学术讲座，48.2%的研究生经常性参与学术讲座；96.6%的研究生参与过师门组会，61.4%的研究生经常性参与师门组会。

在拓展类维度上，93.4%的研究生参与过学术沙龙，51.4%的研究生经常性参与学术沙龙；77.2%的研究生参与过社会服务，37.9%的研究生经常性参与社会服务；89.8%的研究生参与过实习，55.7%的研究生参与过中长期实习。

整体而言，研究生普遍参与过各种高影响力教育实践，但各种高影响力教育实践的参与率与经常性参与率相差较大，即研究生在高影响力教育实践参与上存在类型多样但深度不足的问题；与研究类维度和交流类维度相比，拓展类维度上各种高影响力教育实践的研究生参与率和经常性参与率最低，研究生参与拓展类活动相对最少。

2.科研能力描述性分析

表4-3是对于研究生科研能力各维度的描述性分析，如表所示，在科研能力水平上，样本研究生总体得分均值为3.66，各维度得分均值由高到低排序依次为资料收集与处理能力（3.68分）、问题解决能力（3.67分）、语言表达能力（3.67分）、逻辑推理能力（3.65分）、创新能力（3.64分），总体得分均值和各维度得分均值均高于3分这个理论中值。在总体得分及各维度得分上，最大值与最小值差异明显，标准差较大。这说明，研究生科研能力处于中上水平；相对而言，研究生资料收集与处理能力最好，问题解决能力、语言表达能力次之，逻辑推理能力、创新能力最差；研究生科研能力的内部差异大。

表4-3　研究生科研能力及各维度描述性分析

维度	个案数	最小值	最大值	平均值(M)	标准差(SD)
科研能力	727	1.95	5	3.66	0.48
创新能力	727	1.60	5	3.64	0.55
逻辑推理能力	727	1.75	5	3.65	0.54
资料收集与处理能力	727	1.25	5	3.68	0.55
问题解决能力	727	2.00	5	3.67	0.52
语言表达能力	727	1.33	5	3.67	0.59

具体到科研能力的5个维度，创新能力维度包括5个题项（B1—B5），逻辑推理能力维度包括4个题项（B6—B9），资料收集与处理能力维度包

括4个题项（B10—B13），问题解决能力维度包括5个题项（B14—B18），语言表达能力维度包括3个题项（B19—B21）。对于科研能力各题项的描述性分析如表4-4所示。

表4-4 研究生科研能力各题项描述性分析

题项	非常不符合	比较不符合	一般符合	比较符合	非常符合
B1	6(0.8%)	49(6.7%)	272(37.4%)	303(41.7%)	97(13.3%)
B2	4(0.6%)	38(5.2%)	261(35.9%)	328(45.1%)	96(13.2%)
B3	4(0.6%)	47(6.5%)	284(39.1%)	267(36.7%)	125(17.2%)
B4	7(1.0%)	54(7.4%)	248(34.1%)	306(42.1%)	112(15.4%)
B5	4(0.6%)	26(3.6%)	310(42.6%)	264(36.3%)	123(16.9%)
B6	6(0.8%)	47(6.5%)	246(33.8%)	325(44.7%)	103(14.2%)
B7	4(0.6%)	36(5.0%)	295(40.6%)	294(40.4%)	98(13.5%)
B8	7(1.0%)	27(3.7%)	267(36.7%)	314(43.2%)	112(15.4%)
B9	4(0.6%)	44(6.1%)	265(36.5%)	309(42.5%)	105(14.4%)
B10	5(0.7%)	33(4.5%)	257(35.4%)	315(43.3%)	117(16.1%)
B11	5(0.7%)	36(5.0%)	317(43.6%)	273(37.6%)	96(13.2%)
B12	1(0.1%)	45(6.2%)	230(31.6%)	330(45.4%)	121(16.6%)
B13	2(0.3%)	35(4.8%)	275(37.8%)	276(38.0%)	139(19.1%)
B14	4(0.6%)	59(8.1%)	252(34.7%)	306(42.1%)	106(14.6%)
B15	4(0.6%)	20(2.8%)	270(37.1%)	308(42.4%)	125(17.2%)
B16	5(0.7%)	47(6.5%)	261(35.9%)	314(43.2%)	100(13.8%)
B17	1(0.1%)	43(5.9%)	327(45.0%)	254(34.9%)	102(14.0%)
B18	6(0.8%)	24(3.3%)	229(31.5%)	332(45.7%)	136(18.7%)
B19	2(0.3%)	31(4.3%)	289(39.8%)	291(40.0%)	114(15.7%)
B20	4(0.6%)	41(5.6%)	268(36.9%)	313(43.1%)	101(13.9%)
B21	5(0.7%)	26(3.6%)	292(40.2%)	263(36.2%)	141(19.4%)

在创新能力维度上，92.4%的研究生能灵活地观察研究对象，55.0%的研究生能比较好地灵活观察研究对象；94.2%的研究生能在科研活动中发现具有研究价值的问题，58.3%的研究生能比较好地在科研活动中发现具有研究价值的问题；93.0%的研究生能对文献资料进行批判性阅读，

53.9% 的研究生能比较好地对文献资料进行批判性阅读；91.6% 的研究生能为科研活动的每个步骤分配合理的时间，57.5% 的研究生能比较好地为科研活动的每个步骤分配合理的时间；95.8% 的研究生能在研究过程中及时发现问题，53.2% 的研究生能比较好地在研究过程中及时发现问题。

在逻辑推理维度上，92.7% 的研究生能从多个角度认识和分析问题，58.9% 研究生能比较好地从多个角度认识和分析问题；94.5% 的研究生能针对研究的问题提出清晰的研究思路，53.9% 的研究生能比较好地针对研究的问题提出清晰的研究思路；95.3% 的研究生能分析出现象或内容之间的逻辑关系，58.6% 的研究生能比较好地分析出现象或内容之间的逻辑关系；93.4% 的研究生能通过分析推理得出符合逻辑的研究结论，56.9% 的研究生能比较好地通过分析推理得出符合逻辑的研究结论。

在资料收集与处理维度上，94.8% 的研究生能根据收集到的资料完成文献综述，59.4% 的研究生能比较好地根据收集到的资料完成文献综述；94.4% 的研究生能检索到全面而有价值的文献资料，50.8% 的研究生能比较好地检索到全面而有价值的文献资料；93.6% 的研究生能运用相关理论完成测量、实验或调研，62.0% 的研究生能比较好地运用相关理论完成测量、实验或调研；94.9% 的研究生能在实验或调查中准确地记录或采集相关内容与信息，57.1% 的研究生能比较好地在实验或调查中准确记录或采集相关内容与信息。

在问题解决能力维度上，91.4% 的研究生能熟练运用相关方法和工具处理数据与信息，56.7% 的研究生能比较好地熟练运用相关方法和工具处理数据与信息；96.7% 的研究生能针对研究的问题选择最合适的研究方法，59.6% 的研究生能比较好地针对研究的问题选择最合适的研究方法；92.9% 的研究生能根据实际情况及时调整研究计划，57.0% 的研究生能比较好地根据实际情况及时调整研究计划；93.9% 的研究生能在研究遇到问题时找到恰当的解决方法，48.9% 的研究生能比较好地在研究遇到问题时找到恰当的解决方法；95.9% 的研究生能在研究遇到问题时顺利寻求到老师同学的帮助，64.4% 的研究生能比较好地在研究遇到问题时顺利寻求到老师同学的帮助。

在语言表达能力维度上，95.5% 的研究生能在论文写作时准确运用写作规范，55.7% 的研究生能比较好地在论文写作时准确运用写作规范；

93.9%的研究生能在公开场合准确表达自己的研究成果，57.0%的研究生能比较好地在公开场合准确表达自己的研究成果；95.8%的研究生能在公开场合流利地与人交流讨论自己的研究成果，55.6%的研究生能比较好地在公开场合流利地与人交流讨论自己的研究成果。

整体而言，受访研究生各方面的科研能力均处于中上水平，能够运用一定的科研能力完成科研任务。研究生在科研能力5个子维度能力的掌握上差异不大，相对而言，创新能力和逻辑推理能力最差。

（二）高影响力教育实践的差异分析

为进一步了解哪些因素影响研究生高影响力教育实践的参与，本部分将对高影响力教育实践在研究生人口统计学变量上的差异情况进行分析。研究数据经过方差齐性检验，满足正态分布且方差齐性，能够进行独立样本T检验和单因素方差分析。

对性别、年级等二分类变量，采用独立样本*T*检验，对地区、家庭经济收入等多分类变量，采用单因素方差分析。分析发现，高影响力教育实践的参与在性别、学位类型、是否独生子女、地区、家庭经济收入、父母受教育程度、导师交流频率、论文发表次数、学习满意度、学校满意度上有显著性差异，在年级、学科、户籍地上无显著性差异。

1. 人口统计学变量

（1）性别差异

表4–5是高影响力教育实践在性别变量上的差异分析，如表所示，性别在高影响力教育实践及研究类、交流类、拓展类3个维度上均有显著性差异（$p<0.05$）。这说明，男生在高影响力教育实践的参与水平及研究类、交流类、拓展类3个维度的参与水平上均显著高于女生。整体上说，男生参与高影响力教育实践多于女生。

表4–5 高影响力教育实践在性别变量上的差异分析

分析项	选项	样本量	均值(M)	标准差(SD)	*T*	*p*值
高影响力教育实践	男	300	2.617	0.354	3.571	0.000***
	女	427	2.513	0.430	—	—

续表4-5

分析项	选项	样本量	均值(M)	标准差(SD)	T	p值
研究类	男	300	2.640	0.406	3.337	0.001**
	女	427	2.526	0.510	—	—
交流类	男	300	2.705	0.363	2.350	0.019*
	女	427	2.636	0.428	—	—
拓展类	男	300	2.505	0.543	3.105	0.002**
	女	427	2.375	0.561	—	—

注：*表示$p<0.05$，**表示$p<0.01$，***表示$p<0.001$。

（2）年级差异

表4-6是高影响力教育实践在年级变量上的差异分析，如表所示，年级在高影响力教育实践及研究类、交流类、拓展类3个维度上均无显著性差异（$p>0.05$）。这说明，年级对高影响力教育实践的参与水平及研究类、交流类、拓展类3个维度的参与水平均无明显影响。与本科阶段不同[①]，进入研究生阶段后，年级对高影响力教育实践参与的影响力减弱，年级的差异不会给研究生的高影响力教育实践参与带来显著影响。

表4-6 高影响力教育实践在年级变量上的差异分析

分析项	选项	样本量	均值(M)	标准差(SD)	T	p值
高影响力教育实践	研二	386	2.538	0.397	-1.260	0.208
	研三	341	2.576	0.410	—	—
研究类	研二	386	2.558	0.463	-0.959	0.338
	研三	341	2.591	0.484	—	—
交流类	研二	386	2.639	0.394	-1.835	0.067
	研三	341	2.694	0.413	—	—
拓展类	研二	386	2.417	0.555	-0.593	0.553
	研三	341	2.442	0.559	—	—

① 郭娇:《本科生高影响力活动与其毕业后预期目标的匹配——基于2019年中国本科教与学调查数据》,《教育发展研究》2019第23期,第18-26页。

（3）学科差异

表4-7是高影响力教育实践在学科变量上的差异分析，如表所示，学科在高影响力教育实践及研究类、交流类、拓展类3个维度上均无显著性差异（$p>0.05$）。这说明，学科对高影响力教育实践的参与水平及研究类、交流类、拓展类3个维度的参与水平均无明显影响。进入研究生阶段，不同学科的研究生均有大量的高影响力教育实践参与经历，学科上的差异不会对研究生的高影响力教育实践参与带来显著影响。

表4-7　高影响力教育实践在学科变量上的差异分析

分析项	选项	样本量	均值(M)	标准差(SD)	T	p值
高影响力教育实践	人文社科类	400	2.553	0.408	−0.162	0.871
	理工农医类	327	2.558	0.398	—	—
研究类	人文社科类	400	2.575	0.495	0.075	0.940
	理工农医类	327	2.572	0.445	—	—
交流类	人文社科类	400	2.659	0.414	−0.417	0.677
	理工农医类	327	2.672	0.392	—	—
拓展类	人文社科类	400	2.427	0.563	−0.113	0.910
	理工农医类	327	2.431	0.550	—	—

（4）学位类型差异

表4-8是高影响力教育实践在学位类型变量上的差异分析，如表所示，学位类型在高影响力教育实践及研究类、交流类2个维度上有显著性差异（$p<0.05$），在拓展类维度上无显著性差异（$p>0.05$）。这说明，学硕在高影响力教育实践的参与水平及研究类、交流类2个维度的参与水平上显著高于专硕，但学位类型对拓展类维度的参与水平无明显影响。整体上说，与专硕相比，学硕参与高影响力教育实践更多，尤其是在研究和交流两类活动上参与多。而拓展类活动由于研究色彩稍弱，专硕和学硕在参与上的差异不明显。

表4-8 高影响力教育实践在学位类型变量上的差异分析

分析项	选项	样本量	均值(M)	标准差(SD)	T	p值
高影响力教育实践	学硕	429	2.584	0.416	2.352	0.019*
	专硕	298	2.514	0.381	—	—
研究类	学硕	429	2.616	0.466	2.958	0.003**
	专硕	298	2.511	0.477	—	—
交流类	学硕	429	2.699	0.412	2.783	0.006**
	专硕	298	2.615	0.387	—	—
拓展类	学硕	429	2.438	0.601	0.552	0.581
	专硕	298	2.415	0.487	—	—

注：*表示$p<0.05$，**表示$p<0.01$。

（5）户籍地差异

表4-9是高影响力教育实践在户籍地变量上的差异分析，如表所示，户籍地在高影响力教育实践及研究类、交流类、拓展类3个维度上均无显著性差异（$p>0.05$）。这说明，户籍地对高影响力教育实践的参与水平及研究类、交流类、拓展类3个维度的参与水平均无明显影响。整体上说，农村学生和城镇学生在高影响力教育实践的参与上不存在显著差异。

表4-9 高影响力教育实践在户籍地变量上的差异分析

分析项	选项	样本量	均值(M)	标准差(SD)	T	p值
高影响力教育实践	农村	335	2.535	0.434	−1.298	0.195
	城镇	392	2.573	0.375	—	—
研究类	农村	335	2.552	0.518	−1.096	0.274
	城镇	392	2.591	0.430	—	—
交流类	农村	335	2.640	0.424	−1.523	0.128
	城镇	392	2.686	0.385	—	—
拓展类	农村	335	2.411	0.569	−0.773	0.440
	城镇	392	2.443	0.546	—	—

2.学习投入变量

（1）论文发表次数差异

论文发表次数在高影响力教育实践及研究类、交流类、拓展类3个维度上均有显著性影响（$p<0.05$）。整体而言，论文发表次数更多的学生在高影响力教育实践的参与水平及研究类、交流类、拓展类3个维度的参与水平上均显著高于论文发表更少的学生，除拓展类维度上发表论文2篇的学生得分略高于发表3篇及以上的学生外，其余维度上得分水平由高到低排序均为：3篇及以上＞2篇＞1篇＞0篇。

（2）学习满意度差异

学习满意度在高影响力教育实践及研究类、交流类、拓展类3个维度上均有显著性影响（$p<0.05$）。整体而言，学习满意度更高的学生在高影响力教育实践的参与水平及研究类维度的参与水平均显著高于学习满意度更低的学生，得分水平由高到低排序为：非常满意＞比较满意＞非常不满意＞一般满意＞比较不满意。交流类活动和拓展类活动情况略有不同，交流类活动中“非常不满意”得分水平略高于“比较满意”，拓展类活动中“非常不满意”得分最低。

3.家庭背景变量

（1）是否独生子女差异

是否为独生子女在高影响力教育实践及研究类、拓展类2个维度有显著性差异（$p<0.05$），在交流类维度上无显著性差异（$p>0.05$）。这说明，独生子女在高影响力教育实践及研究类、拓展类2个维度的参与水平显著高于非独生子女，是否独生子女对交流类维度的参与水平无明显影响。整体上说，与非独生子女相比，独生子女表现出更多参与高影响力教育实践的倾向，在研究类和拓展类维度的表现更积极；而在交流维度上，二者的差异较小。

（2）地区差异

不同地区在高影响力教育实践及研究类、拓展类2个维度上有显著性差异（$p<0.05$），在交流类维度上无显著性差异（$p>0.05$）。这说明，东部地区在高影响力教育实践及研究类、拓展类2个维度的参与水平显著高于中部地区和西部地区，西部地区在高影响力教育实践及研究类、拓展类2

个维度的参与水平显著高于中部地区，三个地区得分水平排序为：东部>西部>中部。另外，地区对交流类维度的参与水平无明显影响。

（3）家庭经济收入差异

不同家庭经济收入在高影响力教育实践及研究类、交流类、拓展类3个维度上均有显著性差异（$p<0.05$）。整体而言，家庭经济收入更高的学生在高影响力教育实践及研究类、交流类、拓展类3个维度的参与水平均显著高于家庭经济收入更低的学生，不同经济水平家庭得分水平排序为：比较高>高>一般>比较低>低。

（4）父母受教育程度差异

不同的父母受教育程度在高影响力教育实践及研究类、交流类、拓展类3个维度上均有显著性差异（$p<0.05$）。整体而言，父母受教育程度更高的学生在高影响力教育实践及研究类、交流类、拓展类3个维度的参与水平均显著高于家庭经济收入更低的学生。除高影响力教育实践和拓展类维度的得分水平上“小学及以下”略高于“初中”外，不同父母受教育程度得分水平排序为：专科、大学及以上>高中或中职>初中>小学及以下。

4.学校资源变量

（1）导师交流频率差异

导师交流频率高低不同在高影响力教育实践及研究类、交流类、拓展类3个维度上均有显著性差异（$p<0.05$）。整体而言，与导师交流频率更高的学生在高影响力教育实践及研究类、交流类、拓展类3个维度的参与水平均显著高于与导师交流频率更低的学生。除高影响力教育实践和拓展类维度的得分水平上“较多”略高于“很多”外，不同交流频率的得分水平排序为：很多>较多>一般>较少>很少。

（2）学校满意度差异

不同学校满意度在高影响力教育实践及研究类、交流类、拓展类3个维度上均有显著性差异（$p<0.05$）。整体而言，学校满意度更高的学生在高影响力教育实践及研究类、交流类、拓展类3个维度的参与水平均显著高于学校满意度更低的学生，不同满意度的得分水平排序为：非常满意>比较满意>一般满意>比较不满意>非常不满意。

（三）高影响力教育实践与科研能力的相关分析

变量之间的关系分为相关关系和函数关系，相关关系是一种不确定关系，只能说明变量之间存在关系；函数关系是一种确定关系，能够说明变量对变量的预测作用。为探讨高影响力教育实践对科研能力的影响，本部分将对高影响力教育实践与科研能力进行相关分析和回归分析。

1.相关分析

本部分首先对高影响力教育实践与科研能力是否存在关系进行分析。分析发现高影响力教育实践与科研能力的相关系数、高影响力教育实践各维度与科研能力各维度的相关系数均为正数，且p值均小于0.01，呈现显著性。高影响力教育实践与科研能力表现为显著正相关关系，高影响力教育实践各维度与科研能力各维度也表现为显著正相关关系。

这说明，以研究类活动、交流类活动、拓展类活动为二级分类的高影响力实践与科研能力的总体水平息息相关，也与科研能力的各内部维度（创新能力、逻辑推理能力、资料收集与处理能力、问题解决能力、语言表达能力）水平息息相关。

2.回归分析

为进一步探究高影响力教育实践对研究生科研能力的影响，在完成相关分析之后，本部分还将通过回归分析，在放入控制变量的情况下，具体分析高影响力教育实践各维度对科研能力的函数关系。

为进一步探究高影响力教育实践对研究生科研能力的影响，将交流类活动、研究类活动、拓展类活动作为自变量，研究生科研能力作为因变量进行回归分析，同时为考察学习投入、家庭背景、学校资源对研究生的影响，将其作为控制变量放入回归模型。

该模型的Durbin-Watson值为1.451，在1～3之间，残差互相独立。在模型1中，放入研究生的基本信息、学习投入、家庭情况、学校资源等变量时，模型的解释率为52.3%，F值达到显著水平。这说明，研究生的学习投入、家庭情况、学校资源对其科研能力的解释率较高。具体而言，论文发表次数、学习满意度、家庭经济收入、学校满意度对研究生的科研能力发展有比较明显的影响。

在模型2中加入交流类活动、研究类活动、拓展类活动3个变量后，整体模型解释率为55.7%，IV增长3.4%，*F*值达到显著水平。这说明，高影响力教育实践能够对研究生科研能力产生3.4%的解释力度。具体而言，研究类活动和交流类活动起正向影响，拓展类活动起负向影响。但整体上看，研究生的学习投入、家庭情况、学校资源对其科研能力的发展仍有比较明显的影响；与之相对，目前研究生所参与的高影响力教育实践实施效果有限，对其研究能力发展的助益有限。

第五节　分析与讨论

通过数据分析，本研究总结出以下四点发现：

第一，研究生普遍有一定的高影响力教育实践参与经历，但经常性参与高影响力教育实践的研究生比例仍有待提高。在3个维度的高影响力教育实践中，研究生参与交流类活动最多、研究类活动居中、拓展类活动最少。

第二，研究生科研能力处于中间偏上水平。相对而言，各项科研能力中资料收集与处理能力最好，问题解决能力、语言表达能力次之，逻辑推理能力、创新能力最次。

第三，高影响力教育实践对研究生科研能力有促进作用，但其促进作用整体上较为有限。具体而言，研究类活动和交流类活动对研究生科研能力起正向影响，拓展类活动无影响，甚至在特定情况下起负向影响。

第四，研究生的高影响力教育实践参与受性别、学位类型、是否独生子女、地区、家庭经济收入、父母受教育程度、导师交流频率、论文发表次数、学习满意度、学校满意度的影响，不受年级、学科、户籍地的影响。

上述发现基本验证了本研究的假设。回归分析证实，参与高影响力教育实践有助于研究生科研能力的提高。结合数据分析结果和研究假设，本节主要讨论的内容有：第一，高影响力教育实践对研究生科研能力有促进作用；第二，目前的高影响力教育实践实施效果有限；第三，高影响力教育实践参与受个体、家庭和学校的共同影响。

为对这三点内容进行详细分析，本研究设计了学生访谈，采取方便抽样和目的抽样相结合的方式，面向不同年级和不同专业的研究生进行抽样访谈。访谈对象共11名，访谈信息已达到饱和。

（一）高影响力教育实践对研究生科研能力有促进作用

1.高影响力教育实践强调能力的实践应用

作为一种需要对知识进行深度分析和转换，并将其灵活地运用到不同的问题情境中的高阶能力[①]，科研能力具有复杂、建构、批判，以及多元的特点[②]。以创新能力和逻辑推理能力为首的科研能力对独创性要求更高，需要使用者付诸心智努力更多，在获得和提高上也相应地更具难度和挑战。

访谈中多位受访者表示自己的科研能力有待进一步提高。比如，5号受访者指出：“（我）知道该怎么做，但实际做起来总是达不到心理预期。还是做得太少。”4号受访者提到：“我的思维整体比较跳脱，导师也说我在写作上不太严谨，看问题不够深入，论述观点时不够缜密。”4号受访者认为，自己的问题可能是“长期形成的习惯，很少去反思、去质疑，锻炼得太少”导致的。这与相关研究结论一致，即只有在相对真实和复杂的情境中，科研能力才能得到培养[③]。科研能力的提高离不开科研能力的实践应用，只有通过不断地实践与应用，研究生的科研认知才能最终转化为科研能力。

并非所有的教育活动都能训练研究生的科研能力。考虑到科研能力的特点，只有在具有情境性、应用性、挑战性、开放性、互动性的活动中，科研能力才能得到训练，高影响力教育实践符合上述特点。高影响力教育实践为研究生提供了大量的科研能力实践应用机会，这契合了研究生科研能力提高的路径。因此，高影响力教育实践能够促进以创新能力和逻辑思维能力为核心的研究生科研能力的发展。

---

①钟志贤:《教学设计的宗旨:促进学习者高阶能力发展》,《电化教育研究》2004年第11期,第13-19页。

②彭正梅、邓莉:《迈向教育改革的核心:培养作为21世纪技能核心的批判性思维技能》,《教育发展研究》2017年第24期,第57-63页。

③季俊杰:《优秀研究生科研能力的影响因素与启示》,《研究生教育研究》2013年第4期,第13-18页。

通过参与各种形式的高影响力教育实践，研究生可以在相对真实的情境中，不断运用科研能力，发现和解决问题。由于高影响力教育实践的任务往往是有目的性的，各种与现实紧密结合的开放性问题使得研究生的科研思维得到充分调动，科研能力也得到充分锻炼。例如，4号受访者表示："参与课题的过程，就是一个科研训练的过程。从实验到写作，在实践中，我的能力得到锻炼。"6号受访者也提出："导师指导对我很重要，这往往会给我启发，比如该去看哪方面的文献。他的一（整）个思考的过程，推理的过程，包括研究的步骤，为什么这样设计（步骤），都能够比较直观地呈现在我面前。我觉得这一点很重要，像是（导师）带着我做了一个思维训练。"

虽然不同受访者提到的高影响力教育实践不同，但他们都提到了"实践""训练""应用""动手动脑"等关键词，从中可以看出高影响力教育实践所提供的应用科研能力的机会对于研究生科研能力发展的重要性。

2.高影响力教育实践强调学生的深度参与

诸多研究表明，学习投入和学习收获之间呈显著的正相关关系[①]。科研能力的提高离不开研究生的学习投入[②]，高水平的学习投入也对研究生科研能力发展有重要影响[③]，这一点在访谈中也有所体现。

笔者在访谈中发现，受访者参与感最强的活动，往往是他们认为最能提高自己科研能力的活动。如4号受访者表示："我认为，我的收获和我的参与感是息息相关的，那些我参与更多的活动，也是我收获更大的活动。所以课题是最好的（提高科研能力的高影响力教育实践），因为我必须全程参与，甚至一部分内容直接由我负责。（参与课题）会有压力，也更有帮助。"

反过来，受访者参与感最弱的活动，往往是他们认为最不能提高自己科研能力的活动。如6号受访者表示："我没搞懂学术沙龙的意义。沙龙氛

①沈忱：《学术型硕士研究生学习投入度调查研究——以天津大学为例》，硕士学位论文，天津大学，2016。

②张红、谭燕妮：《文科研究生科研能力培养的制约因素及其解决途径》，《中国校外教育》（理论）2009年第3期，第75-76页。

③侯志军、黄婉莹、左东洋等：《就读期望与科研投入对研究生创新能力的影响》，《煤炭高等教育》2017年第6期，第81-85页。

围比较放松，很多时候是发散式的主题，泛泛而谈，有时候我觉得有意思，更多的时候我觉得没什么意思、没什么用、没有参与感，（当）可以不去的时候，我就会选择不去。”

以上两位受访者的观点与阿斯丁的学生参与理论基本符合，即研究生自身的努力程度越高，付出的时间和精力越多，其科研能力提高也就越快[①]。因此，那些能够推动研究生深度参与的教育活动，也就更有益于研究生科研能力的发展。

并非所有的教育活动都能实现研究生的深度参与。研究生基于“被动顺应”的规则性参与[②]，不仅无法实现过程性参与和自主性参与，而且可能导致逃避性参与（逃会）、逆向性参与（会议期间玩手机）、非道德性参与（作弊）[③]。在此前提下，高影响力教育实践在设置上要求研究生投入大量时间和精力，所以在一定程度上保障了研究生的深度参与。如6号访谈者表示：“真正开始调研和（写）论文的时候，很容易进入一种忘我的状态。就是自然而然的，忙起来什么都忘了，也不会想着玩手机啊那些。可能（忘我状态）只有几天，但这种状态下，几天的收获可能比平常一个月的收获更大。”一些不曾发挥高影响力教育实践积极作用的反例同样证明了这一观点，如7号受访者表示：“我对学术会议的看法比较存疑，一些大型会议，我很容易没有参与感，只是听，听着听着就跑神了。相反，一些小型的研讨会，因为人数少，对主题的了解深一些，我会更容易融（入）进去，更积极地参与讨论。”

以上举例表明，研究生的深度参与是科研能力提高的重要因素。也就是说，在理想的高影响力教育实践中，研究生有更高的可能性进入深度参与状态。研究生在高影响力教育实践参与中可以维持高水平的学习投入和心流状态，这有助于研究生进入深度学习状态，实现基于理解的、追求迁

①Alexander W. Astin, *Excellence and Equity in American Education* (Washington D.C.: National Commission on Excellence in Education, 1984).

②鲍威、张晓玥：《中国高校学生学业参与的多维结构及其影响机制》，《复旦教育论坛》2012年第6期，第20–28页.

③胡子祥、马广永：《大学生学习投入评价模型研究》，《西南交通大学学报》（社会科学版）2013年第6期，第102–108页。

移应用的有意义学习[①]。这些高影响力教育实践可以激活隐层神经网络参与“训练”，推动研究生将感知到的信息抽象为更高级的意义，从而接近事物的本质与原理，产生迁移，实现科研能力的提高[②]。

3.高影响力教育实践资源符合研究生期待

虽然国内高校在学位类型设置上区分了学硕和专硕，但大多数高校中两类研究生的培养模式边界并不清晰，总体上仍将培养科研能力作为研究生人才培养的主要目标[③]。科研能力是研究生教育阶段应当培养的关键能力之一，是衡量研究生培养质量的重要指标，因而，学术研究在研究生学习生活中普遍占据着重要地位，高校更倾向于设置与学术研究直接相关的高影响力教育实践[④]。

例如，4号受访者表示：“我们学院的活动主要是学术讲座和学术会议。可能是因为我的专业（是汉语言文学）吧，我们做得最多的就是各种研讨，包括学院组织的大型一点的研讨会，师门的组会，以及课程中的小组研讨会。”7号受访者是理科类专业研究生，最常参加的活动是实验、组会、课题，他表示“除了实验室这边，群里偶尔会有会议信息和讲座信息”。笔者在访谈中发现，受访研究生所在高校提供较多的高影响力教育实践类型包括导师指导、师门组会、实验或调研、课题或项目、论文与专著写作、学术讲座，主要为交流类活动和研究类活动。

高校为激励研究生参与高影响力教育实践创造了大量的环境和条件，在此基础上，高校设立的这些高影响力教育实践基本契合了研究生的需要[⑤]。研究生在高影响力教育实践具体类型的选择上同样有所偏好，更倾向于参加与学术研究直接相关的高影响力教育实践。数据分析发现，研究

①彭红超、祝智庭:《深度学习研究:发展脉络与瓶颈》,《现代远程教育研究》2020年第1期,第41–50页。

②祝智庭、彭红超:《深度学习:智慧教育的核心支柱》,《中国教育学刊》2017年第5期,第36–45页。

③吴苏芳:《我国硕士研究生培养模式研究》,硕士学位论文,江西师范大学,2007。

④罗广波、邢岩、林彬:《研究生科研能力现状调查与分析》,《卫生软科学》2011年第5期,第323–325页。

⑤Alexander W. Astin, *Excellence and Equity in American Education* (Washington D.C.: National Commission on Excellence in Education, 1984).

生参与高影响力教育实践以交流类活动和研究类活动为主。访谈中，受访者亦倾向于参加交流类活动和研究类活动。即使是新入学的研究生，也对交流类活动和研究类活动抱有更大的兴趣。

如9号受访者表示："我认为，学术调研最能提高科研能力，我希望能多参与到这类活动中。"10号受访者表示："我希望未来多参加一些课题研究，还希望能参加一些讲座。各种活动我应该都会参加，不过研究类的活动肯定是最能直接提高科研能力的，会是我最（愿意）投入的部分。"

高校为激励研究生参与高影响力教育实践所创造的资源，整体上与研究生期待相互匹配，这进一步推动了研究生自主参与高影响力教育实践，提高了研究生参与高影响力教育实践的目的性和积极性，确保研究生投入大量时间和精力。在高影响力教育实践的有效参与中，研究生实现了科研能力的提高[①]。

4.高影响力教育实践推动师生互动

在研究生教育阶段，导师对研究生存在巨大的影响力。导生关系贯穿研究生培养的整个过程，对研究生培养的质量有着举足轻重的影响[②]。当前，研究生与导师的关系仍以传统的师徒模式为主，同时，科研伙伴关系也逐渐开始在导生关系中占据重要地位[③]。以导师为核心所组成的师门成为研究生交流互动的主要对象，以师门为单位开展的科研活动成为研究生学习生活的主要内容。这使得导生交流、师门组会、同门交流等交流类活动，以及师门合作完成的项目、课题、实验、调研等研究类活动成为研究生经常性参与的高影响力教育实践。

访谈中发现，导师的影响力往往使得受导师重视或导师组织的高影响力教育实践成为研究生参与最频繁的高影响力教育实践。例如，3号受访者的导师比较看重论文发表，则该受访者的精力主要落在论文上，他在研

①鲍威、张晓玥：《中国高校学生学业参与的多维结构及其影响机制》，《复旦教育论坛》2012年第6期，第20–28页。

②朱莉：《研究生师生关系现状调查与对策研究——以华中农业大学生命科学类专业为例》，硕士学位论文，华中农业大学，2011。

③周文辉、张爱秀、刘俊起等：《我国高校研究生与导师关系现状调查》，《学位与研究生教育》2010年第9期，第7–14页。

一结束前便已发表论文。

这些在导师指导下开展的以交流类活动和研究类活动为主的高影响力教育实践通常是相互包含和彼此联系的。如2号受访者说："实验、课题、组会是分不开的。实验就是做课题，课题就是做实验，组会就是为了讨论清楚问题，（以便）更好地做实验、做课题。"研究生与导师在高影响力教育实践的共同参与中获得充分的交流互动，针对问题进行分析讨论。即使在规模较大的师门中，导师的时间相对有限，高影响力教育实践中的师生互动依旧广泛存在。同样是2号受访者所说："因为我们师门比较大，大导师之外还有小导师，所以单独接受导师指导的机会可能就比较少。很多（课题）都是大老板（大导师）确定主题后，小老板（小导师）或者博士师兄、师姐带着我们深入做下去。我们会定期开会，大老板（大导师）会参加，和我们一起商量讨论。"

高影响力教育实践中的师生互动往往以科研为主题，是具有目的性、指导性、高度合作性的[①]。这类良性师生互动能有效指导研究生的科学研究，促进研究生科研能力的提高[②]。

（二）目前的高影响力教育实践实施效果有限

1.高影响力教育实践开展具有随意性

高影响力教育实践强调情境性、实践性和互动性，这是其具有"高影响力"的关键。无论是交流类活动、研究类活动还是拓展类活动，理想的高影响力教育实践都要求研究生使用科研思维和科研能力探讨和解决现实生活中的真实问题。以社会服务为例，理想的社会服务需要发挥研究生的专业特长，运用专业能力，尤其是科研能力解决问题，达到服务与学习并重、服务与研究结合的目的[③]。但笔者在访谈中发现，受访研究生所在高校普遍没有关注高影响力教育实践的规范性问题，反而在高影响力教育实践的开展中具有极大的随意性。如1号受访者表示："学校没有安排，我自己找的（实习）。我认为，（实习带来的）提高不在于科研能力，而是为以

---

①宋晓萍、梅红:《博士生培养过程中师生互动关系研究——基于博士研究生的视角》,《中国高教研究》2012年第8期,第50-54页。

②王姮:《导师指导与研究生学术表现的关系研究》,硕士学位论文,西南大学,2015。

③李燕:《美国高等学校的服务学习研究》,硕士学位论文,浙江师范大学,2006。

后的工作做准备。而且实习的岗位对专业能力的要求也不很高，也不需要用到科研能力。”

上述高影响力教育实践存在的问题并非个例。当前的高影响力教育实践在开展中具有很大的随意性，并未达到理想的实施效果，无法很好地锻炼和提高研究生的科研能力。相对而言，由于交流类活动和研究类活动的科研目的性更强，其形式和内容相对成熟，实施效果相对好于拓展类活动。例如，项目或课题通常有项目报告或课题报告的要求，学术会议的主题通常比较明确，使得这些活动开展相对有效果。与之相对，在社会服务、学术沙龙等拓展类活动，以及部分研究类活动和交流类活动中，缺乏明确主题、缺乏明确任务的现象则比较突出，甚至实践参与者认为有“不怎么需要科研能力”的情况。例如，3号受访者指出：“我报名参加过志愿活动（社会服务），我（在这个过程中）肯定有收获，比如说为人处世啊，沟通交流啊，但和你说的科研能力没什么关系。甚至因为时间的原因，可能还会影响我在科研方面的任务。”6号访谈者指出：“我们学院也会举行午餐会啊，读书分享会啊，下午茶啊，学术沙龙啊这种（活动），这种也会有主题，但和学术讲座这种不一样，是比较非正式的形式，而且交流只是一部分。另外，也很容易出现偏题。而且时间上不确定，质量也没有保证，有时好有时不好。”

可以看到，由于开展过程中具有很大的随意性，很大一部分高影响力教育实践的实施效果并不理想[①]，研究生也对其开展存在一定的抵触情绪[②]，这进一步阻碍了研究生在这些高影响力教育实践中获得充足的科研能力发展[③]。

2.高影响力教育实践参与具有选择性

通过对样本研究生的数据进行分析，笔者发现在高影响力教育实践的

---

①李长维：《全日制教育硕士专业学位研究生教育实习现状调查研究——以D师范大学为例》，硕士学位论文，东北师范大学，2012。

②杨国辉、李瑞嘉：《论文科研究生的科研式实习》，《学位与研究生教育》2007年第6期，第33-35页。

③王芳、张乐天：《试析转型期高校志愿服务活动的现状与走向》，《华东理工大学学报》（社会科学版）2000年第2期，第67-71页。

3个维度下，研究生参与交流类活动最多、研究类活动居中、拓展类活动最少，这与两次访谈的结果基本一致。一方面，科研是研究生教育的本质特征，另一方面，研究生的日常精力有限，这导致研究生在高影响力教育实践的参与上具有选择性[①]。许多研究生对如何提高自己科研能力的理解比较简单，对哪些活动属于高影响力教育实践的认识比较浅显，只将直接以科研为主题的教育活动视为对自身有益的高影响力教育实践。因此，在高影响力教育实践的参与中，研究生往往是功利性的[②]。在进行一定的尝试后，研究生通常会选择性和集中性地参与某一种高影响力教育实践，对其他活动的参与兴趣较低。如2号受访者表示："实验占据了我大量的时间，一些可去可不去的活动，除非必须去，我就会偷懒选择不去。"

可以看到，受访者对"必需"之外的高影响力教育实践的参与态度是比较消极和敷衍的。由于受访者并不深刻理解高影响力教育实践的价值，对"必需"之外的高影响力教育实践的参与意识比较薄弱，即使是"不得不去"的时候，也存在"身体到场但头脑不在场"的问题。这一现象在拓展类活动的开展中尤其明显。

考虑到现有的高影响力教育实践在开展中存在一定的问题，这更容易导致"恶性循环"，进一步降低研究生主动参与更多类型的高影响力教育实践的兴趣。研究生投入高影响力教育实践的时间和精力有限，参与和深度参与水平低，这阻碍了研究生在高影响力教育实践中科研能力的充分发展。而高校也更倾向于设置与科研直接相关的研究类活动和交流类活动。拓展类活动不以科研为直接目的，虽然同样对研究生的科研能力有促进作用[③]，但相对于研究类活动和交流类活动[④]，在提高研究生科研能力方面的

①王亚青:《近三十年国内研究生科研状况的研究述评》,《华北电力大学学报》(社会科学版)2008年第4期,第124-127页。

②王亚青:《硕士研究生科研活动现状调查及对策研究》,硕士学位论文,西南大学,2009。

③许淳熙:《学术沙龙与科学研究》,《科学学研究》1995年第1期,第76-79页。

④王斌毅:《基于社会主义核心价值观培育的高校学生志愿服务活动的开展》,《西部素质教育》2018年第10期,第53-54页。

表现不够明显、比较间接，且在组织实施上要求比较高[①]，高校因而相对地忽视了拓展类活动的组织和安排[②]。

访谈中发现，研究生也意识到高校在拓展类活动上的开展明显少于交流类活动和研究类活动。例如，除8号受访者（专硕）参加过学院安排的实习外，其他几位受访者均未参加过学校组织的实习活动。研究生虽然有意愿参加，但学校没有统一组织，最终只得“自己找渠道”，有限的活动设置又反过来局限了研究生在高影响力教育实践上的选择。

（三）高影响力教育实践参与受个体、家庭和学校的共同影响

笔者对样本研究生进行数据分析，发现研究生的高影响力教育实践主要受个体、家庭和学校的共同影响，个体之间差异较大。从I-E-O模型来看，造成这一现象的原因可能是从“输入”端来看，研究生学习投入不同，家庭背景不同；从“环境”端来看，研究生获得的学校支持不同。研究生的高影响力教育实践参与同时受学习投入、家庭背景和学校支持的共同影响。

此外，研究生的高影响力教育实践也受性别和学位类型的影响。考虑到这些因素只是略有影响，故本部分不作详细分析，只进行简单讨论。性别对研究生高影响力教育实践产生影响的原因可能是社会和文化因素在塑造性别定型性行为中发挥着重要作用[③]，长期以来的传统认知和刻板印象使男生普遍较女生更自信积极[④]，男生学习适应性和学习主动性更好，因而在参加高影响力教育实践时更积极，这与以往研究的结果一致[⑤]。学位类型对研究生高影响力教育实践产生影响的原因可能是不同类型的学位对研究生提出的要求不同，学术型研究生对科研能力的要求更高，因此，他

①罗尧成、朱永东:《学术沙龙:一种研究生教育课程实施形式》,《学位与研究生教育》2006年第4期,第50-53页。

②王芳、张乐天:《试析转型期高校志愿服务活动的现状与走向》,《华东理工大学学报》(社会科学版)2000年第2期。第67-71页。

③马锦华:《性别刻板印象与性别教育》,《教育评论》2000年第6期,第35-37页。

④林宇、周慧:《大学生自信与心理健康关系论析》,《继续教育研究》2011年第7期,第116-117页。

⑤郭娇:《本科生高影响力活动与其毕业后预期目标的匹配——基于2019年中国本科教与学调查数据》,《教育发展研究》2019年第23期,第18-26页。

们在研究类活动和交流类活动上的参与普遍多于专业型硕士。而拓展类活动不以科研为直接目的，故学术型硕士和专业型硕士在拓展类活动的参与上没有显著差异。

1.学习投入影响研究生高影响力教育实践参与

学习投入是一种与学习有关的，持久积极的情感和认知的心理状态，包括研究生的行为投入、情感投入和认知投入[①]，对研究生发展起积极作用，是研究生学习行为、学习收获的重要影响因素，本次问卷所调查的论文发表次数和学习满意度这2个变量可以归结到学习投入层面。具体来说，在论文发表次数变量上，论文发表次数的多少能直接反映研究生学习投入的高低，论文发表更多的学生，学习投入水平更高；在学习满意度变量上，个体学习投入与学习满意度息息相关，学习满意度越高的研究生，学习投入水平越高[②]。

上述变量在高影响力教育实践中呈现的显著差异性，一定程度上能够体现学习投入作为输入因素对研究生发展产生的影响。访谈中也有类似佐证，如6号受访者表示："（收获多少）肯定还是和你的努力有关系，你投入越多，收获也就越大。"7号受访者也有类似的表示，他说："除了必须参加的，很大一部分活动取决于个人，取决于我的意愿、我的兴趣、我的时间。"

这一发现已在相关研究中得到证实，当研究生的学习投入水平更高时，无论在认知、情感还是行为上，都更愿意尝试和投入，研究生也就抱有更强的参与高影响力教育实践的主动性和积极性[③]。

2.家庭背景影响研究生高影响力教育实践参与

家庭背景是以父母为核心建构起的家庭环境[④]，是研究生所在家庭的

①张娜:《国内外学习投入及其学校影响因素研究综述》,《心理研究》2012年第2期,第83-92页。

②刘珊珊:《独立院校本科生学习投入及学习满意度调查研究——基于江苏省8所独立院校的数据分析》,《教学研究》2018年第1期,第9-13页。

③汪雅霜:《大学生学习投入度对学习收获影响的实证研究——基于多层线性模型的分析结果》,《国家教育行政学院学报》2015年第7期,第76-81页。

④皮埃尔·布尔迪厄、J. C. 帕斯隆:《再生产——一种教育系统理论的要点》,邢克超译,商务印书馆,2002。

社会经济地位、家庭成员构成等的总和[①]，是研究生所得到的由家庭为其提供的可以随时调用的各种有利资源[②]。本次问卷中所调查的是否独生子女、地区、家庭经济收入、父母受教育程度这几个变量都可以归结到家庭背景层面。具体来说，在是否独生子女变量上，独生子女与非独生子女相比，更可能来自经济条件相对更好的家庭，也能享受到相对更多的资源[③]；在地区变量上，东部地区与中西部地区相比，经济条件更好，社会发展更快，东部地区学生更可能来自物质条件相对优越的家庭；在家庭经济收入和父母受教育程度变量上，家庭经济收入和父母受教育程度的高低，更是能在一定程度上直接反映家庭背景的优势或劣势。

上述变量在高影响力教育实践上呈现的显著差异性，一定程度上能够体现家庭背景作为输入因素对研究生发展产生的影响。整体上说，来自优势家庭的研究生，会更自信地面对困难和挑战，也会更积极地参与高影响力教育实践[④]。不过需要注意的是，优势家庭更多是通过积极的父母教养方式间接影响研究生的发展[⑤]。通常情况下，弱势家庭会遭遇更多的压力，而家庭压力模型说明巨大的压力将导致家庭功能障碍，这不仅不利于家庭成员的情绪和健康，而且不利于家庭成员间的情感支持和情感联结[⑥]。弱势家庭由于以经济资源为主的各类资源的不足，在父母教养方式上往往采取简单粗暴的形式，反之，优势家庭更可能采取情感鼓励型教养方式，通

---

①张华峰、郭菲、史静寰：《促进家庭第一代大学生参与高影响力教育活动的研究》，《教育研究》2017年第6期，第32-43页。

②周春梅：《家庭资本、社会分层与高等教育公平感——基于福建省六所高等院校的实证调查》，《集美大学学报》（教育科学版）2013年第7期，第54-59页。

③罗凌云、风笑天：《城市独生子女与非独生子女家庭教育的比较研究》，《青年探索》2001第6期，第12-16页。

④李志峰：《家庭背景对学业成绩的影响研究——以济南市为例》，博士学位论文，山东师范大学，2013。

⑤朱红、张文杰：《精英大学生家庭特征及其对子女能力素质的影响——以北京大学2016—2018级新生为例》，《高等教育研究》2020年第10期，第71-82页。

⑥Rand D Conger and M Brent Donnellan, “An Interactionist Perspective on the Socioeconomic Context of Human Development,” *Annual Review of Psychology*, no.1(2007): 175-199.

过民主互动、信任和支持，帮助子女形成良好的发展品格①。也就是说，良好的家庭内部互动氛围能够弥补家庭资本匮乏带给子女的不利影响。值得注意的是，有学者指出，家庭背景对研究生高影响力教育实践参与的影响是有限的，研究生的学习投入对高影响力教育实践的参与则具有更大的影响力②。

3.学校支持影响研究生高影响力教育实践参与

学校支持指学校为研究生发展提供的环境和资源，本次问卷中的导师交流频率和学校满意度这两个变量可以归结到学校支持方面。具体来说，在导师交流频率变量上，研究生与导师交流频率的多少，一定程度上能够反映研究生所获得的导师支持水平的高低③；在学校满意度变量上，研究生对学校的满意度，一定程度上能够反映研究生对所在高校提供的环境和资源的满意程度④。数据分析发现，导师交流频率和学校满意度对研究生高影响力教育实践均有正向的影响，学生所感知和接收的学校支持越多，参与高校所提供的各项高影响力教育实践的积极性就越高。

本研究访谈中也有同样发现，学校支持水平的高低直接对研究生的高影响力教育实践参与产生积极或消极的影响。如8号受访者所说："我参加的活动比较少，主要是一些学院安排的活动。因为（艺术）专业，和导师的联系沟通也比较少。导师主要让我看书，可能一学期见两到三面。所以不会像别的我认识的朋友那样，能接触到导师手里的项目或者活动。"3号受访者表示："我觉得一个主要的问题还是学校的支持，主要是经费和设施。反正我们实验室的条件不怎么样，存在电路老化的问题。然后每天做实验，用的仪器啊，试剂啊这些都需要钱。"7号受访者也提到经费的问题，同时指出："有些资源是不共享的。像这个实验室是我们师门的，那

①朱红、张文杰：《精英大学生家庭特征及其对子女能力素质的影响——以北京大学2016—2018级新生为例》，《高等教育研究》2020年第10期，第71-82页。

②王纾：《研究型大学学生学习性投入对学习收获的影响机制研究——基于2009年"中国大学生学情调查"的数据分析》，《清华大学教育研究》2011年第04期，第24-32页。

③张睿：《硕士研究生与导师关系的调查与分析——以综合性大学Z为例》，硕士学位论文，苏州大学，2014。

④田喜洲、王晓漫：《在校大学生满意度调查与分析》，高教探索，2007年第5期，第126-128页。

个实验室是那个师门的。可能我自己的实验、课题需要用到那个实验室的仪器，但是哪怕那个实验室是空的，都可能用不了。一方面是申请程序很麻烦，另一方面还要看师门之间的关系。”

总结以上访谈内容发现，学校支持水平一定程度上影响了研究生的高影响力教育实践参与。这与以往研究结果一致，即良好的学校支持是促进研究生高影响力教育实践参与的重要保障①。

第六节　结论与建议

（一）结论

高影响力教育实践在研究生的科研能力培养中发挥着重要作用。本研究通过文献研究、访谈调查和问卷调查，就高影响教育实践对研究生科研能力的影响和研究生高影响力教育实践的影响因素进行了讨论分析，最终得出以下三点结论：

一是高影响力教育实践对科研能力有正向促进作用。整体而言，参加高影响力教育实践有助于发展和提高研究生的科研能力。当高校提供的高影响力教育实践与研究生期待基本吻合时，就会提高研究生参与高影响力教育实践的主动性和目的性。由于高影响力教育实践要求研究生投入大量的时间和精力，且具有挑战性、情境性、实践性、互动性的特点，研究生在参与高影响力教育实践的过程中，更可能处于一种深度参与的状态，与导师保持良性的师生互动。在此状态下，研究生的科研能力可以在不断的实践和应用中发展和加强。

二是目前的高影响力教育实践实施效果有限。虽然高影响力教育实践整体上对研究生科研能力有促进作用，但目前的高影响力教育实践发挥出的促进作用比较有限，尤其是拓展类活动，对研究生科研能力无促进作用。由于高影响力教育实践还存在开展比较随意、细节不规范等问题，导

①李小昱、王为：《对研究生科研创新能力培养的探究》，华中农业大学学报（社会科学版）2009年第5期，第100-103页。

致参与高影响力教育实践不能按理想状态对研究生科研能力产生积极影响。同时，由于研究生存在选择性参与的现象，高校也相应地倾向于更多开展交流类活动和研究类活动，开展拓展类活动较少，高影响力教育实践的开展质量还有待进一步加强。

三是研究生高影响力教育实践参与受个体、家庭和学校的共同影响。研究生参与高影响力教育实践受多种因素的影响，学习投入水平更高的研究生，参与高影响力教育实践的积极性更高；来自优势家庭的研究生，参与高影响力教育实践的积极性更高；获得学校支持更多的研究生，参与高影响力教育实践的积极性更高。同时，因个人、家庭和学校不同，高影响力教育实践参与在不同研究生之间存在着较大的个体差异。

（二）建议

基于上述研究结论，本小节旨在从高校层面和研究生个体层面双管齐下，提出相关建议，从而提升高校高影响力教育实践项目的质量，并积极推动研究生更加广泛且深入地参与到这些具有重要影响力的教育实践活动中。具体建议如下：

1.高校层面

（1）提高高影响力教育实践的质量

首先，高影响力教育实践应该体现学校特色和学院特色。尽管高影响力教育实践存在共同要素，但同一种高影响力教育实践给不同高校带来的意义和价值不同。由于学校在办学定位、区位特征、培养目标、文化传统上存在差异，高校在设计高影响力教育实践时应该清晰定位，设计符合学校特色的高影响力教育实践。如美国布林莫尔学院以人文艺术教育见长，因而将艺术创作、展览策划认定为高影响力教育实践，要求学生按学年参加[①]。

总的来说，研究型大学应该在高影响力教育实践中进一步强化学术研究属性，关注和追踪学术前沿动态，着重于提供以高水平科研为主题的高影响力教育实践。而应用型院校则应该适当增加拓展类活动的占比，着重

① Kim Cassidy and Sarah Theobald, "The Bryn Mawr College 360° Program: Implementing High-Impact Educational Practices," *Association of American Colleges & Universities*, no. 1(2017):40-45.

培养研究生运用科研视野解决实际问题的能力。

此外，考虑到我国高校普遍实行校、院两级管理制度，学院是研究生人才培养的基地，具体到同一高校的不同学院，其所关注的高影响力教育实践也宜有所侧重。学院应该结合师生规模、师生专业兴趣，在实践中探索和构建特色化的高影响力教育实践品牌。研究中发现，课题项目这一类能够直接锻炼科研能力且须提交一定结果材料的活动对研究生的吸引力最大，但并不是每一个研究生都有参与的机会。学院层面可以集中组织限定主题的、由学生主持的课题项目，并以此为核心适当地开展其他类型的高影响力教育实践，如组织学术讲座、学术沙龙、导师指导。由于课题项目存在明确主题，并且在推进过程中必定存在实际困难，研究生在参与这些课题项目及相关的衍生活动时将更有可能主动参与和深度参与。

其次，高影响力教育实践应该走向规范化开展。同一种高影响力教育实践，细节上的差异往往影响其实施效果，这一点在拓展类活动的开展中尤其明显。当前，拓展类活动在开展中存在随意性，阻碍了研究生从参与拓展类活动中提高科研能力的可能性。高校应该推动高影响力教育实践不断走向规范化，参与人员、时间地点、目的要求、内容形式、评价反馈等方面都需要有明确的安排，以此避免活动的随意性和无效性。高校应该关注“主题”和“任务”的重要性，研究中发现一部分高影响力教育实践的“失败”正在于缺乏明确的主题和任务。对于成熟的研究者而言，过于明确的主题或任务或许会在一定程度上阻碍其自由思想、充分发挥其积极性，但对初入学术领域的研究生而言，明确主题和任务，相当于为其搭建一定的“脚手架”，有助于避免其产生茫然无措、紧张害怕、不敢参与、缺乏意义的情绪和心理，从而得到参与感和收获感。当然，在这一过程中，高校的规定不宜过紧，应该给予高影响力教育实践一定的灵活性，给予组织者自由的实施空间，避免活动实施走向僵硬死板。

此外，科学研究是研究生的核心素养，高校还应该进一步强调高影响力教育实践的研究属性，在实施目的、实施要求、实施细节上，充分强调和贯彻研究属性，帮助研究生在广阔的世界和真实的情境下锻炼科研能力，发展科研视野。以社会服务为例，高校在活动的设计上应该考虑专业性问题，而不是只重视“志愿”和“服务”。

（2）促进研究生高影响力教育实践的参与

首先，加强高影响力教育实践制度设计。与本科生相比，研究生参与高影响力实践的机会较多，但研究生高影响力教育实践的参与往往受导师和学院的影响，具有一定的随意性。因此，高校首先应该完善高影响力教育实践的制度设计，从制度层面上保障研究生的参与。一方面，高校应该将高影响力教育实践参与纳入研究生培养方案，对研究生参与不同类型的高影响力教育实践提出最低要求，以相对强制的方式引导研究生参与各类型高影响力教育实践，避免研究生在参加活动类型上的单一性，保障研究生参与高影响力教育实践的合理次数。另一方面，高校应该制订科学的评价机制和激励措施，完善保障措施，定期调查高影响力教育实践的开展情况，合理评价高影响力教育实践的实施过程与实施成效，在经费和评奖等方面予以倾斜。

其次，整合学校资源。高影响力教育实践涉及众多教育元素之间的交织互动，需要多方力量的资源支持。一方面，高校应该整合学校内外资源，优化资源配置，加大对高影响力教育实践政策、经费、设施、环境等方面的支持投入，保障高影响力教育实践的顺利开展。另一方面，由于资源总归是有限的，高校应该打通专业壁垒和导师壁垒，允许研究生参与跨学科、跨导师的高影响力教育实践，扩大高影响力教育实践的受益范围。此外，高校还应该打通信息渠道，设立院、校两级层面的信息平台，处理信息发布、活动申请、交流合作等内容，以便研究生拓宽信息渠道，自主选择和参与高影响力教育实践，避免对学校资源的浪费。

最后，重视教育引导工作。参加高影响力教育实践表面上取决于研究生个人，但事实上受学生、家庭和学校的共同影响。尤其是来自相对弱势家庭的研究生，在高影响力教育实践参与上，容易与非弱势家庭研究生形成差距①，进而缺乏锻炼科研能力的机会，同非弱势家庭研究生之间形成科研能力的分化。考虑到高影响力教育实践之于研究生，尤其是弱势家庭

①刘梦颖:《第一代大学生参与高影响力教育活动的实证研究——以N大学为例》，硕士学位论文，南京大学，2020。

研究生的受益作用[①]，高校应该加强教育引导工作，做好教师的专业培训和教学支持，做好研究生的入学教育和生涯发展教育，利用思政理论课这一载体，推动教育引导工作渗透课程教学和学生活动的全过程，加深研究生对高影响力教育实践的理解，激发研究生参与高影响力教育实践的积极性和主动性[②]。高校还应该做好摸底调查工作，鼓励辅导员和导师给予来自弱势家庭的研究生更多关注，采取私下辅导等方式，引导他们适应研究生生活，积极投入高影响力教育实践。

2.学生层面

研究生是高影响力教育实践的参与主体，探讨其对于高影响力教育实践的参与，最终要回归到参与主体当中去。面对高校提供的高影响力教育实践资源和支持，一方面，研究生应该转变观念，把握机会，充分利用好高校资源。当前，很大一部分研究生对高影响力教育实践的认识还比较浅薄，在参与过程中，个人倾向和偏好比较明显。研究生应该提高自己的教育认识，充分理解参与高影响力教育实践的积极意义，积极发挥主观能动性，提高参加高影响力实践的主动性和目的性，尽可能地参与更多类型的高影响力教育实践，在深度学习中不断锻炼和提高科研能力。

另一方面，研究生应该主动加强与导师的交流互动。大学本质上是师生共同追求真理和探究学问的场所，导师在研究生培养中充分发挥着至关重要的引领和促进作用。研究生应该积极主动地向导师寻求专业的指导建议，有针对性地参加高影响力实践，避免高影响力教育实践参与的低效性和随意性。研究生也应该积极参与由导师组织的高影响力教育实践，在与导师的合作中，加强交流互动，进而学习导师的科研方法，获得更多的科研指导，实现科研能力的发展。

---

①叶信治:《高影响力教育实践:美国大学促进学生成功的有效手段》,《中国高教研究》2012年第9期,第35-39页。

②刘梦颖:《第一代大学生参与高影响力教育活动的实证研究——以N大学为例》,硕士学位论文,南京大学,2020。

第五章
大学生跨学科学习研究

第一节　问题的提出

随着《统筹推进世界一流大学和一流学科建设总体方案》的出台，建设世界一流大学和一流学科（简称“双一流”）已成为当前我国高等教育深化改革和战略发展的核心任务之一。抛开“双一流”所提出的具体数字目标，我们深思“双一流”建设的根本是通过这一战略规划为社会发展进步培养高素质的人才。所以，人才培养终究是“双一流”建设的核心问题与落脚点。

无论是美国的常青藤高校还是州立大学，在建设一流大学的过程中有一个共通的育人理念，便是致力于培养跨学科人才。邬大光教授在其《世界一流大学解读》一文中以美国密歇根大学举例，该校在长时间的建设中秉承跨学科理念，将跨学科人才培养作为其发展和育人理念。该校校长更在治理实践中始终秉承“不合作就死亡”的跨学科发展理念，积极促成有效的跨学科研究平台建立，引导跨学科教学，通过对大学生实施通识教育，力促不同学科教师通过合作组建团队完成跨学科教学任务，筹措经费大力支持跨学科研究，促进科技成果有效转化等[①]。杜克大学也一直致力于跨学科教育，并于2013年开展“巴斯链接”项目，推动了跨学科教育改革。

①邬大光:《世界一流大学解读——以美国密西根大学为例》,《高等教育研究》2010年第12期,第82-93页。

我国在“双一流”建设过程中不仅要放眼世界范围内一流大学的建设经验和建设成果，而且要立足于当前我国高等教育的实际情况，在认清我国高校现实的基础上行动。随着各高校对跨学科教育重要性的认识逐渐加深，国内的一些一流大学也开始采取积极行动推动跨学科教育的改革。四川大学全面实施多学科交叉培养计划，构建多学科交叉专业和课程体系，鼓励和支持跨学院、跨学科设立交叉研究课题、组建交叉学科团队，并从学籍管理制度上支持跨学科教育，要求学生都有半年的跨学院学习经历①。此外，北京大学作为国内高校的领头羊之一，在跨学科教育改革方面也有实际动作。北京大学于2017年初通过了《北京大学本科生修读双学位专业管理办法》，该办法的修订对双学位专业的教学提出了新的要求，提出双学位专业课程与同专业主修课程应同质要求、同质管理。此外，在双学位辅修成绩管理方面，该管理办法要求双学位课程成绩与主修专业成绩一并记载在学生成绩单上，选修的课程不及格达到学术警告或退学标准的，须依据学籍管理规定做出处理。北京大学通过设定制度，充分保障了双学位课程的高质量和高水准②。

借鉴上述高校的跨学科教育理念和跨学科教育改革可以看出，高校应当大胆打破传统的单一学科人才教育培养模式，将人才培养转向多元化、复合型，高校进行跨学科教育的时代也应随之而来。面对当前各种社会问题，如人口、经济、环境等，每一个复杂社会问题的解决都需要多门学科知识的融合，问题解决的根本便是打破传统意义上的单一学科观念，时代的发展更需要教育教学机构在应对挑战的过程中摒弃传统的学科门户观念，做到多学科相互合作、交融，致力于多学科之间相互合作。

综合纷杂性现实问题的解决需要更多掌握多学科知识的高水平复合型人才，高校作为培养社会创新型人才的主力军理应肩负起培养跨学科人才这一职责。社会科学技术的进步和经济的繁荣、国家高级战略目标的实现、高校教育质量的提高、大学生自身学术造诣的提升等都需要以培养跨学科综

① 麦可思研究：《跨学院学习成要求？川大争“双一流”走了这步棋》，http://www.xue163.com/3260/11010/32606263.html，访问日期：2017年4月1日。

② 北京大学教务部：《北京大学本科生修读双学位专业管理办法》，http://dean.pku.edu.cn/notice/content.php? mc=61621&id=1488875237，访问日期：2017年4月1日。

合型人才作为人力资源基础。因此，跨学科复合型人才培养刻不容缓。

（一）研究价值与意义

大学生作为我国科技进步与创新的主要力量，理应努力塑造自身创新和创造能力，因而需要具备广博的知识和多学科背景，致力于锻造自我，成为跨学科人才。培养高素质人才是高校最重要的职责和义务。大学生跨学科学习质量的提高不仅能在整体上提升我国高校教育质量，而且是适应当前我国“双一流”建设方案的切实有效改革与提升，还对我国科技研究与进步、国家软实力提高有一定的促进作用。本研究力图调查我国大学生跨学科学习现状，深入分析当前我国跨学科人才培养模式下大学生跨学科学习的瓶颈与困扰，为提高我国大学生跨学科学习质量提出意见和建议。

1.理论意义

对大学生跨学科学习现状进行研究，具有三点理论意义：

首先，对我国大学生跨学科学习现状进行研究有利于完善我国跨学科人才培养模式。大学生跨学科学习现状反映了我国高校跨学科人才培养模式的实际效果，大学生跨学科学习现状深入分析，探究当前跨学科人才培养模式存在的问题，可以为有针对性地提出改进意见和建议，完善我国大学生跨学科学习体制机制和跨学科人才培养模式打下基础。

其次，对我国大学生跨学科学习现状进行研究可以促进学生学习质量的提高。探析大学生跨学科学习的影响因素和现存问题，可以让大学生对自己的跨学科学习整体情况建立清晰的认识，明确定位自己跨学科学习的目的，在此基础上激发大学生跨学科学习的动力和积极性，有效促进其跨学科学习质量的提高。

最后，对我国大学生跨学科学习现状进行研究符合我国高校的人才培养目标。完善我国高校大学生跨学科学习体制机制和跨学科人才培养模式，无疑有益于高校培养更多更高水平的复合型人才，符合当前我国高校致力于提高大学生人才质量，培养高素质跨学科人才的教育教学目标。

2.实际意义

对大学生跨学科学习现状进行研究，同样具有重要现实意义：

首先，从大学生层面来看。通过数据对大学生跨学科学习心理、学习行为、学习满意度、学习效果及评价方式等进行深入分析，能够使大学生对自己的学习心理和学习行为有客观、真实的了解。从而有利于指导大学生在跨学科学习过程中及时调整学习心态、规范学习行为，切实增加其跨学科学习满意度和收获感，进一步提高其跨学科学习效果和学习质量。加强对大学生跨学科学习意识和跨学科学习思维的培养，可以为其以后进行跨学科学习及跨学科解决实际问题奠定思想基础。

其次，从高校的视角分析。对当前我国大学生跨学科学习现状的研究，有助于高校反思当前跨学科人才培养模式的弊端，从而为高校未来改进跨学科专业设置，合理安排跨学科课程，提高跨学科课程的教学质量，进一步创造更加和谐的跨学科学习环境，以及完善跨学科人才培养体制机制奠定基础。

最后，从国家高等教育长远发展的眼光来剖析。通过数据分析对大学生跨学科学习心理进行研究，有助于国家整体上制定跨学科人才培养战略，规划跨学科人才培养理念，提高跨学科人才培养效率。从而为提高高校对跨学科人才培养的重视，引导高校教师提高跨学科教学技能，支持大学生增强跨学科学习积极性和创新能力奠定制度基础。

第二节　文献回顾

（一）核心概念界定

1.跨学科

“跨学科”概念源于西方学界“Interdisciplinary”一词，最初由美国心理学家伍德沃斯提出，指打破学科界限，进行两门及以上的多门学科之间的科研合作和教育活动。学者们对“交叉学科”“多学科”“超学科”的概念界定不断争论，不同学者经过各自的研究从不同视角对该概念进行定义。其中，刘仲林最早将“Interdisciplinary”译为“跨学科”，并对其从广义上进行了三个层次的解读：其一，指打破学科壁垒，把不同学科理论或方法有机融为一体的研究或教育活动；其二，指众多学科构成的学科群；

其三，指一门以研究跨学科规律与方法为基本内容的高层次学科[①]。

心理学家皮亚杰认为，“跨学科”是不同学科间的合作或同一学科间各个部分的合作，可以导致各学科间相互作用和相互交流[②]。钱学森认为，交叉学科是自然学科和社会学科相互交叉地带生长出来的一系列新兴学科[③]。笔者在参考诸多学者们的定义后，认为跨学科着重强调不同学科知识体系的融合，重点在于将两种或者两种以上学科知识充分交互，整合思维模式，在此基础上应用于实际问题的解决。

2.跨学科学习

英国科学家汉佛莱对跨学科学习的定义是“学生广泛地探索与他们生活环境中某些问题相联系的不同科目的知识，这些知识可以涉及多个领域——人文科学、自然科学、社会科学、数学、音乐、美术甚至交流技巧。从而使技能和知识在多学科领域的学习中得到发现、发展和应用”[④]。这一定义彰显了跨学科学习的主要出发点，即探索不同科目知识之间的相互联系，并通过不断探索与学习，锻炼自己整合数门学科知识的能力。

杜芳芳（2015）在其《基于问题的跨学科学习：高校本科教学的改革路向》一文中认为，跨学科学习是基于问题的学习，这种学习是认知参与情感参与的有机统一，是自我导向与合作共享的双向互动，也是事实理解与意义生成的和谐融通过程[⑤]。徐国兴（2013）曾在其《跨学科学习对博士生科研创新能力影响的研究》一文中指出，跨学科学习从教育者的角度来看就是跨学科的综合培养，从受教育者的角度看实质就是博览群书[⑥]。他从横向和纵向两种角度论述跨学科学习，横向指同时主修和辅修两种不同的学科专业，纵向指历时跨学科学习，即在受教育过程中不同阶段进行

---

①刘仲林:《交叉科学时代的交叉研究》,《科学学研究》1993年第2期,第9-16页。

②刘仲林:《跨学科教育论》,河南教育出版社,1991,第286页。

③金吾伦:《跨学科研究引论》,中央编译出版社,1997,第36页。

④许书萌、蔡敏:《美国高校跨学科教学策略研究》,《煤炭高等教育》2008年第1期,第95-97页。

⑤杜芳芳、李佳敏:《基于问题的跨学科学习:高校本科教学的改革路向》,《高教探索》2015年第10期,第82-86.页。

⑥徐国兴:《跨学科学习对博士生科研创新能力影响的研究》,《学位与研究生教育》2013年第2期,第15-18页。

不同学科知识的学习。徐国兴研究中涉及的跨学科学习主要指前者，即大学期间通过主修和辅修、跨院系选修、网络课程学习及自主学习等方式进行不同学科知识的学习。这种学习路经以实际问题为依托，以掌握不同学科知识为基础，通过不同学科知识间的融合和合作解决问题，培养跨学科思维。

（二）国内外文献研究综述

1.国内研究综述

笔者分别在中国期刊全文数据库（CNKI）、CSSCI数据库、维普中文科技期刊数据库和万方数据等中文搜索平台进行文献搜集。在中国期刊全文数据库（CNKI）中共检索到以“跨学科学习”为主题的期刊结果177条，其中20余篇发表于高等教育学科的核心期刊；以“跨学科研究”为主题共检索到2450条结果，其中发表于高等教育学科核心期刊的有200余篇；以“跨学科教育”为主题共检索到142篇文献，其中43篇发表于教育学科的核心期刊。在中国博士学位论文全文数据库中，以“跨学科”为主题进行检索，属于高等教育学科类论文的结果有10篇。在中国优秀硕士学位论文全文数据库，以“跨学科”为主题进行检索，属于高等教育学科类论文的有52篇。

研读这些文献，可以将国内关于跨学科领域的研究分为跨学科研究、跨学科人才培养研究、跨学科学习研究、跨学科研究生人才培养研究和网络共享跨学科学习与教学资源研究等类别。从查阅到的文献看，学者们倾向于从宏观层面进行跨学科研究，通过中外跨学科研究对比，从理论层面分析强调跨学科研究的重要性等方式对跨学科研究进行阐释。相反，从跨学科研究的微观层面，如对大学生跨学科学习所呈现的学习心理、学习行为、学习质量等出发的研究较少。基于该原因，笔者致力于进行微观层面的大学生跨学科学习研究。

（1）跨学科研究

有关跨学科的研究主要分为理论研究和实践研究两个层面。我国对于跨学科的最早理论研究始于中国科学技术大学刘仲林教授，其研究引领该校针对跨学科进行了系统性、深入性的长期研究。刘仲林关于跨学科理论的研究主要基于学科的角度，他于1990年出版了《跨学科学导论》，首次提出“跨学科”与“跨学科教育”的概念，并提出了跨学科学的建设问题。其后，刘仲林又于1998年出版了《现代交叉科学》，总结了交叉科学观的含义、发展和分类，交叉科学的基础和起源，交叉科学的特征、模式和机制，在论述交叉科学门类的基础上，具体论述了交叉研究、交叉教育、交叉人才、交叉方法和思维等[①]。刘仲林在他2007年发表的《发展中国交叉科学的战略思考》一文中呼吁推动变革传统专业学科观念，发展我国的学科交叉理论研究，建设专业的跨学科研究队伍和研究基地，培养跨学科学研究专门人才，建立配套完整的交叉科学研究平台和支撑体系[②]。

与刘仲林教授不同的是，我国高等教育界鼻祖人物潘懋元先生另辟蹊径，将跨学科作为一种方法论进行研究，从不同视角对多学科进行研究并主编了《多学科观点的高等教育研究》一书，该书论述了“高等教育学的独特的研究方法可能就是多学科研究方法”[③]。潘懋元运用独特的研究眼光、准确的方法理论，开辟了新的研究方法，而新的多学科研究又开辟了高等教育研究的新境界，是高等教学理论发展的重要取向。

（2）跨学科人才培养模式研究

高校人才培养模式指高等学校根据社会政治、经济、科技发展状况及自身办学条件的需要，在一定教育思想指导下，对人才培养目标、培养体系、培养过程、培养制度的系统组合形式的简要表述[④]。是高校在特定的社会政治、经济、社会发展背景下，依据高校自身发展路径的要求，针对跨学科复合型人才这一特定培养目标所制订的跨学科培养体系、跨学科培养过程、跨学科培养制度体制机制。

我国最早开设跨学科人才培养先河的高校当属武汉大学，武汉大学自20世纪80年代以来积极探索跨学科人才培养，通过逐渐引进学分制、导师制、主辅修制等模式，开设双学位班、人文科学试验班、数理经济和数理金融试验班、WTO试验班为跨学科复合型人才培养作尝试，以“三创教育”为理念，以“充实内涵、重点突破、改革创新、超常发挥”为指导思

①刘仲林:《现代交叉科学》,浙江教育出版社,1998。

②刘仲林、宋兆海:《发展中国交叉科学的战略思考》,《中国软科学》2007年第6期,第17-22页。

③潘懋元主编《多学科观点的高等教育研究》,上海教育出版社,2001。

④胡恩明主编《人才培养模式研究与实践》,中国标准出版社,2000。

想，积极进行多样化人才培养。

南京大学作为我国重要的研究型大学也积极对跨学科人才培养模式进行探索，曾在“三位融为一体”人才培养思想指导下，构建了“厚基础、宽口径”的人才培养模式。北京大学以培养“厚基础、宽口径、高素质”的复合型人才为目标，坚持“加强基础、淡化专业、因材施教、分流培养”的教改方针，在本科低年级实行厚基础的通识教育，高年级实行宽口径的专业教育[①]。该项教改方式不仅拓宽了大学生的知识领域，还在大学生选择专业前，给他们提供了足够的时间去发现自己的兴趣爱好，充分完成了大学的育人职能，体现了以生为本的人性化特征。

国内一些综合性大学纷纷进行复合型人才培养的举措说明在当前社会经济发展形势下，复合型人才是应对和解决社会发展，解决实际问题的最有效力量。然而，随着社会经济科技的发展，当前跨学科人才培养模式的发展逐渐朝着多样化、开放化、实用化发展。关于跨学科人才培养模式，娄廷常（2004）在文章中就国内存在的主辅修复合型、二元复合型、多元复合型、通识性跨学科型及学际型五种跨学科人才培养模式作了具体的分析与研究，并指出高校要根据社会经济及自身发展实际情况，理性选择跨学科人才培养模式，同时，学习者也要量力而行，从自身出发理性选择是否进行跨学科学习[②]。而对于跨学科人才培养模式的实施过程出现的制约因素，胡甲刚（2005）在文章中从宏观和微观层面作了具体的分析，并在文章最后针对跨学科人才培养的运作模式指出，当前高校实施的跨学科教育模式下，跨学科学习费用过高也是制约大学生选择跨学科学习的一项重要因素[③]。这一结论引人反思，当前跨学科模式下，不应该因为收费标准而浇灭大学生的跨学科学习愿望，跨学科学习收费标准应该做出改革。

---

①李培凤、王生钰:《跨学科人才培养模式案例分析》,《国家教育行政学院学报》2004年第1期,第91-95页。

②娄延常:《跨学科人才培养模式的多样性与理性选择》,《武汉大学学报》(人文科学版)2004年第2期,第232-236页。

③胡甲刚:《跨学科人才培养的制约因素分析》,《高等理科教育》2005年第1期,第111-116页。

（3）跨学科学习研究

针对跨学科学习方面，学者们从多样化的角度出发对该问题做出了阐述。有学者对大学生跨学科学习与创造力培养之间的关系做了研究，认为大学生进行跨学科学习有助于其创造力的培养与提高。也有学者在分析了跨学科学习的性质与特征以后，建议大学生采用合作学习方式，践行“做中学”，围绕具体的跨学科实际问题，在问题解决过程中锻炼大学生跨学科学习能力、合作学习能力，在实际问题解决的过程中与不同学科知识背景的个体进行合作，打破不同学科知识之间的壁垒，整合不同学科知识，解决跨学科实际问题，探索跨学科学习方法，培养跨学科思维，激发跨学科学习热情。如杜芳芳（2015）等人指出，基于问题的跨学科学习是认知参与和情感参与有机统一、自我导向与合作共享双向互动、实施理解与意义生成和谐融通的过程。她们进一步就以问题解决为导向的跨学科学习有效开展提出了建议，指出教师在上课前需要精心选择和设计跨学科相关问题，在课堂教学中扮演跨学科学习的引导者，在跨学科课堂上创造性地将研究性问题融入课堂过程，并有效利用信息技术支撑大学生跨学科学习，转变大学生学习效果的评价方式，有效推进大学生跨学科学习[①]。

此外，我国高校传统专业人才培养模式下，普遍按照专业划分学习内容，跨学科学习则需要打破学科壁垒，整合不同学科知识，并以问题解决为导向，锻炼大学生的跨学科学习能力，培养其跨学科思维。基于此，段丹（2003）在其论文《基于矩阵结构的大学学科组织结构创新研究》中提出了基于矩阵结构的大学学科组织结构构想，该结构兼顾学科导向与问题导向，以满足大学学术创新需要为目的，明确了当前高校要在传统模式下以学科为导向的单学科组织以外建立以问题为导向的跨学科组织[②]。刘小平（2016）在其《高等教育中基于问题的跨学科学习》一文中指出，基于问题进行学习是实施跨学科学习的有效模式和路径。他认为，现实生活中的问题具有开放性特点，需要不同学科学生之间的合作与交流，才能够全

①杜芳芳、李佳敏：《基于问题的跨学科学习：高校本科教学的改革路向》，《高教探索》2015年第10期，第82-86页。

②段丹：《基于矩阵结构的大学学科组织结构创新研究》，硕士学位论文，浙江大学，2003。

面认识问题，解决问题[①]。

综上，跨学科学习研究者们在研究中不约而同地强调跨学科学习要以问题解决为导向，打破不同学科间的壁垒，注重教师在跨学科学习中的问题引导作用，在实际问题解决中培养大学生的跨学科思维。

此外，当前慕课（MOOC）课程的兴起与发展，为跨学科学习提供了新的途径。MOOC等网络课程本身具有的三大特征——大规模、开放、在线，能够满足学习者不受时间、空间的约束，其有效的资源共享、自由的学习时间和学习空间，以及面向世界范围的广袤视野都为跨学科学习提供了有力支撑。倘若当代大学生有效运用MOOC作为跨学科学习途径，无疑会带来很大收益。

万海林（2012）在其《近十年我国网络学习行为研究述评》中指出，网络学习行为作为一种新的学习理念的产物，应被赋予更丰富的内涵。网络学习行为是依靠互联网进行的多维度、多层次的学习行为，是依靠学习者自律、自我控制的学习行为[②]。学习者可以在网络的帮助下随时进行网上远程协助学习，在整个学习过程中，还能够及时从各个渠道获取所需要的支持和帮助。陈向东（2012）通过实证分析提出，当前盛行的网络共享信息空间、学习空间代表了新兴技术与传统物理学习环境的结合，改变了传统学习环境呆板、幽闭的内部空间形象，可以让用户（学习者）有更多参与、互动和交流[③]。

2.国外研究综述

笔者主要以Web of Science及Google Scholar为平台进行外文文献搜集，研读了20余篇外文文献。此外，还借助国内学者对国外跨学科及跨学科教育的研究，对国外跨学科学习模式和现状进行了解。

---

①刘小平:《高等教育中基于问题的跨学科学习》,《中国成人教育》2016年第12期，第12-14页。

②万海林:《近十年我国网络学习行为研究述评》,《河北大学成人教育学院学报》2012年第3期,第57-60页。

③陈向东、张田力:《信息共享空间与学习空间的整合——跨学科的视角》,《现代远距离教育》2012年第1期,第44-49页。

（1）跨学科研究

国外关于跨学科的研究起步早且发展快。以英国为例，以“曼哈顿工程”为代表的大科学工程从实践方面推动了跨学科研究的开始，而对于跨学科问题的理论研究主要是从20世纪60年代开始，之后便迅速发展。

2000年，英国“科研联合委员会”发表了《促进跨学科研究的教育》咨询报告，该报告在强调跨学科研究的基础上对跨学科教育作出了相关指导。2003年，英国政府进一步强化了对高校跨学科研究的支持和推动，通过《大学拨款委员会战略计划》明确了相关政策和举措，以鼓励高等教育机构打破学科界限，开展跨学科的交流合作和研究活动。同年，美国国家科学院响应全球科研发展趋势，设立了“促进跨学科研究委员会”，并发布了题为《促进跨学科研究》的官方报告，该报告主要对如何从各个方面采取措施来促进高校的跨学科研究进行系统的分析和研究。欧盟科研咨询机构紧随其后，在2004年4月份发布了名为《欧洲的跨学科研究》的报告，该报告深入剖析了当时欧洲范围内制约跨学科研究发展的各种问题，并就如何克服这些障碍提出了相应的解决措施。

（2）跨学科教育研究

迄今为止，国外跨学科教育已经发展成熟并拥有一套较高水平的体制机制。比较典型的运行机制有三类，第一类是以麻省理工学院、斯坦福大学和剑桥大学为代表的理工科研究型大学，其跨学科研究模式更多关注技术、社会问题，利用外部项目来推动跨学科研究的发展。第二类是以哈佛大学为代表的文理性综合大学和以加州理工学院为代表的以理科为主的研究型大学，其跨学科研究强调从科学自身发展的需要出发推动跨学科研究。第三类以日本的名古屋大学和美国密歇根大学为代表，通过制度创新来促进跨学科研究和跨学科教育的共同发展。这三类跨学科教育研究运行机制对应着三类跨学科研究组织模式：国家使命型、大学自主型和产学合作型。

跨学科项目通过同一学术领域开设的课程将多学科统筹为一个课程体系，是当前跨学科教育的一种主要培养方式，跨学科项目的课程体系、师资和学生来源都具有跨学科特点。跨学科项目将原本分属于不同学科的课程资源被巧妙地汇聚在一起，形成多学科交叉、相互补充的课程群，课程内容虽然看似相对松散，实际上却围绕着项目的核心课程形成了一个紧密关联、互相支撑的教学架构。

（3）跨学科人才培养研究

培养具有跨学科素养的人才是美国研究型大学本科教育的重要目标之一，美国跨学科人才培养目前已经形成了一套完整的体系。在理念上，美国研究型大学，尤其是常青藤院校早已经将跨学科教育作为重要的教育理念融入校园文化和育人准则之中。

现实中复杂问题解决的需要，以及社会发展对培养创新人才的渴求，是美国高校进行跨学科人才培养的重要原因。在方式上，美国研究型大学主要借助课程、专业和学位三个要素来组织跨学科人才培养。建立在各要素基础上的跨学科人才培养基本包括两种模式：一为独立模式，即要素本身就是跨学科的，具体方式包括跨学科课程、跨学科专业和跨学科学位；二为组合模式，即要素本身并非跨学科的，而是通过要素的组合达到了跨学科的结果，具体方式包括课程的跨学科组合、专业的跨学科组合和学位的跨学科组合。以上三个要素和两种模式从两个维度形成了美国跨学科人才培养模式的框架。

3.国内外研究不足

国内外对跨学科领域的研究发展已久且成果众多，但相关研究目前还存在一些不足之处。

首先，理论研究方面，国内外不少研究者已经对大学跨学科研究与人才培养进行了深入探讨，发表了一系列具有参考价值的论文。主要涉及跨学科人才培养理念与模式、跨学科研究的组织结构与运行机制等，这对于丰富跨学科及跨学科教育理论研究具有重要价值。但是，不足之处在于以上理论研究不够体系化。

其次，现今高校中的跨学科教育模式较多表现为不同院系合作开设课程，一门课程由来自不同学科背景的教师共同授课和指导，表面看来似乎符合跨学科教育的基本形态，但实际上，这种浅层次的课程合作并未完全实现教育学意义上“跨学科教育”的深层内涵和目标要求。这样的“跨学科教育”存在诸多弊病，是不同学科知识的机械拼盘，并没有做到学科间的交叉融合，学生学习过程中也没有切实有效地形成跨学科思维，更没有在跨学科基础上解决实际问题，没有形成实际的跨学科教育体制机制，或者统一具体可行的跨学科人才培养模式，因此，并不能称之为真正意义上的跨学科教育。外在来讲，大学生跨学科学习环境依然不够完善。

再次，对高校大学生跨学科学习心理、学习行为、学习收获、学习满意度及跨学科学习效果等具体学习方式的相关研究较少，尚未形成系统性研究。就学生自身来讲，大学生只有在了解自身学习心理、学习行为的前提下才能够有针对性地进一步提高跨学科学习效果和学习质量，因此，该领域也是需要进一步具体研究的重要方向与目标。

第三节　研究设计

跨学科学习现状调查的研究设计主要通过前期的问卷设计和试测，选取甘肃省四所不同类型、不同层次的高校大学生作为调查对象，对问卷实地施测，并对问卷数据进行分析。调查期间，为了补充问卷的不足，笔者在发放问卷对大学生跨学科学习实际情况进行调查之余，也针对大学生做问卷的实际情况随机抽取大学生进行访谈，以明确一些大学生跨学科学习过程中的具体相关问题。

（一）问卷设计与实施

本问卷设计过程主要是在明晰大学生学习理论的基础上，参考权威机构和学者编制的问卷，注入研究特色，进行综合设计和整合，最终确定问卷内容。实施过程中，为了保证研究对象的多样性，确保调查对象具有一定的代表性，本研究根据甘肃省高校的分类方式，分别选择了四所代表不同类型的高校，对各校就读的大学生施测。

1.问卷设计的理论依据

本研究所用的问卷设计主要基于建构主义学习观、学习迁移理论及学习评价等理论，综合参考NSSE-CHINA及厦门大学教育研究院设计的国家大学生学习情况调查问卷，依据本研究的特别视角，最终整合出问卷内容。问卷的设计目的在于对大学生进行调查，深入了解其跨学科学习心理、行为、学习满意度，以及学习效果与评价，在此基础上分析影响大学生跨学科学习的影响因素，对大学生跨学科学习过程中的瓶颈进行剖析，进而提出对策建议。

2.研究对象与研究工具

基于上述理论认识与跨学科学习实践，本研究致力于对我国西部地区大学生跨学科学习现状进行调查，选取了兰州大学、西北师范大学、西北民族大学及甘肃政法大学这四所高校大学生作为调查对象。本研究选取的四所高校分属不同层次、不同类别又各具特色，兰州大学属于教育部直属研究型大学，西北师范大学属于甘肃省重点院校，西北民族大学代表民族类高等院校，甘肃政法大学代表甘肃省普通本科院校。为了调查的便利，本研究对这四所高校的大学生采用简单抽样法进行调查。

本研究所采用的调查问卷主要分为两大部分，第一部分为个人信息，设计目的是对大学生进行有效分类，题目主要是大学生个人、父母及家庭环境基本信息等。第二部分共分为4个维度，分别是大学生跨学科学习心理、大学生跨学科学习行为、大学生跨学科学习满意度、大学生跨学科学习质量与评价。每个维度所涉及的答案均采用6个等级，从“完全不同意”到“不同意”“基本不同意”“基本同意”“同意”“完全同意”，6个等级代表的分数依次递增，分别对应着1分、2分、3分、4分、5分和6分，分数越高表示受访者对问题的认同度越高。本研究将运用SPSS软件对回收的有效问卷进行数据统计与分析，数据的处理将涉及描述统计、相关性分析、差异性分析、方差分析及回归分析等。

3.研究假设

鉴于本研究的目的与意义，提出两个假设：

假设一，个人教育背景与家庭环境的不同会导致大学生跨学科学习的动机和兴趣不同。如大学生跨学科学习心理会随着年级的变化而变化；班级排名越高的大学生跨学科学习兴趣越浓；学习兴趣、学习机会受家庭收入、父母受教育情况的影响。

假设二，大学生跨学科学习心理、大学生跨学科学习行为、大学生跨学科学习满意度、大学生跨学科学习质量与评价4个维度之间存在着相互关联性。如对跨学科学习越感兴趣的学生会在跨学科学习行为方面投入越多；对于跨学科学习更感兴趣的学生跨学科学习过程中满意度越高，跨学科学习质量也更高。

4.问卷的实施与样本特征

调查共发放问卷1000份，回收1000份，回收率为100%，剔除无效问卷137份，剩余813份有效问卷，有效率为81.3%。参与该调查的样本中男生（342人）、女生（531人）比例为4∶6；汉族学生（711人）、少数民族学生（162人）比例为4∶1；超过一半的调查对象来自农村。

调查的学生分别来自大一、大二、大三和大四，其中，大二学生占45%，大三学生占26.9%。实际情况中，无论双学位还是跨学院辅修课均从大二开始，大一学生对跨学科学习模式还不十分明确。此外，大四学生面临实习、毕业等各方面的压力，对调查一事并不十分有精力配合。因此，大二、大三的学生成为跨学科学习调查的主力符合真实情况，也是最佳的数据分布状态。

笔者对问卷调查数据进行整理，按照教育部印发的《学位授予和人才培养学科目录设置与管理办法》，将被试所在专业归入不同的学科门类，分别是哲学、经济学、法学、教育学、文学、历史学、理学、工学、医学、管理学及艺术学，共12个门类。

为使调查能够顺利有效开展，本研究采用简单抽样法进行调查，确保能尽量做到全面覆盖各个学科各个年级。然而随机抽样的缺点依然不可避免，所得样本数据中，对象学科分布并不均匀，尤其是艺术学、农学、哲学等学科样本较少，考虑到被调查的四所高校学科构成与发展的实际情况，该类学科确实就读人数较少。被调查学生中理学所占比例最高，达到总数据的近三分之一，受访对象的学科分布数据也展现了甘肃省高等教育院校办学过程中的学科倾向，主要力量分布在理学、文学、管理学、法学等学科领域。

对873位大学生所在生源地按照华北地区（72人）、东北地区（22人）、华东地区（87人）、华南地区（28人）、西北地区（485人）、华中地区（94人）和西南地区（85人）统计分析，样本成员覆盖了全国各地区。然而，多数就读于甘肃省内高校的大学生来自西北地区，人数占总数的近60%。生源地为西北地区的样本成员中，来自甘肃省的大学生有393人，占总样本量的45%，意味着甘肃省高校有接近一半生源来自本省。这393人中，来自城市的仅有72人（占18%），而来自乡镇的大学生有321人（占66%），因此，甘肃省高校生源主要是由来自本省的农村学生构成。对这些来自甘肃省内的大学生进一步研究发现，父母文化水平在小学或初中的人数有249人（占63%），即有一半以上大学生的父母文化水平整体较低，意味着受访学生父母自身可能并没有接受过跨学科教育。

5.问卷信效度分析

本研究采用随机抽样，并未涉及对固定的被测群体进行重复测试，因此，为了检验所用问卷的内在一致性，将使用SPSS软件对数据进行内在效度测验。效度检验通常将克隆巴赫α（Cronbach's Alpha）系数作为测量问卷内在一致性的一种方式，Cronbach's Alpha系数取值区间在0—1之间，学术界公认Cronbach's Alpha系数取值越趋向于1，则表示问卷的内在一致性越高，问卷的内在信度越高。如果Cronbach's Alpha系数大于0.9，则表示该问卷的信度较好；如果Cronbach's Alpha系数取值在0.8—0.9之间，则表示该问卷的信度良好；若Cronbach's Alpha系数取值在0.7—0.8之间，则表示该问卷的内在一致性方面存在一些问题，但是仍然可以使用；如果Cronbach's Alpha系数在0.7以下，则表示该问卷的内在一致性较差，需要进一步的改进才能够使用。

对本研究所设计的问卷进行检测，结果显示问卷总体Cronbach's Alpha系数值为0.907，内在一致性较好，为了进一步测验其内在因子之间的一致性，分别列出了4个维度的内在一致性系数，维度1反映了大学生跨学科学习心理，共3个题目，其内在一致性取值为0.788；维度2反映了大学生跨学科学习行为，共8个题目，其内在一致性取值为0.779；维度3反映了大学生跨学科学习满意度，共16个题目，其内在一致性取值为0.823；维度4表示大学生跨学科学习质量与评价，共18个题目，其内在一致性取值为0.927。上述4个维度的一致性取值均在0.7以上，说明本研究所用问卷的内在一致性较高，总体信度较好。

此外，进一步验证和专家分析均表明本量表设计具有一定的准确性。

第四节　分析与讨论

（一）大学生跨学科学习现状

在对数据初步整理的基础上，运用SPSS软件，分别从大学生跨学科学习心理、学习行为、学习满意度、学习质量与评价4个维度展开，解读大学生跨学科学习现状，剖析大学生跨学科学习兴趣、动力与行为，评估大学生跨学科学习满意度、跨学科学习质量与效果。为了补充问卷调查存在的不足，真实还原大学生跨学科学习心理，笔者在调查过程中，采用随机访谈的方式，针对一些问题作进一步的澄清。

对研究量表的4个维度计算均值，得到表5-1，结果显示，“跨学科学习心理”这一维度的均值整体上达到4.3分。“跨学科学习质量与评价”维度均值在4分以上。根据量表所设计的水平值，可以推断，较多被试愿意进行跨学科学习，对跨学科学习持有积极性和热情，通过跨学科学习经历取得了较为满意的结果，对跨学科学习持有较为积极的评价。“跨学科学习行为”这一维度的总体均值在3.8分，一方面说明大学生在整体认识上对自己的跨学科学习行为并不满意（大学期间难免会有逃课行为、在某一阶段存在弃学心理等），另一方面也说明大学生对跨学科学习的投入度确实不够。“跨学科学习满意度”这一维度的总体均值为3.72分，笔者从具体分析调查数据及后期的访谈中了解到，大学生针对所在高校整体的跨学科学习环境表达了自己的不满，并对学习过程中的教学和课程安排等方面抱有一些意见。由此得出，被试除了对课程设置的不满意，对教师教授风格的不满意，对课程内容的不满意等外部环境方面的不满意外，也有大学生自身跨学科学习投入不够，跨学科学习心理和态度的不足等内部因素。

表5-1　跨学科学习总体描述统计量表

维度	样本量(N)	均值(M)
跨学科学习心理	873	4.3020

续表5-1

维度	样本量(N)	均值(M)
跨学科学习行为	873	3.8081
跨学科学习满意度	873	3.7239
跨学科学习质量与评价	873	4.3778

鉴于跨学科学习质量是大学生学习心理、学习行为、学习满意度、学习效果与评价共同作用的结果，4个维度之间存在着相关性，具体分析见表5-2。跨学科学习心理与学习行为之间的相关性为0.452，表明跨学科学习心理与学习行为之间呈现显著相关性。学习心理与学习满意度之间呈现显著性相关，相关性为0.143。学习心理与学习效果与评价之间的相关性为0.419，显著性相关。以上数据表明，大学生跨学科学习心理状况影响其学习行为、学习满意度及学习效果与评价。此外，学习行为与学习满意度之间的相关性为0.272，学习行为与学习效果与评价之间的相关性为0.542，表明跨学科学习行为对跨学科学习满意度及跨学科学习效果与评价之间存在显著性相关。学习满意度与学习效果与评价之间也表现为显著性相关，相关系数值为0.181。因此，可以推测学习心理、学习行为、学习满意度及学习效果与评价之间具有相互影响的关系。

表5-2 维度之间的相关性分析

维度		学习心理	学习行为	学习满意度	学习效果与评价
学习心理	皮尔森相关系数	1	0.452**	0.143**	0.419**
	显著性(双尾)	—	0.000	0.000	0.000
	样本量(N)	—	873	873	873
学习行为	皮尔森相关系数	—	1	0.272 **	0.542**
	显著性(双尾)	—	—	0.000	0.000
	样本量(N)	—	—	873	873

续表5-2

维度		学习心理	学习行为	学习满意度	学习效果与评价
学习满意度	皮尔森相关系数	—	—	1	0.181**
	显著性(双尾)	—	—	—	0.000
	样本量(N)	—	—	—	873
学习效果与评价	皮尔森相关系数	—	—	—	1
	显著性(双尾)	—	—	—	—
	样本量(N)	—	—	—	—

注：**表示$p<0.01$。

1.大学生跨学科学习心理

本部分研究是对大学生跨学科学习心理的调查，主要呈现两方面的数据结果，一是大学生整体的跨学科学习心理，二是不同类别大学生跨学科学习心理现状。对大学生跨学科学习心理的整体调查结果如表5-3所示，学习心理维度包含的三个题目分别涉及大学生对跨学科学习重要性的认可程度，大学生对跨学科课程感兴趣程度，以及大学生是否愿意在校期间参与各种形式的跨学科学习。通过分析，得出三个题目的满意度均值全部在4到5分之间，根据问卷答案所设计的6个水平，该均值恰好在“基本同意”与“同意”之间。因此，从整体上看，当前多数大学生认为跨学科学习很重要，对跨学科学习表现出积极性和热情，多数大学生表示愿意在校期间进行各种形式的跨学科学习。

表5-3　不同年级大学生跨学科学习心理总分及各因子差异性分析（x±S）

题目	大一	大二	大三	大四	F	p值	LSD
跨学科学习很重要	4.49 ±1.124	4.52 ±1.127	4.34 ±1.200	4.39 ±1.209	1.386	0.246	—
对双学位(辅修)、选修课很感兴趣	4.49 ±1.084	4.24 ±1.163	3.97 ±1.187	4.06 ±1.231	5.32**	0.001	大一>大三,大二>大三

续表5-3

题目	大一	大二	大三	大四	F	p值	LSD
愿意在校期间进行各种形式的跨学科学习	4.46 ±1.029	4.35 ±1.158	4.15 ±1.152	4.26 ±1.179	2.133	0.095	—
跨学科学习心理总分	13.43 ±2.597	13.12 ±2.912	12.47 ±2.925	12.72 ±3.086	3.653*	0.012	大一>大三，大二>大三

注：*表示$p<0.05$，**表示$p<0.01$。

针对题目1（我认为跨学科学习很重要），选择答案“4”“5”“6”的个体人数占84.52%，题目2（我对双学位辅修、选修课很感兴趣）选择答案“4”“5”“6”的人数占77.3%，题目3（我很愿意在校期间进行各种形式的跨学科学习）中有79.93%的大学生选择“4”“5”“6”。从问卷反馈结果可以得出，当前大部分大学生对跨学科学习表现出积极主动的态度，绝大多数个体在心理上是认可跨学科学习并且愿意在校期间进行跨学科学习的，而且对于学校开设的一系列跨学科学习形式，如双学位（辅修）及跨院系选修课等课程，主观上表示愿意参与。余下1/5左右的大学生面对跨学科学习的重要性问题，提出不赞同的观点。总之，整体来看，大学生们普遍意识到了跨学科学习的重要性，并表达了自己进行跨学科学习的愿望。

大学生跨学科学习心理总分在各个年级之间存在显著性差异（$p<0.05$），大三学生跨学科学习心理总分最低（M=12.72，SD=3.086），大一学生跨学科学习心理总分最高（M=13.43，SD=2.597）。经进一步LSD事后检验结果表明，大三学生在跨学科学习心理总分上与大一、大二学生之间均存在显著差异（$p<0.05$）；大四与大一、大四与大二、大四与大三学生之间的差异未能达到统计学上的显著性水平。

在跨学科学习重要性调查中，各个年级之间的差异分析结果未能达到显著性水平。同样，对在校期间是否愿意进行各种形式的跨学科学习一题的调查结果中，各个年级之间的差异分析结果未能达到显著性水平。

在对双学位（辅修）、选修课感兴趣程度一题的调查中，各个年级之间存在显著性差异（$p<0.05$），大一学生跨学科学习得分最高（M=4.49，SD=1.084），大三学生跨学科学习得分最低（M=3.97，SD=1.187）。进一步LSD事后检验，结果表明大三学生与大一、大二学生之间均存在显著的差异（$p<0.05$）；大四与大一、大四与大二、大四与大三学生之间的差异未能达到统计学上的显著性差异。

就四个年级整体学习心理均值分析，各个年级大学生学习心理均值呈现如图5-1所示的“反向对号”形状走势，即一年级至三年级依次呈现下降趋势，并于三年级达到最低点，四年级又有所回升。

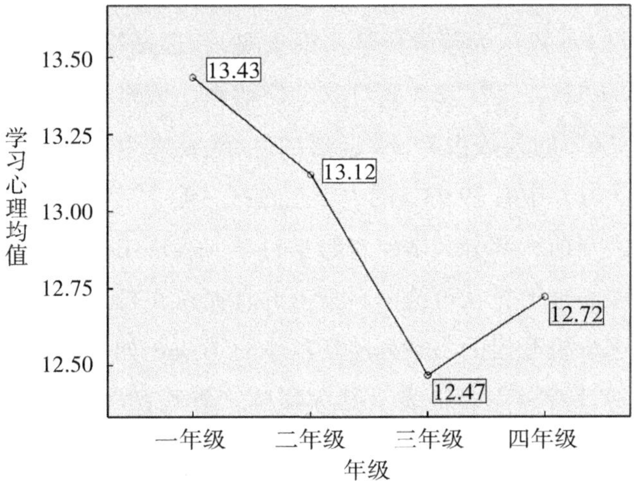

图5-1　四个年级学生学习心理均值趋势图

对于刚入学的一年级学生而言，步入大学，难免对很多学科产生好奇，加上他们在高中期间的应试教育模式下养成了良好的学习习惯，对知识充满渴望。因此，大学一年级学生的学习心理均值最高，学习动机最积极。一般大学生是从二年级开始进行跨学科课程的修习，因此，二年级的学生刚刚开始接触跨学科课程，有一定的新鲜感和好奇心，从数据结果看，其学习心理均值较高，M值为13.12，且与大三学生跨学科学习心理存在显著性差异。因为到了大三阶段，随着跨学科课程难度的提升，学生们难免会产生厌学甚至弃学的心态，因此，跨学科学习心理均值落到了最低值。到了大四阶段，学生一般都确定了自己的职业生涯规划，就业的学生专注于就业，考研的学生一心准备考研，对于学习的逆反心态会有所缓和，因此，大四学生跨学科学习心理均值稍有回升，M值为12.72。

为进一步分析不同排名的学生跨学科学习心理之间的差异性，笔者通过分析得到表5-4，结果显示，跨学科学习心理总分在不同排名学生之间存在显著性差异（$p<0.05$），班级排名上等的大学生跨学科学习心理总分最高（M=13.21，SD=2.841），班级排名下等的学生跨学科学习心理总分最低（M=11.88，SD=3.092）。经进一步LSD事后检验，结果表明，班级排名处于下等的学生在跨学科学习心理总分上与排名上等、排名中等的学生之间均存在显著的差异（$p<0.05$），而班级排名上等和中等的学生之间的差异性未能达到统计学上的显著性水平。在跨学科学习重要性题目的分析上，排名上等、中等、下等三者间两两比较，其差异性均未能达到统计学上的显著性水平。

在对双学位、选修课感兴趣程度一题的调查中，不同排名学生之间存在显著性差异（$p<0.05$），班级排名上等的大学生跨学科学习心理总分最高（M=4.25，SD=1.085），班级排名下等的学生跨学科学习心理总分最低（M=3.73，SD=1.215）。经进一步LSD事后检验，结果表明，班级排名处于下等的学生在跨学科学习心理分数分别与排名上等、排名中等的学生之间均存在显著的差异（$p<0.05$），而班级排名上等和中等的学生之间的差异性未能达到统计学上的显著性水平。

在是否愿意在校期间进行各种形式的跨学科学习一题的调查中，不同排名学生之间存在显著性差异（$p<0.01$），班级排名上等的大学生跨学科学习心理总分最高（M=4.41，SD=1.136），班级排名下等的学生跨学科学习心理总分最低（M=3.85，SD=1.205）。经进一步LSD事后检验，结果表明，班级排名处于下等的学生在跨学科学习心理分数与排名上等、排名中等的学生之间均存在显著的差异（$p<0.05$），而班级排名上等和中等学生之间的差异性未能达到统计学上的显著性水平。

表5-4　不同排名大学生跨学科学习心理总分及各因子差异性分析（x ± S）

题目	上等	中等	下等	*F*	*p*值	LSD
跨学科学习很重要	4.54±1.173	4.43±1.150	4.30±1.209	1.3452	0.235	—
对双学位(辅修)、选修课很感兴趣	4.25±1.085	4.19±1.206	3.73±1.215	6.392**	0.002	上等＞下等，中等＞下等

续表5-4

题目	上等	中等	下等	F	p值	LSD
愿意在校期间进行各种形式的跨学科学习	4.41±1.136	4.31±1.134	3.85±1.205	7.39**	0.001	上等>下等，中等>下等
跨学科学习心理总分	13.21±2.841	12.93±2.841	11.88±3.092	6.318**	0.002	上等>下等，中等>下等

注：**表示$p<0.01$。

班级排名处于上等、中等、下等这三类人群的跨学科学习均值分布趋势具体如图5-2所示。线状图显示，班级排名越靠后，学生跨学科学习心理均值越低，意味着专业课排名越靠前，学生跨学科学习积极性越高。

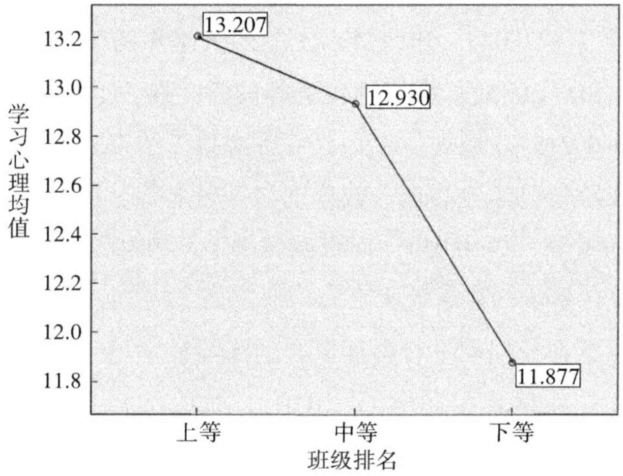

图5-2　不同班级排名的大学生跨学科学习心理均值趋势图

表5-5是父母的文化程度不同对大学生跨学科学习心理的差异性分析结果，由表可以看出，跨学科学习心理总分在父母文化程度不同的学生之间存在显著性差异（$p<0.05$）。父母文化程度在中专及以上的大学生跨学科学习心理总分最高（M=13.52，SD=3.039），父母文化程度在小学及以下的大学生跨学科学习心理总分最低（M=12.52，SD=2.946）。LSD事后检验结果显示，父母文化程度在小学及以下与父母文化程度在中专及以上的大学生之间学习心理存在显著差异（$p<0.05$），父母文化程度是初中与父母文化程度是高中的大学生之间学习心理存在显著差异（$p<0.05$）。

在对跨学科学习重要性一题的调查中，跨学科学习心理分数在父母文化程度不同的学生之间存在显著性差异（$p<0.05$）。父母文化程度在中专及以上的大学生跨学科学习心理总分最高（M=4.66，SD=1.163），父母文化程度在小学及以下的大学生跨学科学习心理总分最低（M=4.29，SD=1.211）。进一步LSD事后检验，结果表明，父母文化程度在小学及以下的大学生与父母文化程度在中专及以上的大学生之间学习心理存在显著差异（$p<0.05$），父母文化程度是初中的大学生与父母文化程度是高中的大学生之间学习心理存在显著差异（$p<0.05$），父母文化程度是初中的大学生与父母文化程度在中专及以上的大学生之间学习心理存在显著差异（$p<0.05$）。

在对双学位、选修课感兴趣程度一题的调查中，跨学科学习心理分数在父母文化程度不同的学生之间存在显著性差异（$p<0.05$）。父母文化程度在中专及以上的大学生跨学科学习心理总分最高（M=4.39，SD=1.186），父母文化程度在小学及以下的大学生跨学科学习心理总分最低（M=4.04，SD=1.183）。LSD检验结果表明，父母文化程度是初中的大学生与父母文化程度在中专及以上的大学生之间学习心理存在显著差异（$p<0.05$），父母文化程度是高中的大学生与父母文化程度是中专及以上的大学生之间学习心理存在显著差异（$p<0.05$）。

在是否愿意在校期间进行各种形式的跨学科学习一题的调查中，跨学科学习心理分数在父母文化程度不同的学生之间并未达到统计学上的显著性差异。

表5–5　不同父母文化程度的大学生跨学科学习心理总分及各因子差异性分析（x ± S）

题目	小学及以下	初中	高中	中专及以上	*F*	*p*值	LSD
跨学科学习很重要	4.31 ±1.211	4.29 ±1.165	4.63 ±1.047	4.66 ±1.163	6.637***	0.000	小学及以下＜中专及以上，小学及以下＜高中，初中＜高中，初中＜中专及以上

续表5-5

题目	小学及以下	初中	高中	中专及以上	F	p值	LSD
我对双学位(辅修)、选修课很感兴趣	4.16 ±1.183	4.04 ±1.178	4.15 ±1.160	4.39 ±1.186	3.808**	0.010	初中＜中专以上,高中＜中专及以上
我很愿意在校期间进行各种形式的跨学科学习	4.26 ±1.167	4.19 ±1.154	4.34 ±1.113	4.46 ±1.147	2.515	0.057	—
跨学科学习心理总分	12.7 ±2.946	12.5 ±2.907	13.1 ±2.714	13.5 ±3.039	5.421**	0.001	小学及以下＜中专及以上,初中＜高中

注：**表示$p<0.01$，***表示$p<0.001$。

图5-3更为直观地展示了父母文化水平对于大学生跨学科学习心理的影响。由图中所反映的趋势可以推测，父母的文化水平与大学生跨学科学习心理均值之间呈现正相关的关系，即父母文化水平越高，大学生跨学科学习积极性也越高。这可能是因为，父母文化程度越高，则其知识水平越高，见识越广，越能在潜移默化中提升大学生跨学科学习积极性。

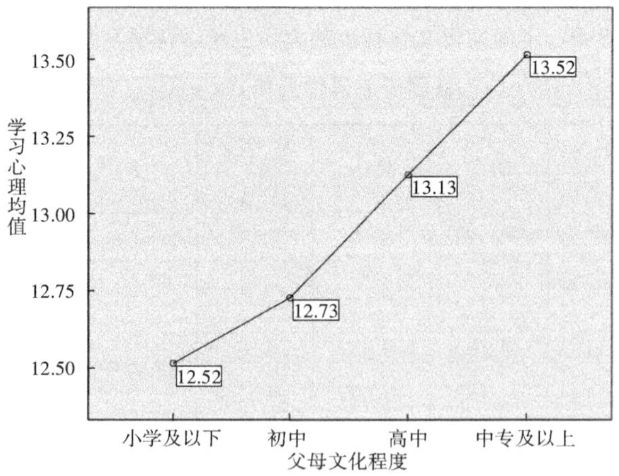

图5-3　父母文化程度对大学生跨学科学习心理影响均值趋势图

大学生跨学科学习心理与今后的发展规划之间的差异性分析结果见表5-6，跨学科学习心理总分在不同发展规划的学生之间存在显著性差异（$p<0.05$）。规划今后进行跨专业考研的大学生跨学科学习心理总分最高（M=13.25，SD=3.048），规划今后进行本专业就业的大学生跨学科学习心理总分最低（M=12.46，SD=2.938）。经进一步LSD事后检验，结果表明，规划本专业考研与本专业就业的大学生之间学习心理存在显著差异（$p<0.05$），跨专业考研与本专业就业的大学生之间学习心理存在显著差异（$p<0.05$）。在对跨学科学习重要性一题的调查中，不同发展规划学生之间的差异性分数未能达到统计学上的显著性水平。

在对双学位、选修课感兴趣程度一题的调查中，不同发展规划的学生之间分数差异性未能达到统计学上的显著性水平。在对是否愿意在校期间进行各种形式的跨学科学习一题调查中，不同发展规划的学生之间存在显著性差异（$p<0.05$），规划进行跨专业考研的大学生跨学科学习心理总分最高（M=4.44，SD=1.126），规划进行本专业就业的大学生跨学科学习心理总分最低（M=4.10，SD=1.223）。经进一步LSD事后检验，结果表明，规划本专业考研与本专业就业的大学生之间学习心理存在显著差异（$p<0.05$），跨专业考研与本专业就业的大学生之间学习心理存在显著差异（$p<0.05$）。

表5-6　不同发展规划的大学生跨学科学习心理总分及各因子差异性分析（x ± S）

题目	本专业考研	跨专业考研	本专业就业	跨专业就业	F	p值	LSD
跨学科学习很重要	4.53±1.172	4.51±1.216	4.31±1.102	4.42±1.174	1.903	0.128	—
对双学位（辅修）、选修课很感兴趣	4.21±1.181	4.30±1.165	4.05±1.243	4.09±1.051	1.677	0.170	—
愿意在校期间进行各种形式的跨学科学习	4.39±1.112	4.44±1.126	4.10±1.223	4.22±1.084	4.152**	0.006	本专业考研＞本专业就业，跨专业考研＞本专业就业

续表5-6

题目	本专业考研	跨专业考研	本专业就业	跨专业就业	F	p值	LSD
跨学科学习心理总分	13.12±2.910	13.25±3.048	12.46±2.938	12.74±2.710	3.382*	0.018	本专业考研＞本专业就业，跨专业考研＞本专业就业

注：*表示$p<0.05$，**表示$p<0.01$。

图5-4更直观地展示了大学生不同的发展计划及其跨学科学习心理均值趋势。就整个趋势来看，选择考研的两类群体（本专业考研群体和跨专业考研群体）跨学科学习心理均值明显高于选择就业的群体（本专业就业和跨专业就业群体）的学习心理均值。另外，跨专业考研的大学生跨学科学习心理均值明显高于其他三类群体，跨专业考研要求大学生掌握一门新的学科知识体系，必然驱动该类大学生努力通过各种方式积极获取跨学科知识，而倾向于就业的大学生跨学科学习的热情和动力明显低于选择考研的大学生群体。

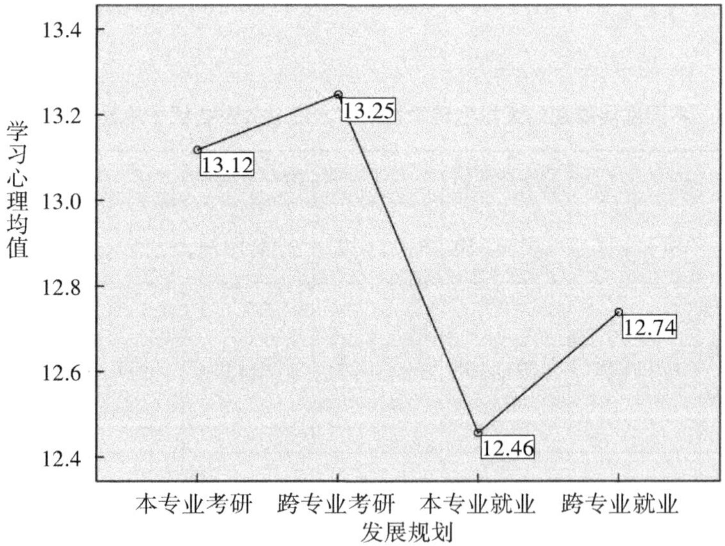

图5-4　不同发展规划大学生跨学科学习均值趋势图

总之，对各项数据进行分析，可以看出影响大学生跨学科学习心理的因素包括大学生所在年级、班级排名、父母文化程度和大学生未来的发展规划。大学生跨学科学习心理总分在各个年级之间存在显著性差异（$p<0.05$），跨学科学习心理总分在父母文化程度不同的学生之间存在显著性差异（$p<0.05$），跨学科学习心理总分在不同发展规划的学生之间也存在显著性差异（$p<0.05$）。

2.大学生跨学科学习行为

对大学生跨学科学习行为的调查，主要依据问卷调查结果中课内、课外两类学习行为的相关指标，本研究主要分析探究不同班级排名、不同发展规划、不同学习方式大学生跨学科学习行为之间的差异性，具体分析如下。

不同班级排名的大学生跨学科学习行为之间的差异性具体分析见表5-7，跨学科学习行为总分在不同班级排名的学生之间存在显著性差异（$p<0.05$）。班级排名上等的大学生跨学科学习行为总分最高（M=31.62，SD=6.005），班级排名下等的大学生跨学科学习行为总分最低（M=27.2，SD=7.029）。进一步LSD事后检验，结果表明，班级排名上等的大学生与班级排名中等的大学生之间学习行为存在显著差异（$p<0.05$），班级排名上等的大学生与班级排名下等的大学生之间学习行为存在显著差异（$p<0.05$），班级排名中等的大学生与班级排名下等的大学生之间学习行为存在显著差异（$p<0.05$）。

在课堂上是否积极参与活动一题的调查中，跨学科学习行为分数在不同班级排名的学生之间存在显著性差异（$p<0.05$）。班级排名上等的大学生跨学科学习行为总分最高（M=3.91，SD=1.195），班级排名下等的大学生跨学科学习行为总分最低（M=3.30，SD=1.209）。进一步LSD事后检验，结果表明，班级排名上等的大学生与班级排名下等的大学生之间学习行为存在显著差异（$p<0.05$），班级排名中等的大学生与班级排名下等的大学生之间学习行为存在显著差异（$p<0.05$）。

在是否会对自己感兴趣的学科进行自主学习一题的调查中，跨学科学习行为分数在不同班级排名的学生之间存在显著性差异（$p<0.05$）。班级排名上等的大学生跨学科学习行为总分最高（M=4.44，SD=1.064），班级

排名下等的大学生跨学科学习行为总分最低（M=3.65，SD=1.247）。LSD检验结果表明，班级排名上等的大学生与班级排名下等的大学生之间学习行为存在显著差异（$p<0.05$），班级排名中等的大学生与班级排名下等的大学生之间学习行为存在显著差异（$p<0.05$）。

在是否会主动阅读自己感兴趣的书籍的调查中，跨学科学习行为分数在不同班级排名的学生之间存在显著性差异（$p<0.05$）。班级排名上等的大学生跨学科学习行为总分最高（M=3.80，SD=1.154），班级排名下等的大学生跨学科学习行为总分最低（M=3.33，SD=1.414）。进一步LSD事后检验，结果表明，班级排名上等的大学生与班级排名中等的大学生之间学习行为存在显著差异（$p<0.05$），班级排名上等的大学生与班级排名下等的大学生之间学习行为存在显著差异（$p<0.05$）。

在能否主动上网通过MOOC方式进行跨学科学习的调查中，跨学科学习行为分数在不同班级排名的学生之间存在显著性差异（$p<0.05$）。班级排名上等的大学生跨学科学习行为总分最高（M=4.64，SD=1.047），班级排名下等的大学生跨学科学习行为总分最低（M=3.89，SD=1.500）。经进一步LSD事后检验，结果表明，班级排名上等与排名中等的大学生之间学习行为存在显著差异（$p<0.05$），班级排名中等的大学生与班级排名下等的大学生之间学习行为存在显著差异（$p<0.05$）。

在是否曾通过考取非本专业学科相关证书的方式进行跨学科学习的调查中，跨学科学习行为分数在不同班级排名的学生之间存在显著性差异（$p<0.05$）。班级排名上等的大学生跨学科学习行为总分最高（M=3.82，SD=1.276），班级排名下等的大学生跨学科学习行为总分最低（M=3.26，SD=1.330）。进一步LSD事后检验，结果表明，班级排名上等的大学生与班级排名下等的大学生之间学习行为存在显著差异（$p<0.05$），班级排名中等的大学生与班级排名下等的大学生之间学习行为存在显著差异（$p<0.05$）。

除此之外，跨学科学习行为其他各个题目的差异性调查结果均未能达到统计学意义上的显著性水平。

表5-7 不同排名的大学生跨学科学习行为总分及各因子差异性分析（x±S）

题目	上等	中等	下等	F	p值	LSD
学习行为总分	31.62±6.005	30.45±5.959	27.23±7.029	15.639***	0.000	上等＞中等，上等＞下等，中等＞下等
我在双学位（辅修）及选修课堂上经常积极参与课堂活动	3.91±1.195	3.76±1.189	3.30±1.209	7.835***	0.000	上等＞下等，中等＞下等
我能够有效地对自己感兴趣的学科进行自主学习	4.44±1.064	4.11±1.116	3.65±1.247	4.592*	0.010	上等＞下等，中等＞下等
我会主动阅读本专业外自己感兴趣学科的相关书籍	3.80±1.154	3.58±1.255	3.33±1.414	16.362***	0.000	上等＞中等，上等＞下等
我会主动上网通过MOOC等公开课形式进行跨学科课程学习	4.64±1.047	4.52±1.083	3.89±1.500	4.782**	0.009	上等＞中等，上等＞下等，中等＞下等
我会通过考取非本专业学科相关证书的方式进行跨学科学习	3.82±1.276	3.64±1.297	3.26±1.330	14.009***	0.000	上等＞下等，中等＞下等

注：*表示$p<0.05$，**表示$p<0.01$，***表示$p<0.001$。

图5-5展示了不同班级排名大学生的跨学科学习行为均值趋势，该图描述了随着大学生班级排名越来越差，其跨学科学习行为均值下降明显的趋势。这一研究结果表明，大学生成绩排名高低与跨学科学习行为之间存在正相关关系，即专业课程成绩优秀的学生跨学科学习投入较多，其跨学科学习行为也较丰富，而专业课成绩差的学生跨学科学习行为较少。

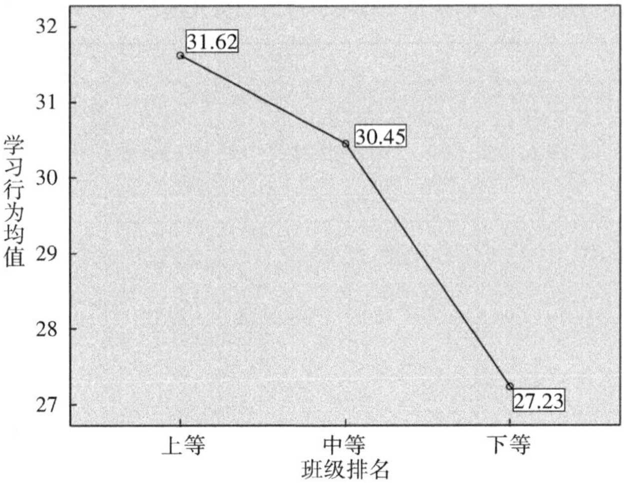

图5-5　不同班级排名大学生跨学科学习行为均值图

对大学生跨学科学习行为的差异性分析结果见表5-8，跨学科学习行为分数在不同发展规划的学生之间存在显著性差异（$p<0.05$）。选择跨专业考研的大学生跨学科学习行为总分最高（M=31.49，SD=6.284），选择跨专业就业的大学生跨学科学习行为总分最低（M=29.14，SD=5.760）。经进一步LSD事后检验，结果表明，本专业考研的大学生与跨专业考研的大学生之间学习行为存在显著差异（$p<0.05$），跨专业考研的大学生与跨专业就业的大学生之间学习行为存在显著差异（$p<0.05$）。

表5-8　不同发展规划的大学生跨学科学习行为总分差异性分析（x ± S）

维度	本专业考研	跨专业考研	本专业就业	跨专业就业	F	p值	LSD
学习行为总分	30.17±6.248	31.49±6.284	30.89±6.084	29.14±5.760	3.677*	0.012	本专业考研<跨专业考研，跨专业考研>跨专业就业

注：*表示$p<0.05$。

图5-6展示了不同发展规划的大学生之间跨学科学习行为的差异趋势，其中，选择跨专业考研的大学生跨学科学习行为均值最高，跨学科学习行为更积极，投入更多。按学习行为得分均值由高到低排序，其次是本专业就业的大学生，再次是本专业考研的大学生，最后是跨专业就业的大学生。

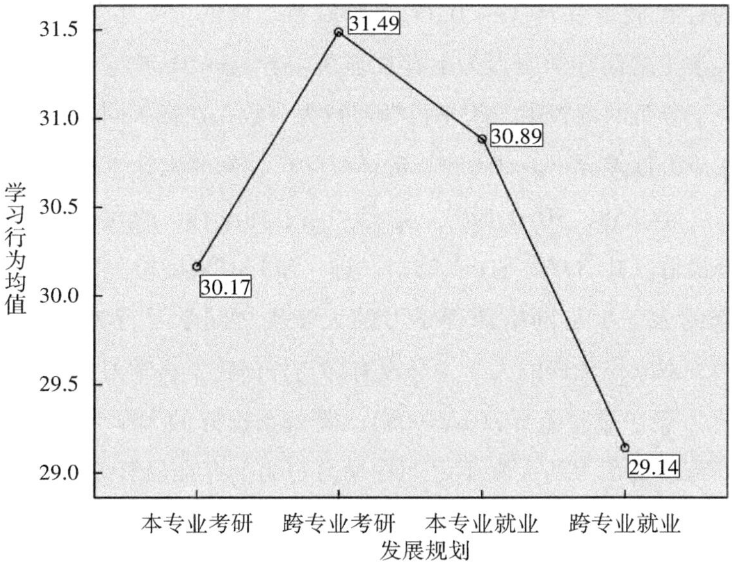

图5-6 不同发展规划的大学生跨学科学习行为均值趋势图

采用不同形式进行跨学科学习的大学生之间的跨学科学习行为差异性分析结果见表5-9，跨学科学习行为分数在不同学习方式的学生之间存在显著性差异（$p<0.05$）。选择多种方式进行学习的大学生跨学科学习行为总分最高（M=33.09，SD=5.846），选择“以上都没有”的大学生跨学科学习行为总分最低（M=28.48，SD=6.067）。进一步LSD事后检验，结果表明，双学位辅修大学生与跨院系考研大学生之间的学习行为存在显著差异（$p<0.05$），双学位辅修大学生与网络课程学习大学生之间的学习行为存在显著差异（$p<0.05$），双学位辅修大学生与多种方式进行学习的大学生之间学习行为存在显著差异（$p<0.05$），跨院系选修的大学生与没有参与任何跨学科学习方式的大学生之间在学习行为上存在显著差异（$p<0.05$）。

在是否经常参与课堂活动的调查中，跨学科学习行为分数在选择不同学习方式的学生之间存在显著性差异（$p<0.05$）。选择双学位辅修的大学生跨学科学习行为总分最高（M=4.15，SD=1.087），选择“以上都没有”的大学生跨学科学习行为总分最低（M=3.50，SD=1.223）。进一步LSD事后检验，结果表明，双学位辅修与跨院系考研的大学生之间学习行为存在显著差异（$p<0.05$），双学位辅修与网络课程学习的大学生之间学习行为存在显著差异（$p<0.05$），双学位辅修与多种方式进行学习的大学生之间

学习行为存在显著差异（$p<0.05$），跨院系选修的大学生与多种方式进行学习的大学生之间在学习行为上存在显著差异（$p<0.05$）。

在关于旁听的调查中，跨学科学习行为分数在选择不同学习方式的学生之间存在显著性差异（$p<0.05$）。选择双学位辅修的大学生跨学科学习行为总分最高（M=3.58，SD=1.196），选择“以上都没有”的大学生跨学科学习行为总分最低（M=3.07，SD=1.251）。进一步LSD事后检验，结果表明，双学位辅修的大学生与网络课程学习的大学生之间学习行为存在显著差异（$p<0.05$），双学位辅修的大学生与没有参与任何跨学科学习方式的大学生之间学习行为存在显著差异（$p<0.05$），跨院系选修的大学生与没有以任何方式进行跨学科学习的大学生之间在学习行为上存在显著差异（$p<0.05$）。

在关于自主学习的调查中，跨学科学习行为分数在选择不同学习方式的学生之间存在显著性差异（$p<0.05$）。选择双学位辅修的大学生跨学科学习行为总分最高（M=4.18，SD=1.339），选择“以上都没有”的大学生跨学科学习行为总分最低（M=3.70，SD=1.417）。进一步LSD事后检验，结果表明，双学位辅修的大学生与网络课程学习的大学生之间学习行为存在显著差异（$p<0.05$），双学位辅修的大学生与没有参与任何跨学科学习的大学生之间学习行为存在显著差异（$p<0.05$），跨院系选修的大学生与没有参与任何跨学科学习的大学生之间在学习行为上存在显著差异（$p<0.05$）。

在关于是否经常参与课堂活动的调查中，跨学科学习行为分数在选择不同学习方式的学生之间存在显著性差异（$p<0.05$）。选择双学位辅修的大学生跨学科学习行为总分最高（M=4.15，SD=1.087），选择“以上都没有”的大学生跨学科学习行为总分最低（M=3.50，SD=1.223）。进一步LSD事后检验，结果表明，双学位辅修的大学生与跨院系考研的大学生之间学习行为存在显著差异（$p<0.05$），双学位辅修的大学生与网络课程学习的大学生之间学习行为存在显著差异（$p<0.05$），双学位辅修的大学生与多种方式进行学习的大学生之间学习行为存在显著差异（$p<0.05$），跨院系选修的大学生与多种方式进行学习的大学生之间在学习行为上存在显著差异（$p<0.05$）。

在关于参加学术活动的调查中，跨学科学习行为分数在选择不同学习方式的学生之间存在显著性差异（$p<0.05$）。选择网络学习的大学生跨学

科学习行为总分最高（M=3.98，SD=1.199），没有参与任何跨学科学习方式的大学生跨学科学习行为总分最低（M=3.65，SD=1.262）。进一步LSD事后检验，结果表明，双学位辅修的大学生与跨院系考研的大学生之间存在显著的学习行为差异（$p<0.05$），没有参与任何跨学科学习方式的大学生与双学位辅修、跨院系选修和网络学习的大学生在学习行为上都存在显著差异（$p<0.05$）。

在关于阅读书籍的调查中，跨学科学习行为分数在选择不同学习方式的学生之间存在显著性差异（$p<0.05$）。

在关于考取证书的调查中，跨学科学习行为分数在选择不同学习方式的学生之间差异性并未达到统计学上的显著性水平，p值为0.117。

表5-9 不同发展规划的大学生跨学科学习行为总分差异性分析（x ± S）

维度	双学位辅修	跨专业选修	网络课程学习	以上都没有	多种方式	F值	p值
学习行为总分	33.03±5.846	30.64±5.696	31.24±6.067	28.4±6.068	33.09±5.639	19.57***	0.000
积极参与课堂活动	4.15±1.087	3.80±1.157	3.80±1.236	3.50±1.223	3.98±1.080	8.684***	0.000
旁听感兴趣的课程	3.58±1.196	3.33±1.224	3.27±1.376	3.07±1.251	3.47±1.334	4.844**	0.001
进行自主学习	4.18±1.339	3.97±1.366	3.99±1.330	3.70±1.417	4.05±0.999	3.934**	0.004
自愿参加学术活动	3.93±1.307	3.89±1.233	3.98±1.199	3.65±1.262	3.86±1.125	2.696*	0.030
阅读相关书籍	4.32±1.102	4.28±1.076	4.21±1.065	3.97±1.201	4.30±1.036	3.891**	0.004

续表5-9

维度	双学位辅修	跨专业选修	网络课程学习	以上都没有	多种方式	F值	p值
通过MOOC学习	3.95±1.172	3.59±1.173	3.64±1.355	3.42±1.239	3.95±1.272	5.857***	0.000
考取相关证书	4.63±1.031	4.46±1.113	4.53±1.207	4.40±1.181	4.77±0.895	1.85	0.117

注：*表示$p<0.05$，**表示$p<0.01$，***表示$p<0.001$。

图5-7是选择不同学习跨学科学习形式大学生的跨学科学习行为趋势图。其中，选择“双学位辅修”和“多种方式并存”的大学生，学习行为均值明显高于选择“跨院系选修”和“网络课程学习”的大学生。同时，选择“以上都没有”的大学生跨学科学习行为均值最低。折线图表明，选择“双学位辅修”和“多种方式并存”的两类大学生对跨学科学习行为上的投入远远多于其他几类大学生。

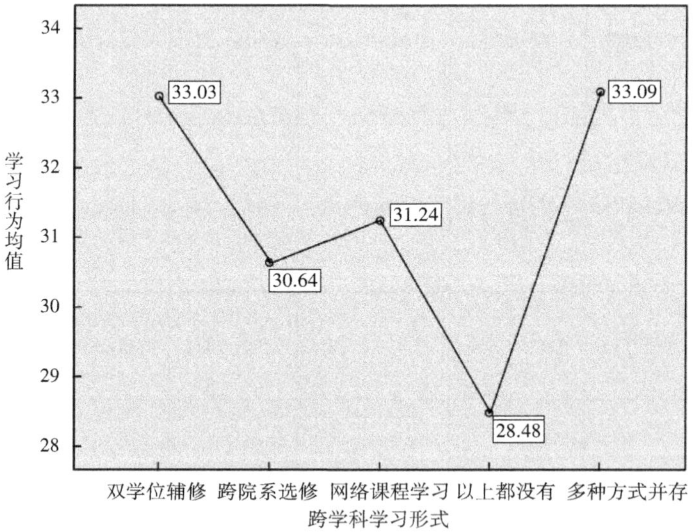

图5-7　不同学习形式的大学生跨学科学习行为趋势图

总之，影响大学生跨学科学习行为的因素有班级排名、发展规划和跨学科学习方式等。大学生的班级排名越靠前，跨学科学习行为越积极。相对于本专业考研和就业的大学生，跨专业考研的学生跨学科学习行为更突出。通过多种方式和双学位辅修进行跨学科学习的大学生，跨学科学习行为比选择其他学习方式的大学生更积极。

3.跨学科学习满意度

大学生跨学科学习满意度调查的主要参考依据是大学生在跨学科学习过程中对内、外部环境的满意度，如表5-10所示，将满意度题目划分为三个类别，分别表现大学生对自身、教师和学校制度环境层面的满意度。

调查结果显示，自身满意度层面，大学生跨学科学习毅力不足。教师满意度层面，大学生认为课程难以理解，课程内容不实用，跨学科课堂吸引力欠缺，教师对双学位选修课重视程度不够等。高校满意度层面，学生普遍认为学校的支持力度不够（M=4.029），学校对于双学位课程的安排不合理（M=4.239），选修双学位机会较少（M=4.003）。

表5-10 满意度调查描述表

因子分类	题目	N	M
对自身跨学科学习的满意度	时间不充足是阻碍我旁听课程的主要原因	873	4.012
	动力不足是我不能坚持跨学科学习的原因	873	3.722
	毅力不足是我不能坚持通过网络课程(MOOC)进行跨学科学习的原因	873	4.245
	时间不足是我不能坚持通过网络课程(MOOC)进行跨学科学习的原因	873	3.829
	动力不足是我不能坚持通过网络课程(MOOC)进行跨学科学习的原因	873	3.702
对教师的满意度	课程内容的吸引力不足是阻碍我旁听课程的主要原因	873	4.117
	双学位(辅修)课程内容较难令人理解	873	4.351
	负责双学位(辅修)教学的教师不重视该类课程	873	4.188
	双学位(辅修)课程内容或形式较有吸引力	873	3.351
	学校选修课课程内容较实用	873	3.448
	选修课的课程内容或形式不够吸引我	873	4.396

续表5-10

因子分类	题目	N	M
对学校支持度的满意度	学校对双学位(辅修)的支持度不高	873	4.029
	双学位(辅修)课程内容或课时数不能够满足我的需求	873	3.351
	学校选修课的开设内容或课时数不能够满足我的需求	873	3.601
	双学位(辅修)的课程安排与专业课冲突	873	4.239
	双学位(辅修)的机会很少	873	4.003

不同班级排名的大学生跨学科学习满意度之间的差异性分析结果见表5-11。跨学科学习满意度总分在不同班级排名的学生之间的差异未能达到统计学上的显著性水平，其p值为0.21。自身满意度层面条目下，不同班级排名大学生跨学科学习满意度差异性未能达到统计学上的显著性水平，其p值为0.534。教师满意度层面条目下，不同班级排名大学生跨学科学习满意度差异性未能达到统计学上的显著性水平，其p值为0.273。

值得注意的是，学校满意度层面条目下，不同班级排名大学生跨学科学习满意度差异存在显著性差异（$p<0.05$）。班级排名上等的学生学习满意度总分最高（M=18.80，SD=3.618），班级排名下等的学生学习满意度总分最低（M=17.69，SD=3.509），班级排名上等和下等的学生之间跨学科学习满意度差异呈现显著性水平（$p<0.05$）。

表5-11　不同班级排名的大学生跨学科学习满意度总分差异性分析（x±S）

条目	上等	中等	下等	F值	p值	LSD
学习满意度总分	60.95±10.304	59.58±10.870	59.12±10.515	1.564	0.21	—
自身层面满意度	18.94±3.875	19.09±3.851	18.60±3.416	0.628	0.534	—
教师层面满意度	21.56±4.659	21.92±4.543	21.12±4.874	1.302	0.273	—
学校层面满意度	18.80±3.618	18.50±3.964	17.69±3.509	3.303*	0.037	上等>下等

注：*表示$p<0.05$。

不同学习方式大学生跨学科学习满意度之间的差异性分析结果见表5-

12。跨学科学习满意度总分在不同学习方式之间存在显著性差异（$p<0.05$），网络课程学习的大学生满意度最高（M=61.47，SD=9.780），没有参与任何形式跨学科学习的大学生满意度最低（M=58.71，SD=10.143）。网络课程学习的大学生和双学位辅修的大学生跨学科学习满意度存在显著性差异（$p<0.05$），网络课程学习的大学生和未参与任何形式跨学科学习的大学生跨学科学习满意度差异显著（$p<0.05$）。

自身层面，满意度分数在不同学习方式之间存在显著性差异。双学位辅修的大学生满意度最高（M=19.61，SD=4.061），没有参与任何形式跨学科学习的大学生满意度最低（M=18.58，SD=3.872）。双学位辅修的大学生和没有参与任何形式跨学科学习的大学生之间跨学科学习满意度差异显著（$p<0.05$）。

教师层面，满意度分数在不同学习方式之间存在显著性差异（$p<0.05$）。跨院系选修的大学生满意度最高（M=21.84，SD=4.839），双学位辅修的大学生满意度最低（M=21.12，SD=4.839）。网络课程学习的大学生和没参与任何形式跨学科学习的大学生之间跨学科学习满意度存在显著性差异（$p<0.05$），网络课程学习的大学生和双学位辅修的大学生之间跨学科学习满意度存在显著性差异（$p<0.05$）。

学校层面，满意度分数在不同学习方式之间存在显著性差异（$p<0.05$）。采用多种方式学习的大学生满意度最高（M=19.49，SD=4.014），没有参与任何形式跨学科学习的大学生跨学科学习满意度最低（M=18.22，SD=3.659）。网络课程学习的大学生和没参与任何形式跨学科学习的大学生之间跨学科学习满意度存在显著性差异（$p<0.05$），多种方式学习和没参与任何形式跨学科学习的大学生之间跨学科学习满意度存在显著性差异（$p<0.05$）。

表5–12　不同学习方式的大学生跨学科学习满意度总分差异性分析（x ± S）

条目	双学位辅修	跨院系选修	网络课程学习	以上都没有	多种方式并存	*F*值	*p*值	LSD
学习满意度总分	58.83±11.363	59.95±11.263	61.47±9.780	58.71±10.143	60.98±8.509	2.263*	0.041	网络课程学习>双学位辅修，网络课程学习>以上都没有

续表5-12

条目	双学位辅修	跨院系选修	网络课程学习	以上都没有	多种方式并存	F值	p值	LSD
自身层面	19.61±4.061	19.04±3.583	19.14±3.656	18.58±3.872	19.60±3.743	2.401*	0.049	双学位辅修>以上都没有
教师层面	21.12±4.839	21.84±5.012	22.76±4.356	21.47±4.377	22.23±4.076	3.041*	0.017	网络课程学习>以上都没有，网络课程学习>双学位辅修
学校层面	18.49±3.767	18.81±3.729	19.15±3.595	18.22±3.659	19.49±4.014	2.546*	0.038	网络课程学习>以上都没有，多种方式>以上都没有

注：*表示$p<0.05$。

不同就业前景的大学生跨学科学习满意度之间的差异性分析结果如表5-13所示。跨学科学习满意度总分在不同就业前景的学生之间存在显著性差异（$p<0.05$），就业前景非常不好的大学生跨学科学习满意度总分最高（M=66.27，SD=11.177），就业前景非常好的大学生跨学科学习满意度总分最低（M=56.20，SD=10.246）。经进一步LSD事后检验，结果表明，就业前景非常好与就业前景不好的大学生之间学习满意度差异性显著（$p<0.05$），就业前景非常好与就业前景非常不好的大学生之间学习满意度差异性显著（$p<0.05$），就业前景好与就业前景非常不好的大学生之间学习满意度差异性显著（$p<0.05$），就业前景一般与就业前景不好的大学生之间学习满意度差异性显著（$p<0.05$），就业前景一般与就业前景非常不好的大学生之间学习满意度差异性显著（$p<0.05$）。

表5-13　不同就业前景的大学生跨学科学习满意度总分差异性分析（x±S）

学习满意度	非常好	好	一般	不好	非常不好	F值	p值
总分	56.20±10.246	59.19±11.216	58.99±10.161	61.43±9.470	66.27±11.177	6.531***	0.000

注：***表示$p<0.001$。

总之，影响大学生跨学科学习满意度的因素有班级排名、学习方式和不同就业前景等。跨学科学习满意度在采取不同学习方式的大学生之间存在显著性差异（$p<0.05$），跨学科学习满意度在不同就业前景的学生之间存在显著性差异（$p<0.05$）。

4. 跨学科学习质量与评价

大学生跨学科学习质量与效果可从不同的指标出发进行评价，笔者按照学习成绩、多学科知识结构建构、对今后职业生涯发展的影响、跨学科思维的养成和对实际问题的解决能力等指标进行问卷设计，并要求被试按照问卷设计的6个因子分别进行自我评价。

根据跨学科学习对大学生产生的影响，该维度分为如表5-14中“知识建构和成绩提高”“对认知兴趣和思维的促进”“解决实际问题的能力”“对今后发展的影响”4个因子，其M值分别为4.30、4.43、4.46和4.37。整体来看，跨学科学习对大学生的知识建构、成绩提高都有较大促进作用，对大学生认知兴趣和思维的提升也起到了积极作用，多数大学生认为跨学科学习锻炼了自己解决实际问题的能力，能对自己今后的职业生涯起到铺垫作用。

表5-14　跨学科学习质量评价均值描述表

因子分类	跨学科学习质量与评价	知识建构和成绩提高	对认知兴趣和思维的促进	解决实际问题的能力	对今后发展的影响
N(有效)	873	873	873	873	873
M	4.38	4.30	4.43	4.46	4.37

对于跨学科学习质量评价均值的进一步描述统计见表5-15。由表可知，当前大学生对跨学科学习效果的评价总体上呈现认可的态度，尤其是在“通过跨学科学习，自己学到了不同学科的相关知识”“通过跨学科学习，自己拓宽了学科知识领域、建构了宽厚的知识结构”题目中，M值都在4.5以上，表明大学生在自评过程中认为自己确实能够在跨学科学习中学到不同学科相关知识、建构宽厚的知识结构。

此外，大学生普遍表示在校期间进行跨学科学习对自己今后的发展大有裨益，无论将来就业还是读研，建构不同学科知识体系都对其有很大的帮助。当然，从表5-15也能看到，大学生对自己的跨学科学习成绩不十分满意，认为自己的跨学科学习成果在考试成绩上的反馈还不尽如人意，没有达到个人所期待的成绩标准，这一点不仅与大学生的实际考试成绩有关，还会因大学生个体对自己学习成绩期待的高低而异。

表5-15　跨学科学习质量评价均值分布表

因子分类	题目	N	M
知识建构、成绩提高	通过跨学科学习，自己学到了不同学科的相关知识	873	4.56
	通过跨学科学习，自己的专业技能有很大提升	873	4.03
	通过跨学科学习，自己能够在跨学科学习相关课程考试中取得较好的成绩	873	3.664
	通过跨学科学习，自己拓宽了学科知识领域、建构了宽厚的知识结构	873	4.52
	通过跨学科学习，掌握了一套适合自己的学习方法	873	4.192
	跨学科学习对自己本专业的学习有很大帮助	873	4.123
对认知兴趣和思维的促进	通过跨学科学习，激发了自己的学习兴趣	873	4.44
	跨学科学习，对自己创新思维及创造力的提升有很大帮助	873	3.986
	通过跨学科学习，自己在团队合作、合作学习方面有了很大进步	873	4.029
	通过跨学科学习，对自己的认知更加深入	873	4.19
	跨学科学习，能够促进自己更有效地进行自主学习	873	4.595
	通过跨学科学习，自己的批判式思维得到了发展	873	4.45
解决实际问题能力	跨学科学习对解决实际问题能力提升方面有很大帮助	873	4.012
	通过跨学科学习，自己能够从不同学科思维去分析和解决实际问题	873	4.517
对今后发展的影响	跨学科学习，对自己今后攻读研究生有很大帮助	873	4.112
	跨学科学习，对自己今后就业方向和未来职业规划有很大帮助	873	4.207
	通过跨学科学习，我能够更好地适应不同背景下的学习生活环境	873	4.046
	通过跨学科学习，我变得更善于捕捉相关学科知识的发展前沿、趋势	873	4.028

不同学习方式下跨学科学习效果评价总分的差异性分析结果如表5-16所示，跨学科学习效果评价总分在不同学习方式下的学生之间存在显著性差异（$p<0.05$）。多种方式学习的大学生跨学科学习满意度总分最高（M=81.53，SD=11.95），没有参与任何跨学科学习方式的大学生学习效果评价总分最低（M=76.04，SD=12.63）。

经进一步LSD事后检验，结果表明，双学位辅修与没有进行任何形式跨学科学习的大学生之间学习效果评价总分呈现差异性显著（$p<0.05$），跨院系选修与没有进行任何形式跨学科学习的大学生之间学习效果与评价总分呈现显著性差异（$p<0.05$），进行网络课程学习与没有参与任何方式跨学科学习的大学生之间学习效果评价总分呈现显著性差异（$p<0.05$），多种方式学习与没有参与任何方式跨学科学习的大学生之间学习效果评价呈现显著性差异（$p<0.05$）。

表5-16　不同学习方式的大学生跨学科学习效果评价总分差异性分析（x±S）

维度	双学位辅修	跨院系选修	网络课程学习	以上都没有	多种方式	F	p值	LSD
跨学科学习效果与评价	81.46±12.640	80.54±12.553	79.30±12.904	76.04±12.632	81.53±11.945	7.206***	0.000	双学位辅修>以上都没有，跨院系选修>以上都没有，网络课程学习>以上都没有，多种方式>以上都没有

注：***表示$p<0.001$。

除此之外，跨学科学习效果评价总分在不同班级排名的学生之间存在显著性差异（$p<0.05$）。班级排名上等的大学生跨学科学习满意度总分最高（M=80.72，SD=13.490），班级排名下等的大学生学习效果评价总分最低（M=75.32，SD=14.054）。

经进一步LSD事后检验，结果表明，班级排名上等与中等的大学生之间学习效果评价总分呈现差异性显著（$p<0.05$），班级排名上等与下等的

大学生之间学习效果与评价总分呈现显著性差异（$p<0.05$），班级排名中等与下等的大学生之间学习效果评价总分显著性差异（$p<0.05$）。

总之，在对于跨学科学习效果评价的差异性分析中，跨学科学习效果评价总分在不同学习方式的学生之间存在显著性差异（$p<0.05$），跨学科学习效果评价总分在不同班级排名的学生之间存在显著性差异（$p<0.05$）。

第五节　结论与建议

（一）大学生跨学科学习面临的主要障碍分析

上一部分主要借助相关软件，就量表数据进行了描述分析和方差分析，依据数据对大学生跨学科学习情况展开了客观说明。数据显示，当前大学生跨学科学习面临诸多障碍，既有外部环境的限制，也有大学生自身层面的不足，具体表现为高校跨学科人才培养模式不完善，跨学科课程体系不合理，教师教学方式和指导理念较为传统，以及大学生自身跨学科学习理念不清晰、信念不坚定等。

1.高校跨学科人才培养模式不完善

笔者调查研究发现，高校跨学科人才培养模式的不完善主要体现在高校跨学科支持度不高，以及课程安排不合理上，具体表现为课程时间安排不合理，课程形式安排不合理和课程内容安排不合理。

（1）高校跨学科人才培养支持度不高

上文中涉及的跨学科学习满意度调查中有对高校层面满意度的调查，在题目“学校对双学位（辅修）的支持度不高”一题的调查中，64%的大学生认为学校对于双学位（辅修）的支持度不高。在题目“双学位（辅修）机会很少”一题的调查中，75%的大学生认为高校提供的双学位（辅修）机会很小。高校关于跨学科人才培养的支持度有待提高，具体统计见表5-17。

表5–17 高校人才培养支持度描述统计表

水平度	学校对双学位(辅修)的支持度不高		双学位(辅修)机会很少	
	人数	百分比	人数	百分比
完全不同意	41	4.70%	22	2.52%
不同意	132	15.12%	64	7.33%
基本不同意	135	15.46%	136	15.58%
基本同意	280	32.07%	254	29.10%
同意	238	27.26%	255	29.21%
完全同意	47	5.38%	142	16.27%
总数	873	1	873	1

（2）跨学科课程体系不合理

跨学科课程体系的不合理主要体现在时间安排不合理、课程内容安排不合理，以及课程形式安排不合理三个方面。

首先，课程时间安排不合理。有56%的大学生认为跨学科课程时间安排不合理。主要表现在，其一，跨学科课程时间安排与专业课课程冲突；其二，跨学科（辅修）课程大多安排在晚上或者周末，占据过多课余时间。面对跨学科课程与专业课相冲突这一情况，多数学生会选择逃掉跨学科课程。对于学习者来说，跨学科知识本就不系统，又面临着课程冲突的情况，长期缺课使得学生越来越跟不上课程的进程，导致他们对跨学科课程厌学甚至弃学。

其次，课程内容安排不合理。51%的大学生认为高校目前开设的双学位课程内容不合理，63%的大学生认为选修课内容不合理，不能满足其跨学科学习需求。现实情况主要是多数高校跨学科课程内容依然倾向于理论知识灌输，尽管有些跨学科课程分别邀请不同学科的老师轮流授课，但通常是形式上的“拼课”，每个老师所讲授的内容之间并无衔接性和相关性。知识的“简单拼盘”较少能达到学科间的融合，导致学生得到的仅仅是孤零零的几块不同学科领域的知识。

最后，跨学科课程形式安排不合理。在实地调研中笔者发现，高校普遍存在双学位课程门类较为单一，开设的跨学科门类并非该校优势学科的情况。很多学校开设双学位专业都会选择英语、法学、教育学等人文社科类专业，而并非高校自身的优势学科，使得本就欠缺教学资源的学科师资、教学资源更为不足，导致跨学科教育教学质量不高，学生们跨学科学习热情的减退，动力不足。因此，跨学科课程形式上的不合理有待解决。

2.教师跨学科教学方式和指导理念较为传统

跨学科教学应以一个学科为中心，以某一主题或问题作为贯穿始终的线索，围绕这个中心议题，加工和设计教学模式。跨学科教学跟传统的学科导向式教学有诸多不同，其着眼点不是数门学科基础知识的传授，而是教会学生如何将几门学科知识进行整合，采用跨学科思维剖析问题。

从调查反馈的意见可以看出，关于“双学位（辅修）课程内容或形式较有吸引力”一题的调查，M值为3.351，调查中有57%的学生表示不同意该观点，即多数大学生认为跨学科课程内容或形式并不具有吸引力。关于“双学位（辅修）课程内容较难以理解”一题的调查，M值为4.351，调查中有60%的学生表示认同该观点。调查结果表明，当前教师跨学科教学方式和指导理念的局限主要体现在三个方面：

（1）授课理念较为传统

当前跨学科课程授课教师依然采用传统的专业授课理念，多数教师采用“满堂灌”的方式，课堂内容从头到尾讲解一门学科课程知识。学生在访谈中指出，尽管双学位班“会分为不同的老师分别进行理论、方法、实践等课程的讲解”，但几门课程之间没有交互，学生接收的也是“分块的几门课程”，加之较少有授课教师引导学生进行不同学科知识的整合，这种简单的“学科知识拼盘”最终带给学生的只是基本的学科知识，对其跨学科思维的培养贡献不大。

（2）师生互动机会较少

在传统教师专业理念下，跨学科课堂中较少存在师生互动。例如，有些老师表示跨学科课程量本来就较少，课堂互动会扰乱自己的教学计划和教学进程，担心学生的跨学科理论基础知识学不扎实。事实上，持这种理念的指导老师往往忽略了学生对于基本理论知识的自学能力。然而，跨学科教学理念的中心点是要发挥教师的指导者作用，充分引导学生打通学科壁垒，贯通不同学科知识，在交叉融合的基础上通过跨学科思维解决实际问题。因此，跨学科课程授课教师应该合理安排课堂互动时间，让来自不同学科知识背景的学生发表自己的意见，展现自己的学科思维，并通过交换看法来吸收整合不同学科领域的不同思维方式。

（3）跨学科学习实践较少

当前跨学科课堂教学模式下，教师们一般通过讲授普及知识。通过调查不难发现，学生认为这种跨学科课堂环境吸引力不够，课程内容实用性不足，学生较少有机会参与课堂活动。在这种传统的教学方式下，大学生缺少跨学科实践机会，尤其是缺少通过解决跨学科问题来整合自己跨学科知识、培养跨学科思维的机会。

鉴于此，跨学科授课教师首先要转变自己传统的授课理念，提升跨学科思维和意识，更新跨学科课程内容；其次要引导大学生通过课堂互动参与问题讨论与剖析；最后要帮助大学生在解决跨学科问题的实践中塑造跨学科思维。

3.大学生自身跨学科学习理念不清晰，信念不坚定

当前大学生跨学科学习的局限主要体现在态度、理念、信念三个方面。

（1）大学生跨学科学习态度不端正

通过上文对大学生跨学科学习态度的分析，不难看出，多数学生认为自己有跨学科学习的热情与动力，但是缺乏毅力。在“毅力不足是我不能坚持跨学科学习的原因”一题中，M值为4.245，有61%的学生认可这一观点。

学习者的学习热情和动力是其学习的必要前提，大学生作为知识分子应当对未知事物拥有好奇心和求知欲，才能激发学习热情。然而“隔行如隔山”，不同学科知识间会存在知识体系不同、研究方法不同、学科思维方式不同等差别，不同学科间的迥异会随着深入学习逐渐揭开。倘若大学生仅仅是抱着好奇的心态进行跨学科学习，遇到学习困难时，就会产生学习倦怠，甚至厌学、弃学。因此，大学生在跨学科学习过程中要找到自己的兴趣点。

孔子在《论语》中说，“知之者不如好之者，好之者不如乐之者”，只有当学习成为内在的快乐，当学生对一门学科产生浓厚的兴趣时，学习者的潜能和创造力才能被最大程度地激发，使他们在面对学术挑战时，不仅愿意深入探究，而且能够积极应对和克服困难，从而在学术领域取得更加显著的进步和成就。

（2）大学生跨学科学习理念不清晰

一些大学生在访谈中表现出跨学科学习理念不清晰、漫无目的的状态。大学生跨学科学习的理念各有不同，有的是为了建构不同学科基础知识、锻造跨学科思维，也有的是为了让自己的履历更为丰富，还有的是为了考取相关证书等。有些学生谈到自己进行跨学科学习、跨学科考证，目的是让自己的简历看起来更丰富，这类学生在校期间进行跨学科学习总归是抱着功利性心理的。更有一些大学生是抱着跟风理念进行跨学科学习，对自己“为什么要进行跨学科学习”并没太多的想法和规划，后期可能厌学、弃学。

（3）大学生跨学科学习信念不坚定

随着跨学科学习的深入，学生难免会因为不同学科间存在壁垒、系统性的学科基础知识欠缺、学科学习方法上的差异、学科思维方式上的不适应等而导致学习信念出现动摇。正是由于有些大学生跨学科学习态度不端正、定位不清晰，后期跨学科学习出现困难时才出现退缩、考试作弊、论文掺水，甚至是厌学、弃学等行为。

（二）大学生跨学科学习对策建议

明确当前大学生跨学科学习的瓶颈仅是开端，本研究的目的是明确大学生跨学科学习现状，提出意见与建议，以期对大学生跨学科学习效果有所帮助。针对上述瓶颈，现提出以下建议。

首先，高校作为跨学科人才培养的实施基地，作为跨学科人才培养的主体，应当积极主动适应时代的要求，主动优化跨学科课程体系，不拘一格发展特色跨学科专业，在体现高校特色的同时，激发大学生跨学科学习的积极性。

其次，作为知识的传授者，师资质量与水平的高低直接影响着学生学习的质量与效果，教师作为“传道授业者”更应该具备跨学科理念与思维，高校应加强跨学科教学师资队伍建设。

最后，作为跨学科学习主体，大学生理应树立正确的跨学科学习理念，端正跨学科学习态度，坚定跨学科学习信念。

1.高校积极主动优化跨学科课程体系

优化跨学科课程体系的具体措施主要有合理安排跨学科课程时间，确保跨学科课程内容紧扣跨学科性，依据高校自身发展情况开设特色跨学科课程等。

（1）合理安排跨学科课程的时间

当前跨学科课程存在的最大问题是时间安排不合理，双学位（辅修）、跨院系选修等课程与学生的专业课相冲突。对跨学科学习者来说，他们掌握的跨学科知识系统本不牢固，面对冲突肯定要有所取舍，这样会越来越跟不上课程的进程，慢慢积累对跨学科课程的厌学情绪，甚至导致弃学行为的出现。

因此，高校应该积极调动相关部门，完善跨学科人才培养体制机制，设立专门的跨学科人才培养机构，通过积极有效的安排协调，在不占用学生正常休息时间的前提下合理设置跨学科课程。

（2）课程内容紧扣跨学科性

当前跨学科课程呈现出不同学科知识“简单拼盘”的形态，虽然形式上来看，一门跨学科课程由多名老师轮流进行授课，但课程之间的连贯性不足，衔接性不够，学生接受的是几块不同领域的独立知识，不存在学科之间的整合和交叉。

显然，跨学科课程不应是不同课程的简单拼盘，不应是单纯地对学生灌输不同学科基础知识，而应该是引导学生逐渐培养跨学科思维。跨学科教学的最终目标是使学生能够在实际问题的解决中汇集不同学科领域知识，并在整合的基础上进行跨学科思维，在剖析问题时展现不同的学科视角和不同的学科角度。教师授课应始终紧扣跨学科性，给大学生充分的机会去实践与发挥其跨学科思维。

（3）依据高校实际发展特色跨学科专业

当前多数高校开设的双学位课程大都局限在外语、教育、法律等文科专业，这些专业可能并非所在高校的特色优势，双学位课程存在着教学资源有限，师资水平不高、学科发展不受重视等情况。在非特色学科内开设双学位（辅修）或公共选修课，会因为课程质量不高而影响学生的跨学科学习积极性。

考虑到每所高校都有自己的特色专业，一般特色专业的发展前景较好，学校的政策支持度较高，因此，各高校可以考虑在自己的特色专业内，本着学习资源共享的原则，面向全校开设双学位（辅修）或公共选修课。这样既满足了优势资源共享的原则，又能够通过全校各个专业学生之间的交流推动特色专业的发展。

2.加强跨学科师资队伍建设

针对当前高校跨学科师资队伍跨学科意识不强的现状，跨学科一线教师首先要加强自身的跨学科技能修养，培养自身的跨学科理念，不断提高自身的跨学科意识。其次，在跨学科课堂上，要时刻紧扣跨学科性，破除传统专业课程以传授学科知识为主的观念，积极主动打破学科壁垒，开放式教学，引导学生走出接受学习的传统，并逐渐带领学生走向发现学习。最后，教师应注重培养学生跨学科的思维方法，有效助力大学生在学习与掌握不同学科知识的同时进行学科知识整合，通过师生、同学互动，引导学生将不同学科知识相互融合，并通过对实际问题的分析与解决，有效培养大学生的跨学科思维。

（1）强化教师跨学科意识

由于大多数教师是在专门化教育理念下成长的，长期接受着专门知识领域的熏陶，思考问题时自然会带有一定的“学科专业化”倾向。他们通常会利用自身所擅长的学科思维看待问题，常常忽视多学科视角和多学科思维整合的问题解决方式。

因此，跨学科课程的授课教师在教学过程中，应立足于自身专业背景，积极与其他不同学科领域的教师组成教学团队，通过彼此间的深度合作与交流，共同提升各自的跨学科知识结构和技能。教师团队应当分享各自的学术见解，碰撞出跨学科的火花，强化自身的跨学科意识，并逐渐培养出跨学科的思维方式。教师跨学科授课应改变传统课堂上单一学科理论知识的灌输，转向重视跨学科思维引导，整合不同学科知识的交叉领域，在融合不同学科知识的基础上推动大学生沿着学科交叉的模式去思考问题、分析问题、解决问题。

（2）教师引导课堂互动

只有让不同学科大学生之间产生互动才能够形成交流，而跨学科思维正是通过不同学科基础的学生之间不断交流而塑造的。教师应确保课堂互动不仅有师生互动，也有同学互动。师生之间的互动，以及同学之间的讨论与合作，加速不同学科学生之间知识的融合，加强不同思维方式的碰撞。在此过程中，学生们更容易通过合作学习突破学科壁垒，进行有效的跨学科学习，从而强化跨学科思维的形成。

（3）以问题解决为实践导向

大学生需要逐渐走出象牙塔，最终与社会之间产生不可分割的联系。人才的培养，尤其是跨学科人才的培养，其最终目的是培养能够促进科技进步、社会发展，以解决问题为导向，为社会服务的人才。

因此，教师在跨学科学习授课过程中，应一改往常的专业教育理念，以自身作为引导者，将待解决的问题抛给跨学科课堂的学生，让来自不同学科的学生们相互讨论，通过不同学科背景学生之间想法的碰撞，不断启迪大学生的思维，从而通过具体问题的解决来锻炼学生的跨学科思维。这种以问题解决为导向进行跨学科实践的模式，不仅可以促进学生间的交流，而且能够通过交换想法促进问题的解决，学生们也能在解决问题的过程中进行不同学科知识的交叉整合，学到不同学科的思维方式。

3.大学生端正跨学科学习态度，坚定跨学科学习信念

（1）端正大学生内驱型跨学科学习动力

认知心理学家奥苏贝尔在他的学习动机理论中阐明，学生通过三种内驱力机制——认知内驱力、自我提高内驱力和附属内驱力，可以有效增强学习动力，进而提高学习效果，达到意义学习。意义学习需要两个先决条件，其一，学生要表现出意义学习的心向；其二，学习内容要与学生已有的知识结构相联系①。

鉴于此，大学生应理性选择自己感兴趣的跨学科学习科目，达到学习心向和已有知识结构的统一。只有端正了自己的跨学科学习态度和学习心向，才能产生强烈的跨学科求知欲，面对跨学科学习阻碍时才有会有较强的内驱力去主动克服困难，积极应对跨学科学习瓶颈。

---

① 施良方:《学习论》,人民教育出版社,2001,第222页。

（2）厘清大学生跨学科学习理念

厘清跨学科学习理念即明确“自己为什么要进行跨学科学习”“如何进行跨学科学习”和“想要达到怎样的效果”。大学生的跨学科学习目的通常可以分为三种，第一种是出于功利性的目的。这类学生大多通过考取证书方式进行跨学科学习，为了让自己的毕业简历上能够多一项技能，通常学习时间短，且持消极态度。第二种是出于一时的好奇和激情进行跨学科学习。这类学生通常“随大流”，看到身边同学纷纷报名参加双学位班、跨院系选修公共课程等，自己也怀着好奇的心理参与，但并非真正想要对该学科深入地学习研究。通常，随着学习的深入及知识难度的加深，这类学生会出现犹豫、纠结、厌学甚至弃学等现象。第三种是出于对学科的热爱进行跨学科学习。这类学生明确自己的学习目的和学习导向，因此，面对跨学科学习过程中的阻碍，会通过各种形式的学习来构建学科知识体系。他们会与周围不同学科背景知识的学生进行交流，向老师请教，参加学校开设的各种讲座等，将跨学科知识与自己主修领域的知识进行融合，逐渐养成跨学科思维。

（3）坚定大学生跨学科学习信念

大学生在跨学科学习过程中难免会遇到自己不擅长的学科性难题，作为学习者，大学生应该能够预想到打破学科壁垒进行跨学科学习的艰难性和挑战性。面对社会的发展和时代的要求，大学生理应积极应对学习中的困难，而不是遇到难点就退缩或者逃避，产生厌学、弃学的念头。

在跨学科学习过程中，大学生要在充分发挥自己学科专业优势的基础上，通过向不同学科背景的同学或老师请教，尝试从不同学科角度认识问题、分析问题，不断锻炼自己的跨学科思维，从容迎艰除难。

第六章 大学生学习心理研究

第一节 问题的提出

当前，在高等教育阶段，大学生的心理健康状况及其相关问题日益得到广泛关注，因为它们直接关联到学生的全面发展。本章的研究焦点为探究当前我国大学生的心理健康状态，以及近年来在大学生群体中所凸显的一种被称为“空心病”的新的社会现象。

（一）大学生心理健康状况不容乐观

在互联网技术和知识经济大潮的推动下，社会进步的速度加快，信息爆炸式增长，使得个体在获取知识、技能更新方面面临前所未有的挑战，同时也促使人才竞争从单一的专业能力比拼扩展到了综合素质的竞争。尤其是在高等教育领域，大学生不仅要掌握先进的专业知识和实践技能，而且要具备应对复杂社会环境变化的能力，其中包括强大的心理承受能力、良好的情绪管理能力、团队协作和人际交往能力，以及植根于中华优秀传统文化中的道德品质和社会责任感。唯有掌握这些能力，大学生才能在瞬息万变的社会竞争环境中成功适应社会生活的变化，应对多元价值观带来的挑战，最终锤炼成有能力为国家和社会作出贡献的社会主义事业合格接班人。

随着我国改革开放进程的持续深化，社会与国家的迅猛进步同步带动了社会环境的持续演变。在现代网络技术的有力推动下，西方文化价值观在我国社会中得以广泛渗透，对我国固有的传统文化价值观造成了深远的影响。以重视竞争、强调个人主义、追求效率为特征的西方文化价值观，与我国传统文化倡导的和谐、稳定、集体至上的价值观，在交流碰撞中相互交织，共同塑造了我国社会“价值多元”的风貌，进而推动了社会文化环境的根本转变。这一系列深刻的变化，催生出全新的思想体系和价值观念，使部分人群在面对自我价值观与新兴观念间的冲突时，陷入迷茫与困惑，内心承受着由价值观迷失引发的心理压力。

由于难以迅速适应社会转型带来的环境剧变，再加上社会竞争压力的不断提升和生活节奏的加快，人们的心理负荷呈上升趋势，焦虑情绪愈发凸显，一部分心理调适能力较弱的个体出现发展性或适应性心理困扰，严重的甚至演化为心理障碍。国家经济体制改革委员会1996年在全国范围内进行了调查，调查报告显示，68.5%的居民觉得生活有压力。20世纪80年代中后期以来，我国一系列社会心理状况调查和精神病流行病学调查结果都显示，人们的心理困扰程度日益加剧、心理健康水平不断恶化，人们较为普遍地遇到了不同程度的心理问题[①]。

大学生群体作为国家未来建设与发展的重要接班人，其教育成长与全面发展历来受全社会的高度关注。大学生在实现个体价值最大化的同时，肩负着推动社会进步、促进国家繁荣、助力民族振兴的重大责任。在当前时代背景下，社会对大学生的期待不再局限于专业知识技能的掌握，社会对大学生综合素质的要求也达到了前所未有的高度。其中，大学生的心理素质作为他们健康成长和成功成才的核心支撑，重要性尤为突出。大学生的心理素质是他们全面发展的重要支柱，对其个人成长有着至关重要的影响。良好的心理素质是合格的社会主义事业接班人的必备条件之一，它关乎未来社会建设者的心理韧性和适应能力，进而影响到我国社会主义现代化建设进程的推进，以及整体民族素质的提升。

虽然青年大学生曾被视为社会中心理健康状况相对较为理想的群体，但近年来的一系列数据显示，大学生群体因遭遇各类心理困扰和心理障碍而导致的休学、退学案例，以及极端情况下发生的校园悲剧事件发生率呈现持续上升态势。这一现状揭示出解决我国大学生心理健康问题的紧迫

①陈春莲:《改革开放以来人的精神生活问题及成因探析》,《陕西行政学院学报》2010年第2期,第81-84页。

性，大学生正在逐渐成为高心理疾病和心理危机风险群体。

随着我国高等教育由过去的精英教育向大众化教育转变，普通人接受高等教育的机会大幅度地提高，大学生群体的数量大幅增长，不再是社会中的“凤毛麟角”。与此相伴的是，由于整体就业市场形势的严峻，大学生所面临的就业压力随之显著加大。如今就读大学的学生主体为“90后”和“00后”，他们正处于青少年晚期至青年初期阶段，在社会经验积累和心理成熟度上相对较薄弱，这种客观条件使得当代大学生相较于过去更易于在处理人际关系、明确自我角色、坚定人生信念，以及追求专业理想等方面遇到挫折和困惑。当大学生们遭遇难以自我化解的负面情绪和心理压力时，家庭教育和学校教育现有体系在心理健康教育方面的投入与关注度并未充分匹配其心理需求，往往不能及时有效地提供心理干预和支持，不能帮助大学生进行必要的心理调适与压力释放，这种情况在一定程度上加剧了处于相对封闭与独立的大学校园环境中的学生们出现心理困扰和心理障碍的风险。

2016年12月，教育部、原国家卫生计生委等22部门联合印发《关于加强心理健康服务的指导意见》，对高校学生心理健康教育提出要求①。2017年12月，中共教育部党组发布《高校思想政治工作质量提升工程实施纲要》，将“心理育人”纳入高校“十大育人体系”②。在党的十九大报告中，习近平总书记明确提出要“加强社会心理服务体系建设，培育自尊自信、理性平和、积极向上的社会心态”③。由此可以看到，从个人层面到国家层面，整个社会对心理健康相关工作的关注度越来越高。在此背景下，对大学生心理健康状况的关注和研究亟待深入。

---

① 国家心理健康和精神卫生防治中心：《关于加强心理健康服务的指导意见》，http:// https://ncmhc.org.cn/channel/newsinfo/6264.htm，访问日期：2018年11月11日。

② 邓晖：教育部发布《高校思想政治工作质量提升工程实施纲要》，《光明日报》，http://www.moe.gov.cn/jyb_xwfb/xw_fbh/moe_2069/xwfbh_2017n/xwfb_20171206/mtbd/201712/t20171207_320825.html，访问日期：2018年11月11日。

③ 习近平：《决胜全面建成小康社会夺取新时代中国特色社会主义伟大胜利——在中国共产党第十九次全国代表大会上的报告》，新华社，https://www.gov.cn/zhuanti/2017-10/27/content_5234876.htm，访问日期：2018年11月11日。

（二）大学生群体出现“空心病”现象

2016年11月，北京大学副教授、心理健康教育与咨询中心副主任、临床心理学博士、精神科主治医生徐凯文在其名为《时代空心病与焦虑经济学》的主题演讲中首次提出“空心病”一词，引发了社会各界心理健康教育工作者的广泛关注与热烈讨论。“空心病”是徐凯文通过他长期的工作经验积累和临床观察研究提出的，专门用来描述在大学生群体中出现的一种个人消极心理现象。徐凯文认为，“空心病”是一种较为形象的描述方法，具体是指“价值观缺陷所致的精神障碍”，可以归入心理障碍，其表现涉及五个方面：抑郁、孤独、自我缺失、渴望外部认同、自杀倾向。徐凯文认为，“空心病”的核心问题在于缺乏支撑意义感和存在感的价值观，即不知道“自己是谁”“为何而活”，不清楚自己存在的价值和意义为何[①]。而这种可怕的“空心病”普遍存在于本该充满朝气的大学生群体中，令他们内心空空如也，找不到活着的意义。

自“空心病”这一概念首次被徐凯文提出以来，学术界与教育界针对其在大学生群体中所体现的症状展开了广泛的探讨。虽有不少实践证明“空心病”现象在大学生群体中确实存在，但并没有较为系统的研究资料与学术成果，徐凯文本人也并未发表过任何与“空心病”有关的学术成果来佐证其观点，仅在多场演讲中提到此概念。目前关于“空心病”的理解主要停留在现象描述，而关于这一概念的具体内涵与外延、影响“空心病”出现的因素，以及相应的防控措施等方面并没有形成系统的研究体系。

大学生作为社会人力资源的重要组成部分，其心理健康状况不容小觑。鉴于“空心病”现象在大学生群体中的浮现，深入探究其特性，明确其与常规心理问题的本质区别，以及为何将其命名为“空心病”，显得尤为迫切。对于这些问题的探究，应当综合考量大学生个体特质、家庭背景、学校环境及社会大环境等多个维度的复杂交互作用，详细剖析“空心病”产生的深层次根源。探究大学生自身、家庭、学校和社会能在大学生心理健康问题出现前和发展中提供哪些帮助，刻不容缓。

---

① 徐凯文:《三成北大新生竟然厌学，只因感染上了“空心病”》，http://www.sohu.com/a/118240418_101928.htm，访问日期:2018年11月11日。

（三）研究意义

当下，关于大学生“空心病”问题的研究尚处于相对零散的状态，未构建起完整的理论体系。学术界的先行者们在探讨这一现象时，多借助特定的心理学理论框架，着眼于揭示“空心病”形成和发展过程中大学生个体所经历的心理状态转变及其内在机制。另外，也有不少研究侧重于对大学生“空心病”现象中的具体案例进行分析和探讨，针对“空心病”所呈现的种种表征进行了生动而深刻的剖析。

本研究拟从大学生“空心病”现象的概念界定出发，对其具体表现进行充分讨论，探究“空心病”的形成具体受哪些因素的影响，具体研究意义分理论意义和实践意义两方面。

1. 理论意义

本研究的理论意义有以下两个方面：

其一，完善“空心病”的有关概念。“空心病”这一词汇虽然形象且贴切地捕捉了部分大学生所展现的心理状态特点，但由于其较强的生活化与口语化色彩，在学术讨论与专业分析层面，亟须对其进行严谨而精准的概念重构。针对高等教育阶段的特定目标群体——大学生，教育心理学研究者应当系统性地界定“空心病”现象的本质属性及其范畴边界，将其从一个通俗表达转化为一种具有严格定义的心理学术语。本研究将对“空心病”现象进行更为精确、更为规范的概念界定，明确其内涵与外延，阐述“空心病”这一现象与以往在大学生群体中出现的其他心理问题的区别，证明在大学生群体中“空心病”现象确实存在。

其二，结合社会实际，为高等教育发展提供指导。在国内学术界，对“空心病”这一特殊大学生心理现象的专项研究尚不多见。“空心病”的成因深深植根于我国特有社会背景之中，诸如过度功利导向的应试教育体系等元素为其提供了滋生土壤，使其具有明显的本土特色，国外研究经验成果的参考价值有限。因此，从中国实际情况出发，结合家庭、学校、社会和大学生自身状况，对中国大学生“空心病”现象进行研究具有一定的理论意义。

2. 实践意义

本研究的实践意义有以下三个方面：

其一，通过问卷调查，可大致了解当前大学生的心理健康状况，对于更新大众对大学生心理健康状况的认知有一定助益。

其二，本研究将对大学生“空心病”现象的具体特征进行全面深入的探讨与归类总结，同时，进一步挖掘导致大学生出现“空心病”现象的各种相关影响因素。在此基础上，本研究还将致力于构思和探讨有效的预防与干预策略，以期在实践中助力提升大学生的心理健康素养，增强其心理健康状态，从而切实保障大学生能够在心理健康的基石上顺利成长、成功成才。

其三，抛砖引玉，为大学生“空心病”现象的相关研究奠定基础。

第二节　文献回顾

“空心病”这一概念最早由北京大学的精神科副教授兼主治医师徐凯文在2016年11月第九届新东方家庭教育高峰论坛的报告《时代空心病与焦虑经济学》中正式提出，作为一个新兴的心理学议题，学术界对“空心病”的深入探讨与系统研究起步较晚，尤其在核心学术期刊上的专门论文相对有限。尽管如此，该现象依然因其鲜明的时代特征和对大学生心理健康的影响引起了广泛的社会关注。鉴于“空心病”表征的复杂性和多元性，其特征，如迷茫、无意义感、价值缺失等，与诸多常见的负面情绪、心理困扰乃至心理障碍表现出不同程度的重叠。因此，本研究的文献综述旨在以徐凯文教授关于“空心病”现象的原始阐述为出发点，结合其他相近的心理问题相关研究，进行全面系统的梳理整合。

笔者计划通过综合分析既有文献，厘清“空心病”现象在大学生心理健康领域的发展轨迹，并对照其他相似心理现象的研究成果，揭示“空心病”的独特性及其与其他心理现象的共性，进而找准本研究在既有知识体系中的定位，明确研究重点和创新之处，为后续深化对大学生“空心病”现象的理解、预防与干预，提供科学依据和方向指导。

(一) 概念界定

1.“空心病”相关概念界定

对于“空心病”的界定，徐凯文（2016）最先提出，大学生群体中出现的这种“空心病”现象是一种由价值观缺失所致的心理障碍①。胡博（2017）更提倡用“空心病态”来形容大学生群体中出现的这种症状，他认为，这是每个人在青春期都要面对的对于自我认同的探求，并不能称之为一种“病”②。刘惠军（2017）认为，“空心病”中“既包括对个人能力的否定，也包含对环境控制感的丧失”。同时，空心病还可解释为“无动力状态”，处在这种状态下的人表现出没有生机、无所谓的样子③。吴玲（2018）从现代性视角出发，将“空心病”界定为“青年群体由于缺乏支撑个体生存与发展的意义系统，以至于无法对自我的生存境遇进行有效解释与应对的一种精神世界的贫瘠状态”④。

总体而言，学术界大多数研究者赞同将“空心病”解释为一种源于价值观真空的心理困扰现象。不过，对于这一现象的病理化程度，有一部分学者持保留意见，认为直接为其冠以“心理障碍”的标签或许夸大了问题的严重性，他们倾向于视其为一种介于正常心理与明显心理障碍之间的不良心理状态。

本研究在前人研究的基础上，计划将“空心病”界定为一种由多重心理不适累积所形成的综合性消极心理现象，其表现形式多样且复杂，不宜简单地划归为单一的心理障碍或仅当作一般不良状态处理。在探讨其严重程度时，本研究主张采取细致的分层划分，不应笼统地认定“空心病”为心理障碍或仅仅停留在轻微的心理不适层面，而应详细探究其不同的严重程度和相应的干预措施。

---

① 徐凯文:《三成北大新生竟然厌学，只因感染上了“空心病”》,http://www.sohu.com/a/118240418_101928.htm,访问日期:2018年11月11日。

②胡博:《让信仰生长:“空心病”现象背后的教育回归问题探析》,《兰州教育学院学报》2017年第6期,第74-75页。

③刘惠军:《避免“空心病”,需打破“习得性无助”》,《健康报》2017年05月05日第6版。

④吴玲:《现代性视角下中国青年“空心病”的诊断与治疗》,《当代青年研究》2018年第1期,第79-84页。

2.“无聊神经症”相关概念界定

许又新（1993）在其著作《神经症》中把“强烈的孤独感、无意义感，长时间无聊，不知道自己想要什么”等症状归入“无聊神经症”，认为这些症状并不受客观条件的限制，不以客观条件为转移，可持续数年之久。无聊神经症的发病高峰在30至40岁之间，患者往往已成家立业，在一般人眼中看起来生活状态良好[①]。

许又新的“无聊神经症”概念是在对国外类似状况研究的基础上提出的，并非从我国现实情况出发，因而许又新在书中认为，这种情况当时在我国较少见。同时他也很有建设性地提出，“所谓无聊神经症目前也许根本不算病态”，但受传统文化影响，我国家庭教育中普遍蕴含着“鼓励子女前进的道路是有出息、出人头地”等观点[②]，而且“我们不懂得鼓励孩子去独立地做出决定，也快不知道如何去促进孩子积极的内心世界的发展”，所以“若无有效的社会文化防御措施，将来达到‘小康’，以后恐怕（该症状）会多起来”，“时代不同、社会文化不同，判断病态的标准必然会随着发生变化”[③]。

正如许又新教授早先指出的趋势那样，数十年后，他对于社会精神健康问题的预见已成为现实。如今，许多家庭在物质生活水平提升至“小康”的同时，在精神层面上却面临着日益严重的空虚问题。曾被誉为智慧殿堂的高等学府，如今也成为“空心病”现象频发的重要区域。许又新教授将这类内心的孤独感、无意义感等现象归结为“神经症”表现，这一点与徐凯文副教授后来提出的“空心病”概念在本质上相互呼应，都认为这一现象是一种心理健康层面的困扰。

尽管两者在病症名称和涵盖的年龄段上有一定差异，如许又新提到的“无聊神经症”多见于成年中期，特别是30至40岁的人群，而徐凯文定义的“空心病”则集中出现在大学生群体，即18至25岁的青年中，两者成因也可能有所不同。但无论是在“无聊神经症”还是“空心病”中，都体现出相似的症状特性，如内心空虚、缺乏人生目标和意义感等。

---

① 许又新:《神经症》,人民卫生出版社,1993,第163-165页。

② 许又新:《神经症》,人民卫生出版社,1993,第163-165而。

③ 许又新:《神经症》,人民卫生出版社,1993,第163-165页。

3.“生命意义感缺失”相关概念界定

国内外部分学者从积极心理学的视角出发，将人们在社会生活中出现的空虚、无价值感、无意义感等多种现象归纳为“生命意义感”的缺失。关于生命意义感的定义众说纷纭，具有代表性的大致有以下几种观点：

存在主义心理学家弗兰克尔（Frankl V. E.）在1963年首先从个人心理中心位置的角度提出“生命意义感”概念，强调人对生命意义的追求，认为人类所有行为动机的根源在于努力寻找和实现生命中的意义。同时，生命意义感影响着个体的能力，缺失生命意义感是个体产生众多心理问题的重要原因之一。他将“个体没有意识到或没有寻找自我存在的意义，从而表现出空虚、无聊等症状”定义为一种神经症，并称之为“存在空虚病”①。

麦迪（R. Maddi，1967）所提出的神经症（Existenrial Neurosis）的概念和上述弗兰克尔提出的“存在性空虚感”神经症概念相差不多，他将其称为“存在神经症”。

克伦堡（Crumbaugh J. C.）在1973年提出，生命意义感是一种能够使个体存有方向感与价值感的目标。在实现这一目标的过程中，个体有概率获得一种“成为一个有价值的人”的认同感②。

亚隆（Yalom）认为，生命意义感分为“宇宙意义”与“世俗意义”两种。其中，“宇宙意义”被定义为超越个人的、不能被人所理解的超自然的意志，“世俗意义”则是指通过自我实现、自我超越等途径来实现的个体具体的人生目标与生命意义③。

施塔格（Sterger M. F.，2009）认为，若个体认为生命是无意义的，则将面临无趣的生活，只有主动追寻人生意义的个体才能实现有意义的一生，得到真切的幸福与满足。他将生命意义定义为“个体知觉到自己生命

---

①Victor E. Frankl, *Man's Search for Meaning* (New York: Washington Square Press, 1963).

②James C. Crumbaugh, *Everything to Gain: A Guide to Self-Fulfillment Through Logoanalysis* (Chicago: Nelson-Hall Company, 1973).

③Irvin Yalom, *Existential Psychotherapy* (New York: Basic Books, 1980).

的含义与价值，并意识到自己生命中的使命与目标”①。

4.文学作品中相关概念界定

英国诗人托马斯·爱略特（Thomas Stearns Eliot）于1925年创作了诗歌《空心人》（*The Hollow Men*），生动刻画了20世纪西方人在现代文明濒临崩溃（第一次世界大战）时的精神状况——失去了信仰与灵魂，找不到存在的意义，精神世界中充斥着空虚感和无聊感。

毕业于哥伦比亚大学，在常春藤盟校工作了24年的威廉·德雷谢维奇（William Deresiewicz）在其著作《优秀的绵羊》（*Excellent Sheep*，2015）中提到，在他所接触到的众多优秀的学生中普遍存在着一种现象：“当那层不可一世的自信和完美无缺的光鲜外表被剥离之后，你会惊讶地发现，这群年轻人身上寄居着令人窒息的恐惧、焦虑、失落、无助、空虚和孤独。”②他认为，“当前美国精英教育系统下培养出来的学生大都聪明、有天分、斗志昂扬，但同时又充满焦虑，胆小怕事，对未来一片茫然，极度缺乏目标感”，“他们非常擅长解决手头的问题，却不知道为什么要解决这些问题”，他将这样的学生称为“优秀的绵羊”③。

5.归纳总结

通过对以上文献的梳理，结合笔者在现实生活中的调研情况，本研究将大学生“空心病”现象界定为：在大学阶段爆发的一种以“人生意义感缺失”为核心表现，以孤独、抑郁、人际交往问题、自我评价偏差和自杀意念、自杀尝试为主要表现的消极心理现象。

“空心病”发展过程呈现出动态化的特点，从仅出现人生意义感缺失这一种单一表现，到同时出现多种表现，随着表现类别的增加，“空心病”的严重程度逐渐加深。大学生“空心病”现象诱因出现在大学前，爆发于升入大学后，是由学生个人、家庭、学校和社会共同作用导致的。

---

①Michael F. Steger, Patricia Frazier and Shigehiro Oishi, “The Meaning in Life Questionnaire: Assessing the Presence of and Search for Meaning in Life,” *Journal of Counseling Psychology*, no.1(2006): 80–93.

②威廉·德雷谢维奇:《优秀的绵羊》,林杰译,九州出版社,2016。

③威廉·德雷谢维奇:《优秀的绵羊》,林杰译,九州出版社,2016。

（二）具体表现

1. “空心病”相关表现界定

徐凯文对多年临床工作经验进行了总结和调研，提出大学生“空心病”现象的核心表现是“不知道自己存在的价值和意义为何”，并将其他具体表现及特点归纳为六点：

其一，抑郁。即症状上可能符合抑郁症的诊断，表现出情绪低落、兴趣减退、快感缺乏等状态。

其二，孤独。即伴随有强烈的孤独感和无意义感。

其三，自我缺失。即缺乏支撑起意义感和存在感的价值观，早期表现出迷惘和自我认同方面的问题；后期表现出自我否定和厌恶（尽管获得现实意义上的成功，但仍然有非精神病性的自我否定和对自己的厌恶与羞耻）。

其四，追求外部认同。即人际关系良好，但需要刻意维持在他人眼中的良好自我形象；在后期出现被评价恐惧（对于被评价有着强烈的厌恶和恐惧，继发性的表现是对学习和考试的厌恶）。

其五，自杀倾向。患者后期存在强烈的自杀意念，多尝试较为温和、“痛苦较少”的自杀方式，其行为出发点不是想要死，而是不知道为何活着。

其六，病程特点。病史较长，多为一年以上，且患者对生物治疗不敏感或治疗无效，传统的心理治疗疗效不佳①。

邵嫣颖（2016）认为，“空心病”的核心问题在于缺乏支撑起意义感和存在感的价值观。即患有“空心病”的人不知道自己是谁，看不到自己活着的意义为何②。胡博（2017）根据其实践工作经验归纳总结出“空心病态”的三类表现，第一类是学习动能缺失，人生无方向；第二类是自卑情绪满腹，人生无盼望；第三类是特殊事件引起的“三观急转弯”，人生无意义③。吴玲（2018）认为，可将青年身上出现“空心病”的病理表征分为个人与自我层面的较低认同感、个人与他人层面强烈的孤独感与人生

---

①徐凯文：《三成北大新生竟然厌学，只因感染上了“空心病”》，http://www.sohu.com/a/118240418_101928.htm，访问日期：2018年11月11日。

②邵嫣颖：《“空心”的时代，不“空心”的我们》，《检察风云》2016年第24期，第40-41页。

③胡博：《让信仰生长：“空心病”现象背后的教育回归问题探析》，《兰州教育学院学报》2017年第6期，第74-75页。

无意义感、个人与社会层面的英雄主义情怀的失落三个层级①。胡中晓、潘敏（2018）从大学生价值观缺失的角度出发，提出大学生“空心病”主要表现在理想信念的迷失、人生目的的模糊、自我认同的危机三个方面②。

2. “无聊神经症”相关表现界定

许又新（1993）认为，“无聊神经症”突出表现为“强烈的孤独感、无意义感，长时间无聊，不知道自己想要什么”等，这些症状不受客观条件的限制，不以客观条件为转移，可持续数年之久。无聊神经症的发病高峰期在30至40岁间，患者往往已成家立业，在一般人眼中看起来生活状态良好③。

3. “神经症”相关表现界定

弗兰克尔所定义的神经症核心在于“存在的意义感”，他认为，每个人都会追寻意义，对意义的寻求是生命的原始动力，不同的人在不同时间和条件下会追寻不同的生命意义。他将人分为两个极端，一种人对生活充满希望，在充分肯定人存在的终极意义之后建立起来现实的生死观，并不断地超越自我，实现自我存在的意义和价值；另一种人则受“存在空虚”（Existential Vacuum）的困扰，缺乏生活的目标，对生活失去希望④。

4. “存在神经症”相关表现界定

麦迪（1967）认为，患有“神经症”的人缺乏真实且深刻的满足感，总是随波逐流；无法在深层的水平上与他人产生认同，不能体验到别人为何活得心满意足、充满动力。具体表现为：第一，在认知层面上，认为生活没有意义，或是长期不能相信或想象出所做的一些事情有何真实性、重要性、价值感。第二，在情绪层面上，平淡、无动于衷，且多数情况下，在一般接触中情绪无法被他人察觉到。第三，在发病进程上，初期间歇性地出现抑郁，但随着病程迁移，抑郁逐渐减少，趋于消失，空虚感开始肆

---

①吴玲：《现代性视角下中国青年“空心病”的诊断与治疗》，《当代青年研究》2018年第1期，第79-84页。

②胡中晓、潘敏：《当代大学生价值观的缺失与构建——基于“空心病”的思考》，《当代教育实践与教学研究》2018年第9期，第234-235页。

③ 许又新：《神经症》，人民卫生出版社，1993，第163-165页。

④Victor E. Frankl, *Man's Search for Meaning* (New York: Washington Square Press, 1963).

虐，觉得生活没有意义。第四，在行为表现上，活动水平可能存在较正常人略微偏低的情况。第五，在社会功能上，一般能够完成家庭和社会所赋予的义务，待人也相对宽容。

5. 文学作品中相关表现界定

威廉·德雷谢维奇通过自身工作经验的积累和与众多优秀师生的交流，将其对美国精英教育的反思写成了《优秀的绵羊》一书。在其描述中，被称为“优秀的绵羊”的这类学生聪明、能干、擅长解决问题，是众多学生中的佼佼者。但这些学生在生活中又表现出集空虚、孤独、焦虑、缺乏目标感、缺乏对自己的洞察力、需要依靠外界认可才能构建自身存在价值等为一体的消极情绪，总的来说，这类学生的自我价值观并没有得到有效发展①。

6. 归纳总结

在综合徐凯文教授的见解及高校心理健康教育一线工作者的实践经验，系统整理相关文献资料之后，可以得出结论：大学生“空心病”现象的最根本特征体现在个体对自我存在价值与生活意义的深切困惑和缺失感知，即所谓人生意义感的匮乏。这一核心问题辐射开来，会在个体的情绪体验、行为模式、人际关系等多个维度上体现出具体的症状和问题。“空心病”并非静止不变的状态，而是一个随时间推移、情境变化而逐渐显现、演变甚至周期性复发的心理现象。它可能会随着个体的成长历程、所处环境的变化，以及应对挑战的方式不同而表现出不同的阶段性特征，有时症状会逐步加剧，有时则可能随着时间变化逐层递进或循环反复。其表现包括：

第一，人生意义感缺失。即缺乏存在的价值和意义，人生目标和人生意义不明确，伴有强烈的无意义感。

第二，孤独。出现以上表现的同时伴随强烈的孤独感。

第三，抑郁。症状部分符合抑郁症的诊断标准，表现出能力减退、情绪低落、快感缺乏等特征。

第四，人际交往障碍。从表面上看，患者人际关系良好，但需要刻意维护在他人眼中的良好形象，且不擅长人际交流。

---

① 威廉·德雷谢维奇：《优秀的绵羊》，林杰译，九州出版社，2016。

第五，自我评价偏差。患者在病程早期表现出迷茫和自我认同偏差，后期表现出对自我的否定。

第六，自杀。患者病程后期存在强烈的自杀意念，伴有自杀尝试，其行为出发点不是想要死，而是不知道为何活着。

上述的六个表现中，人生意义感缺失是核心表现，从“空心病”开始形成到程度加重后始终存在，孤独、抑郁是情绪表现，人际交往障碍、自我评价偏差是行为表现，自杀是程度最严重的危及生命的行为表现。

综合文献，根据心理疾病的发展阶段，从初期出现人生意义感缺失，到人生意义感缺失泛化到情绪、行为问题，再到最后危及生命，可根据大学生“空心病”现象具体表现将其严重程度划分为三个等级：

①三级空心病（“空心病”初级阶段）。患者只具备人生意义感缺失这一种表现，除此之外，其他方面表现积极。

②二级空心病（“空心病”发展阶段）。以人生意义感缺失为核心表现，同时出现孤独感、抑郁情绪、人际交往问题、自我评价偏差中的一种或多种表现。

③一级空心病（“空心病”严重阶段）。患者在人生意义感缺失的同时存在自杀意念、自杀尝试，并且可能伴有孤独感、抑郁情绪、人际交往问题、自我评价偏差中的一种或多种表现。

（三）影响因素

1. “空心病”相关影响因素综述

徐凯文（2016）认为，大学生“空心病”是由社会性的焦虑和功利性的应试教育所引起的大学生群体的价值观冲突和缺陷。其中，教育的商品化和功利化导致基础教育中对学生人格培养的缺失，而“精致的利己主义的学生”正是由“精致的利己主义父母和老师”共同培养出来的。归根结底，社会因素是导致“空心病”产生的主要因素，功利化应试教育和利己主义的父母与老师是由社会性的焦虑衍生出的次要因素。

朱思施等人（2017）认为，大学生“空心病”现象的出现是其自我同一性发展不完全所导致的，“大学阶段是自我探寻、形成自我同一性的重要时期，同一性的形成与大学生自身心理健康发展有着密不可分的关系”“大学生将目光集中在自我发展上，思考‘我为何而活’，但尚未形成合适的发展方向与成熟的自我认同”。同时，朱思施还提到，影响大学生自我同一性发展的因素分为内部因素和外部因素两种，内部因素包括个人的认知发展、人格特征、心理健康水平等；外部因素包括家庭因素、学校教育、社会因素，其中，家庭因素主要包括父母教养方式、亲子互动、父母期望等内容[①]。

朱虹（2017）认为，个体的自主性发展受阻可导致“空心病”，同时提出“父母要努力澄清自己的儿童观、教育观，不拿考试成绩作为衡量和评价的唯一标准，不因孩子成绩不够好就贬低和否定他”。她强调了家庭教育和考试观对孩子的重要影响作用。

胡博（2017）认为，“空心病”现象的成因主要在于自我价值归属危机，其背后包含着复杂的社会因素和主观因素（青春综合征），“空心病”的实质是自我价值归属危机，即对事件的负面解释决定了人们的获得感缺失，进而影响青年人的自我成长，导致“空心病”的出现[②]。

刘惠军（2017）认为，“空心病”是由于大学生自我效能感缺失，继而引发习得性无助而导致的[③]。

张爽（2017）根据“空心病”的不同表现形式将其成因概括为“高考释放压力后的身心失衡；进入大学后理想与现实的落差；家庭对孩子预期过高；社会压力大；“以成绩论成败”的错误价值观指引”五个方面[④]。

肖晓鸿（2018）认为，“空心病”的产生是“功利的应试教育、缺乏社会主义核心价值观培育、孩子在家庭中地位过高、教育理念缺失等因素共同导致的”[⑤]。

刁生富（2018）将“空心病”的成因概括为“急功近利的社会氛围、普

①朱思施、鲁林、文敏琳等：《从心理学视角看大学生“空心病”现象》，《乐山师范学院学报》2017年第4期，第134–140页。

②胡博：《让信仰生长：“空心病”现象背后的教育回归问题探析》，《兰州教育学院学报》2017年第6期，第74–75页。

③刘惠军：《避免“空心病”，需打破“习得性无助”》，《健康报》2017年05月05日第6版。

④张爽、韩强：《网络“微”视域下大学生“空心病”的预警和干预》，《吉林省教育学院学报》2017年第12期，第101–103页。

⑤肖晓鸿：《如何让当代大学生摆脱“空心病”》，《科教导刊》（上旬刊）2018年第1期，第176–177页。

遍存在的焦虑心理、功利主义的教育模式、沉重压力与脆弱个性的反差”[①]。

吴玲（2018）从现代性视角分析青年群体的“空心病”，认为其成因主要受三方面影响：“祛魅引发的传统神圣价值的消退与自我意识的觉醒；价值理性式微与工具理性膨胀之间的冲突；集体主义衰弱与个人主义强盛之间的撕裂。”[②]

王翩（2018）认为，大学生“空心病”现象是内因和外因相互影响、共同导致的结果。其中，内因主要是大学生自身精神生活匮乏、理想信念缺失；外因是大学生在学习和生活中受错误思潮误导，以及家庭、学校心理健康教育缺失的影响[③]。

回顾前人积累的研究成果，可以观察到探索“空心病”影响因素的轨迹。最初的研究聚焦个体内部机制，重点在于探究自我同一性的发展，习得性无助的形成，处于“无动力状态”中的影响，以及父母教养方式，亲子互动，父母期望，父母的教育观、考试观等多维度的影响。随着时间推移，研究视角逐步拓宽至宏观层面，即从学校教育拓展到社会环境，强调复杂多元的社会现实压力如何在不同层面上催生了青年人的焦虑与方向迷失。学者们尤其重点研究了当前社会背景下，过度功利化的应试教育体系如何导致大学生过分关注升学成绩和考试竞争，从而在追求学业成功的过程中失去对个人价值与内心需求的深度挖掘。

综合这些研究成果可见，对大学生“空心病”成因的探究历程先由微观个体层面延展至宏观社会层面，再回溯至微观机制层面以求更加细致全面的理解。然而，现有的许多独立研究虽各有所见，却往往显得碎片化，未能充分揭示“空心病”现象背后深层复杂的因果关联。很多对影响因素的研究停留在表面层次，与“空心病”的实际表征联系不够紧密，部分分析难以有力解释并支撑“空心病”的具体表现。为此，有必要引入更为精准、更具针对性的理论框架来深化对影响因素的系统性研究，从而更有效

①刁生富、蔡士栋：《大学生空心病的成因及干预》，《教书育人》（高教论坛）2018年第6期，第52-53页。

②吴玲：《现代性视角下中国青年“空心病”的诊断与治疗》，《当代青年研究》2018年第1期，第79-84页。

③王翩：《大学生“空心病”现象的透视与引导》，《青少年学刊》2018年第2期，第36-39页。

地预防和应对大学生“空心病”问题。

2.文学作品中相关影响因素综述

威廉·德雷谢维奇（2016）认为，名校优秀学生中出现的不良心理状态是美国精英教育系统发展至今，众多缺陷糅合在一起所导致的，并非学校或学生个人单方面的原因导致，名校优秀学生中出现的不良心理状态是整个社会价值观影响的缩影。

因为应试教育，大学忘记了为学生提供教育的初衷，选择默认社会的价值取向，即物质的成功等于人品、尊严和幸福。因为应试教育，学生和家长默许了学校的选择。如此循环往复，对学生产生的消极影响愈演愈烈，学生在此过程中不可避免地会形成不良心理状态①。

3.“生命意义感”缺失相关影响因素综述

学术界对于“生命意义感”概念的定义尚未达成统一意见，各位研究者对其影响因素也有着不同的见解，各种解释大致围绕着社会关系、个人成长、宗教和精神信念等维度展开。同时，受东西方文化差异的影响，国内外研究者对于生命意义感影响因素研究的侧重点也有所不同。在此，笔者仅综述国内研究现状。

程明明、樊富珉（2011）等人通过在中国文化情境中编制生命意义源量表，对个体的生命意义源进行了探索与归纳，总结出包括社会关注、自我成长、关系和谐、生活享受和身心健康在内的五个维度②。当研究对象具体到大学生时，石春、贾林祥（2013）的研究表明，大学生的性别、年龄、家庭所在地等个人基本信息均会对其生命意义感的获得产生直接或间接的影响③，同时，大学生自我价值感、人格、社会认同、家庭因素等也会对其生命意义感产生影响。

4.归纳总结

在本项研究中，笔者计划对“空心病”及相关类似心理问题的发生机

---

① 威廉·德雷谢维奇:《优秀的绵羊》,林杰译,九州出版社,2016。

②程明明、樊富珉、彭凯平:《生命意义源的结构与测量》,《中国临床心理学杂志》2011年第5期,第591-594页。

③石春、贾林祥:《大学生生命意义与心理健康的相关性分析》,《中国学校卫生》2013年第11期,第1347-1350页。

理进行深入研究，采用双重视角，分别从个体内部特质和外部环境条件两个方面出发，探讨可能诱发“空心病”的多元动因。

其中，内部因素包括大学生的自我效能感、角色认同、价值观和适应性；外部因素包括家庭因素（父母教养方式、亲子互动、父母期望、父母的教育观等）、学校因素（校园环境、心理健康教育、师生关系等）和社会因素（社会环境、舆论压力等）三个方面。

（四）防控措施

1.“空心病”相关防控措施综述

胡博（2017）提出，应对“空心病”，高校应承担起至关重要的责任，“积极探索，帮助缺少价值追求和信仰缺失的‘空心’青年重归信仰之路，帮助他们寻找自我价值认同”。他建议应用的具体措施有“用社会主义核心价值观做思想武器；同时用专业的心理咨询进行干预，运用积极心理学的发现赞许、正向关注、积极解释技术积极处理‘空心’病态问题”①。

刘惠军（2017）建议研究者在习得性无助和自我决定理论框架下理解“空心病”，这样有助于设计防控“空心病”的有效方案。同时，他指出预防“空心病”需要教育环境和社会环境之间的良性互动。具体方法如下：首先，“帮助大学生打破参照他人来评判自己成败的思维惯性，不与他人争高下”；其次，“鼓励大学生积极参与社会活动和专业实践，在真实的世界中寻找人生的航向标”；再次，“摒弃华而不实的评价方式，帮助学生建立真正的人格自信”；最后，“改善微观社会生态，提升学生的自主感、胜任感、意义感和归属感”②。

杨鑫宇（2016）在其文章中谈道：“一些大学生找不到人生意义，这其实是社会疾病的‘外在症状’，只有改变社会对年轻人的过分期待与僵化的价值评价，才是对‘空心病’最好的治疗。”③杨鑫宇的观点强调了社会环境对大学生心理健康的影响。

张爽（2017）透过网络环境对大学生心理影响的视角提出，营造良好

①胡博:《让信仰生长:“空心病”现象背后的教育回归问题探析》,《兰州教育学院学报》2017年第6期,第74–75页。

②刘惠军:《避免“空心病”,需打破“习得性无助”》,《健康报》2017年05月05日第6版。

③杨鑫宇:《空心病:在枷锁中迷茫》,《中国青年报》2016年11月29日第2版。

的网络环境是预防“空心病”的关键，学校与学生家庭应共同发力，“一方面由学校借助网络力量为学生提供心理健康教育与帮助，另一方面由家庭通过网络平台与学校形成联动，共同为学生心理健康发展保驾护航”[①]。

肖晓鸿（2018）提出三条途径帮助大学生远离“空心病”：重塑大学生人生价值观，由家庭教育引导孩子健全发展，学校教育要注重德智体美劳全面发展[②]。

刁生富（2018）从大学生个人、学校和家庭三个角度出发提出了干预“空心病”的措施，内容包括建立支撑意义感和存在感的价值观（学校重视大学生思想建设工作、鼓励大学生阅读经典、建立大学生思想档案库），确立合理的期望值（社会逐渐改变对大学生苛刻要求、给予合理期望，学校统筹人才培养方案与教学实践，重视家庭教育的作用），尊重孩子的个性，重视心理教育和心理干预[③]。

吴玲（2018）认为，“空心病”的核心是青年精神世界的贫瘠，而任何来自外界的帮助最终必须通过青年自身的内化才能发挥作用，因此，治疗“空心病”必须从建构共享式自我观、恢复被压抑的人类感性与增强“有抱负”的道德意识三方面着手[④]。

王翩（2018）建议从三个方面对大学生“空心病”进行正确引导，以激发其精神动力，完善其个体人格，从而预防“空心病”发生更严重的病变：其一，思想引导，培养大学生正确的价值观念；其二，心理疏导，帮助大学生形成积极的人生态度；其三，行为指导，培养大学生健康的生活方式[⑤]。

---

①张爽、韩强：《网络“微”视域下大学生“空心病”的预警和干预》，《吉林省教育学院学报》2017年第12期，第101-103页。

②肖晓鸿：《如何让当代大学生摆脱“空心病”》，《科教导刊》（上旬刊）2018第1期，第176-177页。

③刁生富、蔡士栋：《大学生空心病的成因及干预》，《教书育人》（高教论坛）2018年第6期，第52-53页。

④吴玲：《现代性视角下中国青年“空心病”的诊断与治疗》，《当代青年研究》2018年第1期，第79-84页。

⑤王翩：《大学生“空心病”现象的透视与引导》，《青少年学刊》2018年第2期，第36-39页。

胡中晓、潘敏（2018）从重塑与建构大学生价值观的角度提出，防控大学生“空心病”，要坚持价值引导，发挥社会主义核心价值观的航标作用；要坚持理想引导，发挥理想信念教育的指引作用；要坚持认同引导，发挥学校、家庭、社会“三位一体”协同作用①。

纵览相关文献可发现，有关大学生“空心病”现象的防控措施研究涉及维度包括大学生自身、家庭、学校和社会。但这些研究大多是基于经验的建议讨论，较为零散，不够全面。

2. “神经症”相关防控措施综述

弗兰克尔把自己用来治疗“感到生活没有意义”的神经症的方法叫作“存在分析”（罗格斯治疗），该治疗方案以“我是自由的”为前提，强调的是生命意义和追求意义的意志②。弗兰克尔认为，“生命意义有助于克服心灵型神经官能症，即以冷漠、乏味和无目标为特征的心理病态”③。他由此创立了意义疗法，强调意义在治疗中所起的重要作用。意义疗法包含三种假设：意志的自由，意义意志和生命意义。弗兰克尔的心理治疗提出了三种方法（实现生命意义的三种途径）：其一，向世界提供某种创造物；其二，从世界获得新体验；其三，转变对待痛苦的态度④。他认为，处在清醒状态下的正常人的意志都是自由的，不受环境和其他因素的影响，因而，意义治疗要根据个体生活所处的环境与其独特性来寻找目标以实现生命的意义。

弗兰克尔对于他所定义的“神经症”及其治疗方法的研究深受当时社会环境的影响，是基于存在主义哲学和他自身在纳粹集中营的亲身经历而提炼的。尽管，“神经症”的某些症状表现与当下似有相同，但仍具有不可忽视的时代特殊性，不可将其与当前文化环境中出现的类似状况进行无

---

①胡中晓、潘敏：《当代大学生价值观的缺失与构建——基于“空心病”的思考》，《当代教育实践与教学研究》2018年第9期，第234-235页。

② Victor E. Frankl, *Man's Search for Meaning* (New York: Washington Square Press, 1963).

③ Victor E. Frankl, *Man's Search for Meaning* (New York: Washington Square Press, 1963).

④温乾利：《大学生生命意义教育探究》，硕士学位论文，西南大学，2009。

差别比较。

3. “生命意义感”缺失相关防控措施综述

关于提升大学生生命意义感的途径，研究者多从大学生个人和学校两个视角进行阐述。其中，个人方面对大学生生命意义感进行干预的方式包括增强自我认同感、追寻生命意义、加强适应性锻炼等；学校方面对大学生生命意义感进行干预的方式包括开设价值观教育、生命教育、死亡教育课程等。

（五）研究评述

纵观国内外与大学生“空心病”现象有关的文献可发现，大学生“空心病”现象具有明显的文化差异性、地域差异性和年龄差异性，结合其他对类似现象的研究，可将综述结论概括如下：

首先，在概念界定上，国内大学生“空心病”现象的发展看起来似乎是经历了从“无聊神经症”到“生命意义感缺失”再到“空心病”的变化过程。“空心病”一词覆盖面更广，出现相似症状的人群更多，并且爆发期在年龄层次上呈现出由中年向青年过渡的趋势，患者群体更年轻化。值得注意的是，早先国际上对于类似问题的研究常常聚焦于特定情景下个体表现出的心理症状，但最近几年来，随着各国高等教育机构内学者的不断研究和实践经验积累，发现在一些国际知名高等学府中，即便是学业出众的优秀学生也会遭受“孤独感”和“存在意义缺失”等消极心理状态的困扰。

其次，多数研究表明，“无意义感”是大学生“空心病”现象最为核心和显著的症状标志。当个体深陷无意义感的漩涡中时，往往会伴随产生强烈的孤独体验、持久的抑郁情绪等一系列情感困扰，这些负面情绪不仅会渗透到他们的日常交际活动中，导致人际关系的微妙变化，还会影响其自我认知和自我价值的评估，使得他们对自己的存在和发展方向产生疑惑感和无力感。进一步而言，严重的“空心病”患者甚至可能出现自杀倾向或自杀行为，这是由于长期无法找到生活的目的与价值所带来的绝望感受所致。总的来说，大学生“空心病”所体现出的问题形态具有综合性特征，它并非单一的心理不适症状孤立出现，而是由多种心理亚健康状态交织并发，共同构成的一个复杂心理病理图谱。

再次，在国内相关研究领域，对于大学生“空心病”现象成因的探讨，较多集中在个体内在心理素质、性格特征，以及家庭背景等因素之上，而在探讨学校及社会大环境对“空心病”产生的作用与影响方面，则相对较少被探讨。目前，不少研究仍然停留于定性描述和经验性推测阶段，缺乏充足的量化数据分析作为强有力的理论依据。反观国外的研究趋势，学者们更倾向于从宏观的社会文化背景出发，把教育体系与家庭环境作为一个相互交织的整体来看待，探究两者如何共同作用于个体心理发展。国外研究尤其关注教育体制中存在的不足和改进空间，而非孤立地分析某个具体问题，这种立足全局、深入剖析教育与环境交互影响的研究思路，无疑为我国相关研究提供了宝贵的学习参考和借鉴。

最后，关于如何有效预防和控制大学生“空心病”现象的研究尚处于初级阶段。现有文献资料虽指出个体自我调整、家庭教育、学校教育及社会环境四个主要介入层面，但并未就这些层面的具体防控措施和实施方案展开详尽的研究与论述。无论是在西方被称为“精英教育体系下‘优秀的绵羊’”，还是在中国被定义为“大学生‘空心病’”的现象，国内外学术界普遍观察到，高校学生群体中普遍存在的一种消极、弥漫性的心灵亚健康状态。尽管这两种表述背后的文化背景和成因各异，但它们共同指向了一个全球性的问题——高等教育阶段学生的心理健康挑战日益严峻。

面对这一广泛而紧迫的问题，学界必须基于本土化和国际化的双重视野，对大学生“空心病”现象开展更为深入、全面、系统的理论探讨与实证研究，从而寻求有效的预防策略和干预措施，保障和促进大学生的身心健康与全面发展。

第三节　研究设计

（一）研究构想

1.研究的基本思路

本研究拟对大学生“空心病”现象下操作性定义，明确其内涵与外延，并通过筛查选出可能患有“空心病”的大学生作为研究对象，将其具体表现按严重程度进行分级，归纳总结不同等级“空心病”的具体表现。其后，结合理论研究设置调查问卷，对研究对象进行进一步调查，对调查结果做数据分析，探讨得出“空心病”的基本影响因素（自变量为各影响因素，因变量为“空心病”总得分）。最后进行反思，提出针对“空心病”现象行之有效的防控建议。

2. 研究方法

本研究主要采用文献分析法和问卷调查法这两种研究方法。

（1）文献分析法

文献分析法相对于其他研究方法，在时间和空间上占有巨大的优势。本研究充分利用兰州大学图书馆丰富的馆藏资源，通过检索和分析包括中国知网（CNKI）的期刊全文数据库、中国博士学位论文全文数据库和中国优秀硕士学位论文全文数据库等在内的中文资源平台，以及Web of Science、谷歌学术等国际知名文献搜索引擎进行中外文资料的搜集。

本研究旨在通过对国内外相关文献的深入挖掘和综合梳理，清晰勾勒出大学生“空心病”现象的准确内涵与外延，梳理出影响大学生出现“空心病”现象的多元因素，并在此基础上选择合适的理论框架进行指导，从而为后续对大学生“空心病”现象的深度研究提供坚实的理论基础。

（2）问卷调查法

本研究在理论基础的指导下，选择中西部地区高校全日制在读本科生为抽样对象，利用自编问卷对研究对象进行调查。问卷包括三部分内容：第一部分为所有被试的个人基本信息调查；第二部分为“空心病”群体筛查（“空心病”现象表现调查）；第三部分为“空心病”现象影响因素调查。问卷调查数据分析主要采用SPSS软件进行，利用软件在预测时进行问卷的信效度分析；正式问卷则通过描述统计、方差分析、回归分析等方法呈现大学生“空心病”现象的表现及影响因素。

3. 研究工具编制

在前期文献综述分析大学生“空心病”现象具体表现、影响因素和相关多种理论的基础上，编制大学生“空心病”现象调查问卷。问卷分为三部分，第一部分为基础信息，第二部分为大学生“空心病”的表现，第三部分为影响大学生“空心病”现象形成的可能因素。

主要工作分为三个步骤：首先，确定问卷各部分下设哪些维度，借鉴内容相似的量表，编制初始问卷；其次，结合文献综述制订不同等级“空心病”表现的筛查分级标准；最后，通过试测，对问卷进行因子分析、效度分析等，确定问卷的最终维度和题目，形成大学生“空心病”现象调查问卷。

（1）问卷维度编制

通过前期梳理，确定将大学生“空心病”现象调查问卷中个人信息以外的部分分为具体表现筛查和影响因素调查两部分，分别进行调查。根据徐凯文提出的大学生“空心病”具体表现，以及对相关文献、工作经验的梳理，确定将大学生“空心病”具体表现分为6个维度：人生意义感、孤独、抑郁、人际交往、自我评价、自杀。

本研究中将大学生“空心病”现象的核心表现概括为人生意义感缺失，其余表现为伴随着人生意义感缺失而逐渐出现的情绪、行为等方面的问题。因而，在筛选存在“空心病”现象的研究对象时，以人生意义感缺失为主要特征，用三级、二级、一级表示“空心病”严重程度不断递进（具体分级标准见文献综述）。

由于大学生“空心病”现象是一种集合了多种大学生常见心理健康问题表现的综合化的现象，因此，导致大学生群体出现“空心病”现象的绝不只是某几个影响因素，其中复杂多样的因素难以穷尽，但可以从众多因素中提取出一些基础影响因素。

结合文献综述，本研究认为，内在因素（自我效能感、大学生身份认同、价值观、适应性等），家庭因素（父母教养方式、亲子互动、父母期望、父母的教育观等），学校因素（校园环境、心理健康教育、师生关系等），社会因素（社会环境、舆论压力等）是大学生“空心病”现象出现的基础影响因素（其中，家庭、学校、社会三个因素下设维度仅作为问卷编制参考条件，不另做详细研究）。

（2）问卷项目收集与整理

问卷初期的编制主要参考了中文人生意义问卷（Chinese Meaning in Life Questionnaire，C-MLQ）、孤独量表（UCLA Loneliness Scale）、流调用抑郁自评量表（Center for Epidemiological Survey-Depression Scale，CES-D）、自杀态度问卷（Suicide Attitude Questionnaire，QSA）、青少年社会支持量

表、核心自我评价量表（The Core Self-Evaluations Scales，CSES）、自我效能感量表（General Self-Efficacy Scale，GSES），以及部分与大学生心理健康影响因素相关的调查问卷，如大学生角色认同问卷等。

通过对上述问卷及量表的梳理与整合，共收集到80个初始条目，采取5点计分制，将问题答案分为"完全不符合""有点不符合""不确定""多数符合""完全符合"5个等级。

本研究中将大学生"空心病"现象调查问卷分为三部分：第一部分为调查对象基本信息，共计10个条目，包括对个人信息、家庭状况、学习状况等基本内容的调查；第二部分为大学生"空心病"现象表现调查问卷，共计33个条目，涵盖了对人生意义感、孤独、抑郁、人际交往、自我评价、自杀6个维度内容的调查。其中，第5、6、7、10、12、13、14、17、22题为反向计分题目。所有维度得分越高说明被试在此维度表现越消极。第三个部分为大学生"空心病"现象影响因素，共计37个条目，下设4个维度（个人因素、家庭因素、学校因素、环境因素），每个维度下设题目3到10条。其中，第6、10、11、13题为反向计分题目。

（3）预测试实施

选取西北地区某高校全日制本科在校生进行小范围预测试，共发放问卷80份，回收有效问卷77份，有效回收率约96%。其中，男生17人（占22.08%），女生60人（占77.92%）；大一学生18人（占23.38%），大二学生4人（占5.19%），大三学生17人（占22.08%），大四学生（含大五学生）38人（占49.35%）；生源地为城镇的38人（占49.35%），非城镇的39人（占50.65%）。接下来将通过对收集到的数据进行信效度分析以验证问卷设置的规范性与可靠性。

（4）探索性因子分析

由于本问卷中存在改编题目和自编题目，且问卷结构为自编，因而需要进行探索性因子分析以验证问卷的结构效度。首先需要进行KMO值检验和巴特球形检验以判断问卷是否适合进行探索性因子分析，结果显示问卷的第二部分（大学生"空心病"现象的表现）KMO值为0.762，同时巴特球形度检验sig值为0.000，小于0.01，达到显著水平，表示适合对问卷进行因子分析。

然后采用主要成分分析法和最大方差法，将特征值设定为大于1，对探索性因子分析的结果进行筛选。按照以下统计学指标删除问卷中不合适题目：①因子负荷值小于0.40的题目；②在两个因子上的负荷均过高且负荷值近似的题目；③共同度大于0.40的题目；④归类不当的题目。根据以上标准，每删除一个题目就重新进行一次探索性因子分析。最终共删除9个题目，剩余的71个题目构成大学生“空心病”现象调查问卷正式版。

使用克隆巴赫系数（α系数）以及校正的项总计相关性（CITC值）对问卷的第二部分（大学生“空心病”现象的表现）进行信度分析。大学生“空心病”现象表现问卷的α系数为0.828，克隆巴赫系数结果显示问卷信度良好。

第四节　分析与讨论

（一）问卷调查基本情况

本研究选定的是位于中国中西部地区的全国统招全日制本科大学生作为研究样本，采用了分层随机和简单随机相结合的抽样方法，以最大程度减少样本偏差。样本覆盖了不同层次的高等院校，包括教育部直属的重点院校、其他部委所属及省部共建院校，以及普通地方本科院校。同时，为了确保研究的全面性和代表性，选取的学校还包括了公立、私立和中外合作办学三种不同性质。

本次研究总共发放了2030份问卷，成功回收有效问卷1743份，问卷回收率达到85.86%。在有效样本中，男性大学生占39.3%，共计683人，女性大学生占60.7%，共计1058人。学科分布上，人文社会科学专业的学生占总样本的54.6%，共计952人，理工科学专业的学生占45.4%，共计791人。研究对象涵盖本科一年级至四年级（考虑到实际情况，大五学生数据并入大四学生进行统计分析）。在家庭背景方面，城镇户籍的学生占据了55.2%，并且35.1%的调查对象为独生子女。在学习成绩方面，有88.4%的学生在班级内的成绩属于中上水平。

（二）大学生“空心病”现象问卷调查结果分析

本研究采用SPSS软件对调查数据进行分析，通过描述统计、方差分析、回归分析等方法探究大学生“空心病”现象的表现、影响因素等一系列内容。

1.大学生“空心病”现象表现的描述统计分析

为了调查当前普通大学生在符合本研究所定义的“空心病”六个表现上各自呈现出的基本情况，即普通大学生在符合本研究中“空心病”现象所定义的人生意义、孤独、抑郁、人际交往、自我评价、自杀6个维度上的表现倾向，本研究对1743个样本中在6个维度上得分达到筛选标准的样本数量分别进行了统计。

在普通大学生群体中，“空心病”所定义的“人生意义”“孤独”“抑郁”“人际交往”“自我评价”“自杀”维度出现的频率从高到低依次排序为人际交往＞孤独＞抑郁＞自杀＞自我评价＞人生意义。

（1）不同程度大学生“空心病”现象各表现的描述性分析

本研究样本总量为1743，依靠前文制订的筛查标准进行筛查后确定三级“空心病”样本量为49，二级“空心病”样本量为175，一级“空心病”样本量为130（为便于统计，将单个样本在各级“空心病”不同表现上的总得分称为“空心病总表现”）。

三级“空心病”个人基本信息描述统计情况见表6-1。

表6-1　三级“空心病”个人基本信息描述统计

基本信息	类别	频数	百分比
性别	男	14	28.6%
	女	35	71.4%
年级	大一	10	20.4%
	大二	20	40.8%
	大三	9	18.4%
	大四	10	20.4%
学科类型	人文社会学科	29	59.2%
	理工学科	20	40.7%

续表6-1

基本信息	类别	频数	百分比
家庭所在地	城镇	25	51.0%
	非城镇	24	49.0%
是否为独生子女	是	11	22.4%
	否	38	77.6%
是否发生过重大事件	是	15	30.6%
	否	34	69.4%
成绩班级排名	上(前30%)	12	24.5%
	中(中间40%)	28	57.1%
	下(后30%)	9	18.4%
家庭结构	完整家庭	44	89.8%
	重组家庭	2	4.1%
	单亲家庭	3	6.1%
	寄居家庭	0	0%
家庭教育方式	专断控制型	6	12.2%
	民主商议型	24	49.0%
	放任自主型	17	34.7%
	溺爱纵容型	2	4.1%

符合三级“空心病”筛选标准的有效人数为49名，其中，男生14人，占比28.6%，女生35人，占比71.4%；大一学生10人，占比20.4%，大二学生20人，占比40.8%，大三学生9人，占比18.4%，大四学生10人，占比20.4%。

三级“空心病”各表现描述性分析情况见表6-2。

表6-2　三级“空心病”各表现描述性分析

维度	样本容量(N)	最小值(M)	最大值(X)	平均值(M)	标准差(SD)
人生意义	49	4	12	9.08	3.115

注：已对所有反向计分题目重新计分。

由上表可知，符合三级“空心病”筛选标准的共有49人。在人生意义维度最低得分为4分，最高得分为12分，平均得分为9.08分。

二级“空心病”个人基本信息描述统计情况见表6-3。

表6-3 二级“空心病”个人基本信息描述统计

基本信息	类别	频数	百分比
性别	男	57	32.6%
	女	118	67.4%
年级	大一	31	17.7%
	大二	60	34.3%
	大三	34	19.4%
	大四	50	28.5%
学科类型	人文社会学科	105	60.0%
	理工学科	70	40.0%
家庭所在地	城镇	80	45.7%
	非城镇	95	54.3%
是否为独生子女	是	52	29.7%
	否	123	70.3%
是否发生过重大事件	是	47	26.9%
	否	128	73.1%
成绩班级排名	上(前30%)	61	34.9%
	中(中间40%)	83	47.4%
	下(后30%)	31	17.7%
家庭结构	完整家庭	158	90.3%
	重组家庭	4	2.3%
	单亲家庭	11	6.3%
	寄居家庭	2	1.1%
家庭教育方式	专断控制型	24	13.7%
	民主商议型	82	46.9%
	放任自主型	65	37.1%
	溺爱纵容型	4	2.3%

符合二级“空心病”筛选标准的有效人数为175名，其中，男生57人，占比32.6%，女生118人，占比67.4%；大一学生31人，占比17.7%，大二学生60人，占比34.3%，大三学生34人，占比19.4%，大四学生50人，占比28.5%。

二级“空心病”各表现描述性分析情况见表6-4。

表6-4　二级“空心病”各表现描述性分析

维度	样本容量(N)	最小值(M)	最大值(X)	平均值(M)	标准差(SD)
人生意义	175	4	12	9.50	3.009
孤独	175	3	15	9.93	3.189
抑郁	175	4	18	11.56	2.460
人际交往	175	3	15	9.05	1.929
自我评价	175	11	45	25.50	6.732
二级“空心病”总表现	175	41	87	65.54	9.440

注：已对所有反向计分题目重新计分。

由上表可知，符合二级“空心病”筛选标准的共有175人。在人生意义维度最低得分为4分，最高得分为12分，平均得分为9.50分；在孤独维度最低得分为3分，最高得分为15分，平均得分为9.93分；在抑郁维度最低得分为4分，最高得分为18分，平均得分为11.56分；在人际交往维度最低得分为3分，最高得分为15分，平均得分为9.05分；在自我评价维度最低得分为11分，最高得分为45分，平均得分为25.50分；在二级“空心病”总表现维度最低得分为41分，最高得分为87分，平均得分为65.54分。

一级“空心病”个人基本信息描述统计情况见表6-5。

表6-5　一级“空心病”个人基本信息描述统计

基本信息	类别	频数	百分比
性别	男	50	38.5%
	女	80	61.5%

续表6–5

基本信息	类别	频数	百分比
年级	大一	37	28.5%
	大二	33	25.4%
	大三	16	12.3%
	大四	44	33.8%
学科类型	人文社会学科	77	59.2%
	理工学科	53	40.8%
家庭所在地	城镇	70	53.8%
	非城镇	60	46.2%
是否为独生子女	是	49	37.7%
	否	81	62.3%
是否发生过重大事件	是	50	38.5%
	否	80	61.5%
成绩班级排名	上(前30%)	42	32.3%
	中(中间40%)	69	53.1%
	下(后30%)	19	14.6%
家庭结构	完整家庭	114	87.7%
	重组家庭	4	3.1%
	单亲家庭	10	7.7%
	寄居家庭	2	1.5%
家庭教育方式	专断控制型	20	15.4%
	民主商议型	50	38.5%
	放任自主型	55	42.3%
	溺爱纵容型	5	3.8%

符合一级“空心病”筛选标准的有效人数为130名，其中，男生50人，占比38.5%，女生80人，占比61.5%；大一学生37人，占比28.5%，大二学生33人，占比25.4%，大三学生16人，占比12.3%，大四学生44人，占比33.8%。

一级“空心病”各表现描述性分析情况见表6-6。

表6-6　一级“空心病”各表现描述性分析

维度	样本容量(N)	最小值(M)	最大值(X)	平均值(M)	标准差(SD)
人生意义	130	4	12	10.79	2.309
孤独	130	3	15	7.82	3.019
抑郁	130	4	17	11.41	2.727
人际交往	130	6	14	9.08	1.523
自我评价	130	9	40	25.13	5.963
自杀	130	3	9	7.16	2.060
一级“空心病”总表现	130	30	98	71.38	12.362

注：已对所有反向计分题目重新计分。

由上表可知，符合一级“空心病”筛选标准的共有130人。在人生意义维度最低得分为4分，最高得分为12分，平均得分为10.79分；在孤独维度最低得分为3分，最高得分为15分，平均得分为7.82分；在抑郁维度最低得分为4分，最高得分为17分，平均得分为11.41分；在人际交往维度最低得分为6分，最高得分为14分，平均得分为9.08分；在自我评价维度最低得分为9分，最高得分为40分，平均得分为25.13分；在自杀维度最低得分为3分，最高得分为9分，平均得分为7.16分；在一级“空心病”总表现维度最低得分为30分，最高得分为98分，平均得分为71.38分。

“空心病”总个人基本信息描述统计情况见表6-7。

表6-7　“空心病”总个人基本信息描述统计

基本信息	类别	频数	百分比
性别	男	121	34.2%

续表6-7

基本信息	类别	频数	百分比
	女	233	65.8%
年级	大一	78	22.0%
	大二	113	31.9%
	大三	59	16.7%
	大四	104	29.3%
学科类型	人文社会学科	211	59.6%
	理工学科	143	40.4%
家庭所在地	城镇	175	49.4%
	非城镇	179	50.6%
是否为独生子女	是	112	31.6%
	否	242	68.4%
是否发生过重大事件	是	112	31.6%
	否	242	68.4%
成绩班级排名	上（前30%）	115	32.5%
	中（中间40%）	180	50.8%
	下（后30%）	59	16.7%
家庭结构	完整家庭	316	89.3%
	重组家庭	10	2.8%
	单亲家庭	24	6.8%
	寄居家庭	4	1.1%
家庭教育方式	专断控制型	50	14.1%
	民主商议型	156	44.1%
	放任自主型	137	38.7%
	溺爱纵容型	11	3.1%

由上表可知，各级“空心病”总有效人数为354名，其中，男生121人，占比34.2%，女生233人，占比65.8%；人文社会学科211人，占比59.6%，理工学科143人，占比40.4%。

（2）不同程度大学生“空心病”现象各表现在个人基本信息上的差异性分析

为进一步考察各级大学生“空心病”现象的表现特点，分别对6个表现维度在性别、专业、年级、城乡背景等个人基本信息上的得分进行差异性分析。

①三级“空心病”各表现在个人基本信息上的差异性分析

在人生意义（三级“空心病”）维度中，人文社会学科学生平均得分为8.14分，理工学科学生平均得分为10.45分，差异性检验独立样本T检验的p值0.006，小于0.01，表明人生意义（三级“空心病”）在不同学科之间存在显著性差异，理工学科学生得分较高。

总的来说，人生意义（三级“空心病”）在不同性别、不同年级、不同家庭所在地、是否为独生子女、是否发生过重大事件、不同成绩班级排名、不同家庭结构、不同家庭教育方式中差异性检验方差分析和差异性检验独立样本T检验的p值都大于0.05，表明人生意义（三级“空心病”）在不同性别、不同年级、不同家庭所在地、是否为独生子女、是否发生过重大事件、不同成绩班级排名、不同家庭结构、不同家庭教育方式之间不存在显著性差异。

②二级“空心病”各表现在个人基本信息上的差异性分析

根据二级“空心病”各表现在不同性别之间的差异性分析可知，在人生意义、孤独、抑郁、人际交往、自我评价、二级“空心病”总表现中差异性检验独立样本T检验的p值都大于0.05，表明人生意义、孤独、抑郁、人际交往、自我评价、二级“空心病”总表现在不同性别之间不存在显著性差异。

根据二级“空心病”各表现在不同年级之间的差异性分析可知，在人生意义维度中，大一学生平均得分为9.19分，大二学生平均得分为8.53分，大三学生平均得分为9.97分，大四学生平均得分为10.52分，差异性检验方差分析的p值为0.004，小于0.01，表明人生意义在不同年级之间存在显著性差异，大四学生得分较高。在孤独维度中，大一学生平均得分为9.77分，大二学生平均得分为10.90分，大三学生平均得分为9.44分，大四学生平均得分为9.20分，差异性检验方差分析的p值为0.027，小于0.05，表明孤独在不同年级之间存在显著性差异，大一学生得分最高。在抑郁、人际交往、自我评价、二级“空心病”总表现各维度中差异性检验方差分析的p值都大于0.05，表明抑郁、人际交往、自我评价、二级“空心病”总表现在不同年级之间不存在显著性差异。

根据二级“空心病”各表现在不同学科之间的差异性分析可知，在抑郁维度中，人文社会学科学生平均得分为11.23分，理工学科学生平均得分为12.06分，差异性检验独立样本T检验的p值为0.029，小于0.05，表明抑郁在不同学科之间存在显著差异，理工学科学生得分更高。在人生意义、孤独、人际交往、自我评价、二级“空心病”总表现各维度中差异性检验方差分析的p值都大于0.05，表明人生意义、孤独、人际交往、自我评价、二级“空心病”总表现在不同学科之间不存在显著性差异。

根据二级“空心病”各表现在不同家庭所在地之间的差异性分析可知，在人生意义维度中，城镇学生平均得分为8.88分，非城镇学生平均得分为10.02分，差异性检验独立样本T检验的p值为0.013，小于0.05，表明人生意义在不同家庭所在地之间存在显著性差异，非城镇学生得分较高。在抑郁维度中，城镇学生平均得分为11.15分，非城镇学生平均得分为11.91分，差异性检验独立样本T检验的p值为0.043，小于0.05，表明抑郁在不同家庭所在地之间存在显著性差异，非城镇学生得分较高。在孤独、人际交往、自我评价、二级“空心病”总表现各维度中差异性检验独立样本T检验的p值都大于0.05，表明孤独、人际交往、自我评价、二级“空心病”总表现在不同家庭所在地之间不存在显著性差异。

根据二级“空心病”各表现在是否为独生子女之间的差异性分析可知，在人生意义维度中，独生子女平均得分为8.64分，非独生子女平均得分为9.83分，差异性检验独立样本T检验的p值为0.024，小于0.05，表明人生意义在是否为独生子女之间存在显著性差异，非独生子女得分较高。在孤独维度中，独生子女平均得分为10.98分，非独生子女平均得分为9.49分，差异性检验独立样本T检验的p值为0.004，小于0.01，表明人生意义在是否为独生子女之间存在显著性差异，独生子女得分较高。在抑郁、人际交往、自我评价、二级“空心病”总表现各维度中差异性检验独立样本T检验的p值都大于0.05，表明抑郁、人际交往、自我评价、二级“空心病”总表现在是否为独生子女之间不存在显著性差异。

根据二级“空心病”各表现在是否发生过重大事件之间的差异性分析可知，在人生意义、孤独、抑郁、人际交往、自我评价、二级“空心病”总表现各维度中差异性检验独立样本T检验的p值都大于0.05，表明人生意义、孤独、抑郁、人际交往、自我评价、二级“空心病”总表现在是否发生过重大事件之间不存在显著性差异。

根据二级“空心病”各表现在不同班级成绩排名之间的差异性分析可知，在人生意义、孤独、抑郁、人际交往、自我评价、二级“空心病”总表现各维度中差异性检验方差分析的p值都大于0.05，表明人生意义、孤独、抑郁、人际交往、自我评价、二级“空心病”总表现在不同班级成绩排名之间不存在显著性差异。

根据二级“空心病”各表现在不同家庭结构之间的差异性分析可知，在人生意义、孤独、抑郁、人际交往、自我评价、二级“空心病”总表现各维度中差异性检验方差分析的p值都大于0.05，表明人生意义、孤独、抑郁、人际交往、自我评价、二级“空心病”总表现在不同家庭结构之间不存在显著性差异。

根据二级“空心病”各表现在不同家庭教育方式之间的差异性分析可知，在人际交往维度中，专断控制型家庭的学生平均得分为8.13分，民主商议型家庭的学生平均得分为8.93分，放任自主型家庭的学生平均得分为9.52分，溺爱纵容型家庭的学生平均得分为9.25分，差异性检验方差分析的p值为0.019，小于0.05，表明人际交往在不同家庭教育方式之间存在显著性差异，放任自主型家庭的学生得分最高。在二级“空心病”总表现中，专断控制型家庭的学生平均得分为60.54分，民主商议型家庭的学生平均得分为66.63分，放任自主型家庭的学生平均得分为65.69分，溺爱纵容型家庭的学生平均得分为70.50，差异性检验方差分析的p值为0.029，小于0.05，表明二级“空心病”总表现在不同家庭教育方式之间存在显著性差异，溺爱纵容型家庭的学生得分最高。在人生意义、孤独、抑郁、自我评价各维度中差异性检验方差分析的p值都大于0.05，表明抑郁、人际交往、自我评价在不同家庭教育方式之间不存在显著性差异。

总的来说，二级“空心病”的人生意义在不同年级、不同家庭所在地、是否为独生子女之间存在显著性差异，在不同性别、不同学科、是否发生过重大事件、不同成绩排名、不同家庭结构、不同家庭教育方式之间不存在显著性差异。

孤独在不同年级、是否为独生子女之间存在显著性差异，在不同性别、不同学科、不同家庭所在地、是否发生过重大事件、不同成绩排名、不同家庭结构、不同家庭教育方式之间不存在显著性差异。

抑郁在不同学科、不同家庭所在地之间存在显著性差异，在不同性别、不同年级、是否为独生子女、是否发生过重大事件、不同成绩排名、不同家庭结构、家庭教育方式之间不存在显著性差异。

人际交往在不同家庭教育方式之间存在显著性差异，在不同性别、不同年级、不同学科、不同家庭所在地、是否为独生子女、是否发生过重大事件、不同成绩排名、不同家庭结构之间不存在显著性差异。

自我评价在不同性别、不同年级、不同学科、不同家庭所在地、是否为独生子女、是否发生过重大事件、不同成绩排名、不同家庭结构、不同家庭教育方式之间不存在显著性差异。

总表现在不同家庭教育方式之间存在显著性差异，在不同性别、不同年级、不同学科、不同家庭所在地、是否为独生子女、是否发生过重大事件、不同成绩排名、不同家庭结构之间不存在显著性差异。

③一级“空心病”各表现在个人基本信息上的差异性分析

根据一级“空心病”各表现在不同性别之间的差异性分析可知，在人生意义、孤独、抑郁、人际交往、自我评价、自杀、一级“空心病”总表现各维度中差异性检验独立样本T检验的p值都大于0.05，表明人生意义、孤独、抑郁、人际交往、自我评价、自杀、一级“空心病”总表现在不同性别之间不存在显著性差异。

根据一级“空心病”各表现在不同年级之间的差异性分析可知，在人际交往维度中，大一学生平均得分为8.49分，大二学生平均得分为9.33分，大三学生平均得分为9.69分，大四学生平均得分为9.16分，差异性检验方差分析的p值为0.025，小于0.05，表明人际交往在不同年级之间存在显著性差异，大一学生得分最低，大三学生得分最高。在自杀维度中，大一学生平均得分为6.65分，大二学生平均得分为8.03分，大三学生平均得分为6.75分，大四学生平均得分为7.09分，差异性检验方差分析的p值为0.029，小于0.05，表明自杀在不同年级之间存在显著性差异，大一学生得分最低，大二学生得分最高。在人生意义、孤独、抑郁、自我评价、一级“空心病”总表现各维度中差异性检验方差分析的p值都大于0.05，表明人生意义、孤独、抑郁、自我评价、一级“空心病”总表现在不同年级之间不存在显著性差异。

根据一级“空心病”各表现在不同学科类型之间的差异性分析可知，在人生意义、孤独、抑郁、人际交往、自我评价、自杀、一级“空心病”总表现各维度中差异性检验独立样本T检验的p值都大于0.05，表明人生意义、孤独、抑郁、人际交往、自我评价、自杀、一级“空心病”总表现在不同学科之间不存在显著性差异。

根据一级“空心病”各表现在不同家庭所在地之间的差异性分析可知，在人生意义维度中，城镇学生平均得分为10.31分，非城镇学生平均得分为11.33分，差异性检验独立样本T检验的p值为0.009，小于0.01，表明人生意义在不同家庭所在地之间存在显著性差异，城镇学生平均得分显著低于非城镇学生平均得分。在孤独、抑郁、人际交往、自我评价、自杀以及一级“空心病”总表现各维度中差异性检验独立样本T检验的p值都大于0.05，表明孤独、抑郁、人际交往、自我评价、自杀以及一级“空心病”总表现在不同家庭所在地之间不存在显著性差异。

根据一级“空心病”各维度在是否为独生子女之间的差异性分析可知，在人生意义维度中，独生子女平均得分为10.20分，非独生子女学生平均得分为11.14分，差异性检验独立样本T检验的p值为0.043，小于0.05，表明人生意义在是否为独生子女之间存在显著性差异，独生子女平均得分显著低于非独生子女平均得分。在孤独、抑郁、人际交往、自我评价、自杀以及一级“空心病”总表现各维度中差异性检验独立样本T检验的p值都大于0.05，表明孤独、抑郁、人际交往、自我评价、自杀以及一级“空心病”总表现在是否为独生子女之间不存在显著性差异。

根据一级“空心病”各表现在是否发生过重大事件之间的差异性分析可知，在自我评价维度中，发生过重大事件的学生平均得分为23.82分，没有发生过重大事件的学生平均得分为25.95分，差异性检验独立样本T检验的p值为0.047，小于0.05，表明自我评价在是否发生过重大事件之间存在显著性差异，发生过重大事件的学生平均得分显著低于没有发生过重大事件的学生。在人生意义、孤独、抑郁、人际交往、自杀以及一级“空心病”总表现各维度中差异性检验独立样本T检验的p值都大于0.05，表明人生意义、孤独、抑郁、人际交往、自杀以及一级“空心病”总表现在是否发生过重大事件之间不存在显著性差异。

根据一级“空心病”各表现在不同成绩排名之间的差异性分析可知，在自我评价维度中，成绩排名为上的学生平均得分为26.98分，成绩排名为中的学生平均得分25.03分，成绩排名为下的学生平均得分为21.42分，差异性方差分析检验的p值为0.003，小于0.01，表明自我评价在不同成绩排名之间存在显著性差异，成绩排名越好，得分越高，自我评价越积极。在人生意义、孤独、抑郁、人际交往、自杀、一级“空心病”总表现各维度中差异性检验方差分析的p值都大于0.05，表明人生意义、孤独、抑郁、人际交往、自杀、一级“空心病”总表现在不同成绩排名之间不存在显著性差异。

根据一级“空心病”各表现在不同家庭结构之间的差异性分析可知，在人际交往维度中，完整家庭学生平均得分为8.99分，重组家庭学生平均得分为11.75分，单亲家庭学生平均得分为8.90分，寄居家庭学生平均得分为9.50分，差异性检验独立样本T检验的p值为0.004，小于0.01，表明人际交往在是不同家庭结构之间存在显著性差异，完整家庭学生平均得分显著高于单亲家庭平均得分。在人生意义、孤独、抑郁、自我评价、自杀、一级“空心病”总表现中各维度差异性检验方差分析的p值都大于0.05，表明人生意义、孤独、抑郁、自我评价、自杀、一级“空心病”总表现在不同家庭结构之间不存在显著性差异。

根据一级“空心病”各表现在不同家庭教育方式之间的差异性分析可知，在人生意义、孤独、抑郁、人际交往、自我评价、自杀、一级“空心病”总表现各维度中差异性检验方差分析的p值都大于0.05，表明人生意义、孤独、抑郁、人际交往、自我评价、自杀、一级“空心病”总表现在不同家庭教育方式之间不存在显著性差异。

总的来说，一级“空心病”的人生意义在不同家庭所在地、是否为独生子女之间存在显著性差异，在不同性别、不同年级、不同学科、是否发生过重大事件、不同成绩排名、不同家庭结构、不同家庭教育方式之间不存在显著性差异。

孤独在不同性别、不同年级、不同学科、不同家庭所在地、是否为独生子女、是否发生过重大事件、不同成绩排名、不同家庭结构、不同家庭教育方式之间不存在显著性差异。

抑郁在不同性别、不同年级、不同学科、不同家庭所在地、是否为独生子女、是否发生过重大事件、不同成绩排名、不同家庭结构、不同家庭教育方式之间不存在显著性差异。

人际交往在不同年级、不同家庭结构之间存在显著性差异，在不同性别、不同学科、不同家庭所在地、是否为独生子女、是否发生过重大事件、不同成绩排名、不同家庭教育方式之间不存在显著性差异。

自我评价在是否发生过重大事件、不同成绩排名之间存在显著性差异，在不同性别、不同年级、不同学科、不同家庭所在地、是否为独生子女、不同家庭结构、不同家庭教育方式之间不存在显著性差异。

自杀在不同年级之间存在显著性差异，在不同性别、不同学科、不同家庭所在地、是否为独生子女、是否发生过重大事件、不同成绩排名、不同家庭结构、不同家庭教育方式之间不存在显著性差异。

总表现在不同性别、不同年级、不同学科、不同家庭所在地、是否为独生子女、是否发生过重大事件、不同成绩排名、不同家庭结构、不同家庭教育方式之间不存在显著性差异。

2.大学生“空心病”表现和影响因素之间的回归分析

（1）三级“空心病”表现和各影响因素之间的回归分析

以内部因素（自我效能感、大学生角色认同、价值观、适应性），外部因素（家庭因素、学校因素、社会环境）为自变量，以三级“空心病”表现（人生意义）为因变量，进行回归性分析，结果如表6-8所示：

表6–8 三级“空心病”表现和影响因素之间的回归分析表

因素	未标准化系数		标准化系数 Beta	T	sig	R	R^2	调整R^2	R^2更改
	B	标准误差							
自我效能	−0.861	0.166	−0.526	−5.187**	0.000	0.740a	0.547	0.538	0.547
适应性	−0.261	0.087	−0.302	−3.014**	0.004	0.790b	0.624	0.608	0.077
家庭因素	−0.194	0.075	−0.229	−2.593*	0.013	0.820c	0.673	0.651	0.049

注：*表示$p<0.5$，**表示$p<0.01$。

根据回归系数大小和R方更改影响程度可知，自变量中对三级“空心病”表现（人生意义）有显著影响的因素按照影响程度从大到小排序为：自我效能感>适应性>家庭因素。自变量自我效能感对因变量三级“空心病”表现（人生意义）的回归系数为−0.861，T=−5.187，p=0.000<0.01，由此可见，自我效能感对三级“空心病”表现（人生意义）具有显著影响。

自变量适应性对因变量三级“空心病”表现（人生意义）的回归系数为−0.261，T=−3.014，p=0.004<0.01，由此可见，适应性对三级“空心病”表现（人生意义）具有显著影响。

自变量家庭因素对因变量三级“空心病”表现（人生意义）的回归系数为−0.194，T=−2.593，p=0.013<0.05，由此可见，家庭因素对三级“空心病”表现（人生意义）具有显著影响。

在自变量大学生角色认同、价值观、学校因素、社会因素对因变量三级“空心病”表现（人生意义）的回归分析中，p值都大于0.05，表明大学生角色认同、价值观、学校因素、社会因素对三级“空心病”表现（人生意义）的影响不显著。

（2）二级“空心病”总表现和各影响因素之间的回归分析

以内部因素（自我效能感、大学生角色认同、价值观、适应性）、外部因素（家庭因素、学校因素、社会环境）为自变量，以二级“空心病”总表现为因变量，进行回归性分析，结果如表6–9所示：

表6-9　二级"空心病"总表现和影响因素之间的回归分析表

因素	未标准化系数		标准化系数 Beta	T	sig	R	R^2	调整 R^2	R^2 更改
	B	标准误差							
自我效能	−1.152	0.228	−0.375	−5.064**	0.000	0.597a	0.356	0.353	0.356
适应性	−0.632	0.180	−0.227	−3.501**	0.001	0.648b	0.420	0.413	0.063
大学生角色认同	−0.839	0.304	−0.208	−2.759**	0.006	0.667c	0.444	0.435	0.025

注：**表示 $p<0.01$。

根据回归系数大小和 R 方更改影响程度可知，自变量中对二级"空心病"总表现有显著影响且影响程度从大到小排序为：自我效能感>适应性>大学生角色认同。

自变量自我效能感对因变量二级"空心病"总表现的回归系数为1.152，T=5.064，p=0.000<0.01，由此可见，自我效能感对二级"空心病"总表现具有显著影响。

自变量适应性对因变量二级"空心病"总表现的回归系数为0.632，T=3.501，p=0.001<0.01，由此可见，适应性对二级"空心病"总表现具有显著影响。

自变量大学生角色认同对因变量二级"空心病"总表现的回归系数为0.839，T=2.759，p=0.006<0.01，由此可见，大学生角色认同对二级"空心病"总表现具有显著影响。

在自变量价值观、家庭因素、学校因素、社会因素对因变量二级"空心病"总表现的回归分析中，p 值都大于0.05，表明价值观、家庭因素、学校因素、社会因素对二级"空心病"总表现的影响不显著。

（3）一级"空心病"总表现和各影响因素之间的回归分析

以内部因素（自我效能感、大学生角色认同、价值观、适应性）、外部因素（家庭因素、学校因素、社会环境）为自变量，以一级"空心病"总表现为因变量，进行回归性分析，结果如表6-10所示：

表6-10　一级“空心病”总表现和影响因素之间的回归分析表

因素	未标准化系数		标准化系数 Beta	T	sig	R	R^2	调整R^2	R^2更改
	B	标准误差							
自我效能	−1.963	0.393	−0.403	−4.994**	0.000	0.510a	0.260	0.254	0.260
适应性	−0.733	0.326	−0.188	−2.250*	0.026	0.576b	0.332	0.321	0.072
社会因素	0.652	0.232	0.229	2.804**	0.006	0.597c	0.356	0.341	0.024
学校因素	−0.489	0.244	−0.166	−2.003*	0.047	0.613d	0.376	0.356	0.020

注：*表示$p<0.05$，**表示$p<0.01$。

根据回归系数大小和R方更改影响程度可知，自变量中对一级“空心病”表现有显著影响且影响程度从大到小排序为：自我效能>适应性>社会因素>学校因素。

自变量自我效能感对因变量一级“空心病”总表现的回归系数为1.963，T=4.994，p=0.000<0.01，由此可见，自我效能感对一级“空心病”总表现具有显著影响。

自变量适应性对因变量一级“空心病”总表现的回归系数为0.733，T=2.250，p=0.026<0.05，由此可见，适应性对一级“空心病”总表现具有显著影响。

自变量社会因素对因变量一级“空心病”总表现的回归系数为−0.652，T=−2.804，p=0.006<0.01，由此可见，社会因素对一级“空心病”总表现具有显著影响。

自变量学校因素对因变量一级“空心病”总表现的回归系数为0.489，T=2.003，p=0.047<0.01，由此可见，学校因素对一级“空心病”总表现具有显著影响。

在自变量价值观、大学生角色认同、家庭因素对因变量一级“空心病”总表现的回归分析中，p值都大于0.05，表明价值观、大学生角色认同、家庭因素对一级“空心病”总表现的影响不显著。

第五节　结论与建议

（一）大学生“空心病”现象的表现特点

对研究所收集到的数据进行统计与分析，可以分析并总结出当前大学生“空心病”现象表现的主要特点，下面分别进行阐述。

1. 大学生心理困扰呈现出普遍化、综合化发展趋势

对大学生“空心病”现象调查所得数据进行分析可知，在普通大学生中，“空心病”现象所定义的各表现（即普通心理困扰）的出现频率从高到低排序依次为：人际交往＞孤独＞抑郁＞自杀＞自我评价＞人生意义。其中，存在人际交往问题的人数占据调查总人数的36.37%，表明超过三分之一的大学生在人际交往方面存在困扰，具体表现包括无法合理使用人际资源、无法正确处理与周围人群的关系、无法正视自己在人际交往中的表现等。同时，还有35.4%的大学生出现了强烈的孤独感，具体表现为在独处和人际交往时感到孤独。这一数据表明人际交往问题、孤独感在大学生中呈现出普遍化的发展趋势。

就大学生“空心病”现象的核心表现“人生意义”而言，有20.31%的大学生出现人生意义感缺失，即不清楚自己人生的意义和目标，对人生意义的体验不良。尽管这种人生意义感缺失的心理困扰不及人际交往、孤独等其他五个表现的覆盖人群广，但需要引起教育者和心理学研究者高度重视。因为随着人生意义感缺失的出现和发展，大学生还有概率出现其他多种心理困扰，整体表现呈现出综合化的发展趋势，严重者还将出现自杀这类危及生命的严重行为。因此，在了解当前大学生整体心理状况的同时，还需细化论述不同级别“空心病”表现的具体特点。

2. 三级“空心病”表现的特点分析

三级“空心病”的筛查标准为：只出现人生意义感缺失这一个表现，其他表征良好。

在符合三级“空心病”标准的群体中，人生意义在不同学科之间存在

显著性差异，理工类学生平均得分为10.45分，显著高于人文社科类学生平均得分（8.14分）。表明在三级“空心病”中，人文社科类大学生的人生意义感缺失情况比理工类大学生更严重。

其原因可能是这两类学科的性质和特点不同，以至于培养出的学生思维方式与追求目标不同。理工类学科主要是为了揭示研究对象的性质、规律，获取尽可能普遍的知识，解决的是研究对象“是什么”“为什么”“怎么办”的问题。而人文社科类学科是探究研究对象应该“如何做”，探究人生存的价值、意义和现实问题，从而确立某种价值导向。两者一个具象、一个抽象，一个偏物质，一个偏精神。人文社科类学生受所学学科的影响，对于人生意义往往有着更多思考，无论思考是过于浅薄还是过于深刻，凡出现思维困境而不加引导，很容易影响学生心理健康发展。

3. 二级“空心病”表现的特点分析

二级“空心病”的筛查标准为：以人生意义感缺失为核心表现，同时出现孤独感、抑郁情绪、人际交往问题、自我评价偏差中的一种或多种表现。

在符合二级“空心病”标准的群体中：

第一，人生意义在各分类上存在显著差异。①人生意义在不同年级之间存在显著性差异。大一学生平均得分为9.19分，大二学生平均得分为8.53分，大三学生平均得分为9.97分，大四学生平均得分为10.52分。表明二级“空心病”大学生的人生意义感缺失情况出现反复，在大二时人生意义感缺失最严重，在大四时人生意义最明确。可能因为随着对大学生活的初步了解和学习的深入，大学生出现了对人生意义的思考不清晰。通过对其进行三年的教育和学习后，大学生在大四时明确了人生意义，身心得以健康成长。②人生意义在不同家庭所在地之间存在显著差异，城镇大学生的平均得分为8.88分，非城镇大学生的平均得分为10.02分。表明在二级“空心病”中，城镇大学生的人生意义感缺失情况较非城镇大学生更严重。城镇大学生的生活环境、成长环境相较于非城镇大学生更为丰富多彩，同时也更复杂。按照马斯洛需求层次理论，城镇大学生在升入大学后基本的生理需要、安全需要一般都能得到满足，在追寻更高层次的精神需求时，出现人生意义缺失的概率也随之增加。而非城镇大学生升学后学习、生活环境发生较大变化，其需求多数仍停留在生理、安全层面，人生意义感缺失状况就出现得较少、较晚。③人生意义在是否为独生子女之间存在显著差异。独生子女平均分为8.64分，非独生子女平均分为9.86分。表明在二级“空心病”中，相较于非独生子女而言，独生子女的人生意义感缺失情况更为严重。非独生子女在其生长过程中拥有更多同龄人的陪伴，情感体验更丰富，有助于其明确人生目标及人生意义，优化人生意义体验感，从而对生活充满信心。

第二，孤独在各分类上存在显著差异。①孤独在不同年级之间存在显著性差异。大一学生平均得分为9.77分，大二学生平均得分为10.90分，大三学生平均得分为9.44分，大四学生平均得分为9.20分。表明二级“空心病”大学生的孤独感在大二时最轻，而后随着年级的升高越发强烈。这可能因为随着年级的升高，大学生的独立自主性增强、性格特点更加鲜明、对待事物有了自己独特的看法，并且大四面临的毕业事务繁多，部分同学感叹觅不得知音，事事唯有独行，因而孤独感前所未有地强烈。②孤独在是否为独生子女之间存在显著性差异。独生子女平均得分为10.98分，非独生子女平均得分为9.49分，非独生子女更容易感到孤独。可能因为在二级“空心病”大学生中，独生子女习惯了更为独立的生活，而非独生子女一旦失去他人的陪伴，很容易产生孤独感，情况严重时对他人的信任感也会有所减弱。

第三，抑郁在各分类上存在显著差异。①抑郁在不同学科之间存在显著性差异。人文社会学科学生平均得分为11.23分，理工学科学生平均得分为12.06分。人文社会类大学生的抑郁情绪比理工类大学生更为严重，表明学科特质对于学生情绪的长期稳定有一定影响。②抑郁在不同家庭所在地之间存在显著差异。城镇大学生平均得分为11.15分，非城镇大学生平均得分11.91分。在二级“空心病”中，城镇大学生抑郁情绪比非城镇大学生抑郁情绪更为严重。

第四，人际交往在不同家庭教育方式之间存在显著性差异。专断控制型家庭的学生平均得分为8.13分，民主商议型家庭的学生平均得分为8.93分，放任自主型家庭的学生平均得分为9.52分，溺爱纵容型家庭的学生平均得分为9.25分。在二级“空心病”中，专断控制型家庭成长起来的大学生人际交往问题最严重，放任自主型家庭成长出的大学生人际交往问题最轻。其原因可能是处在专断控制型家庭的大学生在成长过程中言行举止始终受父母控制，离开父母进入校园后首次享受到“自由”的生活，面对比原先生活环境更复杂的校园，可能无法妥善处理人际关系。而放任自主型家庭中的大学生独立性更强，自己面对和处理的事务更多，心理成熟更早，能够较为妥善地处理人际关系。

第五，从二级“空心病”现象总表现在不同家庭教育方式之间存在显著性差异。专断控制型家庭的学生平均得分为60.54分，民主商议型家庭的学生平均得分为66.63分，放任自主型家庭的学生平均得分为65.69分，溺爱纵容型家庭的学生平均得分为70.50分。民主商议型家庭中的大学生出现二级“空心病”的概率更小，心理健康程度更高。专断控制型家庭中的大学生出现二级“空心病”的概率更大，心理健康程度更低。可见良好的家庭教育方式有助于孩子身心健康成长，降低其出现心理困扰、心理问题的概率。

第六，自我评价在所有个人基本信息中差异不显著。可能是由于二级“空心病”尚处在发展变化阶段，学生的自我评价也在发展变化中，特点表现不明确。

4. 一级“空心病”表现的特点分析

一级“空心病”的筛查标准为：在出现人生意义感缺失的同时存在自杀意念、自杀尝试，并且可能伴有孤独感、抑郁情绪、人际交往问题、自我评价偏差中的一种或多种表现。

在符合一级“空心病”标准的群体中：

第一，人生意义在部分个人基本信息中存在显著差异。①人生意义在不同家庭所在地之间存在显著性差异。城镇大学生平均得分为10.31分，非城镇大学生平均得分为11.33分。表明一级“空心病”中，城镇大学生人生意义感缺失更严重。相较于非城镇而言，城镇的居住环境、物质条件等都更复杂多样，获取信息的途径更多、更便捷。在满足基本物质需求的同时，城镇大学生面临着多元价值观的冲击，在人生意义、价值观等方面出现迷茫也就显得较为合理了。②人生意义在是否为独生子女之间存在显著性差异。独生子女平均得分为10.20分，非独生子女平均得分为11.14

分。在一级“空心病”中，有同龄人陪伴成长的大学生在陪伴、关爱方面的需求能够得到更多的满足，其人生意义体验感更好，自身意义及价值更明确。

第二，人际交往在部分个人基本信息中存在显著差异。①人际交往在不同年级之间存在显著性差异。大一学生平均得分为8.49分，大二学生平均得分为9.33分，大三学生平均得分为9.69分，大四学生平均得分为9.16分。表明一级“空心病”大学生的人际交往问题在大一时最严重，而后减轻，大四时再次严重。大学生在刚入学时面临着多种适应性问题，人际交往适应也是挑战之一，经过两年的学习和诸多事务的锻炼，其人际交往能力提升，问题减轻，而大四时由于面临毕业、升学、就业方面的选择压力，事务繁多且情况复杂，人际交往问题容易出现反复。②人际交往在不同家庭结构之间存在显著性差异。完整家庭学生平均得分为8.99分，重组家庭学生平均得分为11.75分，单亲家庭学生平均得分为8.90分，寄居家庭学生平均得分为9.50分。在一级“空心病”中，单亲家庭大学生人际交往问题最严重，而重组家庭大学生问题最轻。这可能是因为在单亲家庭中成长的大学生由于缺少一方父母的教养，对人际关系的理解与实践会出现片面性的偏差，从而导致升学后面对更复杂的人际环境无所适从。与此相对，重组家庭中的大学生可以将从处理家庭亲密关系中所习得的经验应用于复杂人际交往中，反而人际交往过程更顺畅。

第三，自我评价在部分个人基本信息中存在显著差异。①自我评价在是否发生过重大事件之间存在显著性差异。发生过重大事件的大学生平均得分为5.854分，没有发生过重大事件的大学生平均得分为5.919分。表明一级“空心病”中发生过重大事件的大学生自我评价更低。当大学生生活中发生重大事件时，如不加以引导帮助其排解不良情绪，容易形成症结，影响其自我评价。②自我评价在不同成绩排名之间存在显著性差异。成绩排名前30%的学生平均得分为26.98分，中间40%的学生平均得分为25.03分，后30%的学生平均得分为21.42分。说明一级“空心病”中成绩排名越高，所带来的成就感、荣誉感越有助于大学生提高自我评价。

第四，自杀在不同年级之间存在显著性差异。大一学生平均得分为6.65分，大二学生平均得分为8.03分，大三学生平均得分为6.75分，大四学生平均得分为7.09分。表明一级“空心病”中，大一学生出现自杀意念及自杀尝试的概率最高，大二学生最低。目前，基础教育阶段学校、家庭对学生心理健康方面的关注虽有提升，但仍缺少挫折教育、生命教育、感恩教育等内容，导致学生升入大学后面对诸多不适应和困境时无法合理应对、正确排解，从而产生自杀意念及尝试。大学阶段开设的心理健康课程等能够帮助大学生正确认识生命的意义，学会合理识别、处理情绪，从而降低自杀发生的概率。

第五，孤独、抑郁、一级“空心病”总表现在所有个人基本信息中差异不显著。可能是随着“空心病”发展到一级（最严重）阶段，情绪问题泛化，不再显著，受情绪影响，行为问题表现更为突出。同时，这一结果说明“空心病”的发展并非按照从大学低年级到高年级的趋势逐步加深，其形成节点可能早于学生进入大学。

（二）大学生“空心病”现象的主要影响因素

通过上一小节对问卷数据的综合分析可知，各级别“空心病”现象的不同表现受多种因素的综合影响，总的来说包括自我效能感、适应性、大学生角色认同感、家庭因素、学校因素。对影响因素进行探讨分析，有助于明晰各级别大学生“空心病”现象出现的主要影响因素，以便在此基础上提出进一步的防控措施，降低大学生“空心病”现象的出现概率。

1. 各级“空心病”的主要影响因素

由数据分析可知，各影响因素中对三级“空心病”表现（人生意义）有显著影响的因素按照影响程度从大到小排序为：自我效能感＞适应性＞家庭因素；各影响因素中对二级“空心病”总表现有显著影响的因素按照影响程度从大到小排序为：自我效能感＞适应性＞大学生角色认同；各影响因素中对一级“空心病”总表现有显著影响的因素按照影响程度从大到小排序为：自我效能感＞适应性＞社会因素＞学校因素。

其中，自我效能感、适应性对于各级“空心病”总表现均有显著影响，说明在本研究所调查的中西部高校中，大学生自我效能感越低、适应性越差，出现“空心病”现象的概率就越高。因而，应着重探讨如何激活学生的自我效能感和适应性，以降低“空心病”的出现概率。

2. 影响因素分析

数据结果显示，在综述文献资料、结合理论基础设计的调查问卷假设的影响因素中，除价值观对各级“空心病”现象均无显著影响外，其余内外部因素对各级“空心病”现象均有显著影响。

（1）个人层面

大学生“空心病”现象的形成受大学生自我效能感、适应性和大学生角色认同等方面的影响。数据分析表明，自我效能感、大学生角色认同、适应能力（学习适应、人际适应、生活适应、生理适应、社会适应、职业适应）越差，大学生越容易出现“空心病”现象。大学生处在身心发展变化最为激烈的青年时期，以往生活中所形成的诸多经验往往会对其个人心理发展产生重要影响，具体表现有：

第一，自我效能感低的大学生在遭遇挫折或难题时往往更容易质疑自己的能力，倾向于过早地妥协与放弃。与此同时，在追求目标的过程中，他们的焦虑感会明显加剧，难以保持冷静理智的心态去应对问题，因而进一步加深自我怀疑，倾向于错误地将自己的能力不足视为无法有效解决问题的原因。这样一来，他们的自我认知和自我评价便可能发生扭曲，不再准确反映其真实的能力水平。

第二，当大学生适应性相对较弱时，面对学习压力、生活环境变化、人际交往困扰、生理变化及社会适应等诸多挑战，会感到难以应对和克服，也可能引发明显的生理反应，并伴随着焦虑、抑郁等负面情绪的滋生。此外，这种情况还会对他们的自我评价造成负面影响，削弱其对自我能力和价值的认识，进而打击他们在学习和个人成长上的积极性和自信心。

第三，面临自我身份认同危机的大学生往往难以正确理解和接纳自己作为大学生的角色定位，从而产生目标感的缺失和归属感的淡漠，进而体验到深刻的孤独与无助感。这种情况实质上体现了他们对人生意义、自我价值认知的迷失，容易诱发行为上的偏离以及理想信念的空虚。这一过程一旦形成恶性循环，将不可避免地对大学生的身心健康状况产生消极影响，导致心理亚健康状态或更严重的心理问题。

（2）家庭层面

大学生“空心病”现象的生成与其生长的家庭环境息息相关。家庭环境作为重要的社会化和人格塑造场所之一，对大学生的心理健康发育起到了不可忽视的作用。家庭环境中的父母教养方式、父母控制、父母期待等因素对于大学生的自我评价、人生规划、人生意义认知、人际交往等方面都有着重要影响。数据分析表明，那些注重情感交流、维持和谐家庭气氛、采取开放和支持型教养方式的父母，其子女在进入大学阶段后，往往具备更强的心理适应能力和更高的心理健康水平，更不容易陷入“空心病”的困境。

父母的价值观念传递是无形的力量，它们在子女的世界观、人生观、价值观塑造过程中发挥着基础性的作用。良好的家庭教育能够帮助孩子建立明确的生活目标和意义感，从而增强其面对大学乃至人生挑战时的精神支撑力，有效预防“空心病”现象的发生。

（3）学校层面

大学生“空心病”问题与所处学校环境密切相关。学校作为大学生离家后的主要学习生活场所，其各方面条件会对学生的心理状态产生重大影响。优美的校园环境、正面积极的校风学风、深厚丰富的校园文化、良好有序的课堂氛围、健全的心理健康教育体系，以及和谐的师生关系等，皆能对大学生的情绪稳定和身心健康起积极作用。

数据分析结果证明，良好的学校环境元素有助于提升大学生的心理健康水平，降低大学生消极心理状态的出现。高校心理健康教育工作的有效推进，能够协助大学生更好地认识自我、接纳自我，这对于他们明确个人生活目标、树立正确人生观、塑造完整人格至关重要，因而有助于降低“空心病”现象的发生概率。

（4）社会层面

大学生“空心病”问题的形成，与社会大环境密不可分，多元价值观念交融的社会现实对大学生价值观塑造产生了深刻影响。激烈的市场竞争压力加剧了大学生对未来职业规划的忧虑，互联网时代的信息爆炸也使大学生在筛选有益信息时面临挑战，不利于其健康发展。

在当前社会文化背景下，功利主义思潮盛行，“分数至上”的成功标准深入人心。贯穿整个教育体系，从基础教育直至高等教育，学校、教师、家长及学生各方在不同程度上被裹挟进对学业成绩的激烈追逐中。在这个过程中，各方对学生成绩的关注度远超过了对其身心健康和全面发展的关注，导致在各级教育阶段，尤其是在基础教育到高等教育过渡期间，心理健康教育工作的重要性并未得到足够重视，甚至时常被边缘化。挫折教育和生命教育等关乎心理韧性和生命尊严的内容更是常常被忽略。总之，社会环境的种种因素对个体心理健康的影响是渐进和深远的，波及面极为广泛，对大学生“空心病”现象的形成起到了不容忽视的作用。

影响大学生“空心病”现象形成的因素复杂多样，只有从个体、家庭、学校、社会多方面出发进行综合分析，才能把握大学生“空心病”现象出现的原因及发展规律。

（三）大学生“空心病”现象的防控措施

2016年8月，在全国卫生与健康大会上，习近平总书记明确指示，“要加大心理健康问题基础性研究，做好心理健康知识和心理疾病科普工作，规范发展心理治疗、心理咨询等心理健康服务”①。这一指示体现了国家层面对国民心理健康问题的深切关怀，以及国家采取实际行动改善民众心理健康的决心。在随后的中共十九大报告中，这一理念被进一步强化，习近平总书记提出要加强社会心理服务体系建设，旨在通过构建完善的系统来培育和维护民众自尊自信、理性平和、积极向上的社会心态。这一系列举措彰显了党和国家对解决民众的心理健康问题的高度关注。

近年来，大学生群体中不同类型的心理问题日趋凸显，其中，“空心病”现象作为一种典型且表现多元化的心理障碍，问题尤为突出。统计资料显示，在大学生群体中，“空心病”样症状的总检出率达到了20.31%，这是一个值得关注的数字。鉴于“空心病”现象对大学生正常学习、生活乃至未来发展构成的严重影响，对如何有效预防和干预大学生“空心病”现象进行研究显得尤为迫切。

大学生出现“空心病”现象的原因往往是复杂而多元的，并且根源往往可以追溯至大学生进入大学之前的学习成长阶段。个人心理素质的养成、家庭教育方式、学校教育环境及社会文化氛围等多重因素交织在一起，共同塑造了学生的心理状态。

现有心理健康教育工作往往存在阶段性缺失、连续性不足，以及视角单一的问题，难以全面应对现代学生在不同成长阶段面临的心理挑战。因

①《全国卫生与健康大会19日至20日在京召开》，新华社，https://www.gov.cn/xinwen/2016-08/20/content_5101024.htm，访问日期：2018年11月11日。

而本研究建议，一方面，以学生成长阶段为纵向，从幼儿园开始直至大学，各教育阶段应无缝衔接，确保心理健康教育内容随着学生年龄和认知发展水平的提高而逐步深化，形成持续性的心理保健和支持网络；另一方面，以学生所处环境为横向，心理健康教育应涵盖学生个人、家庭、学校、社会，关注并结合学生个人的心理需求，加强家庭的心理教育功能，优化学校的课程设置与心理咨询服务体系，同时积极引导社会资源参与，各方共同努力，营造有利于学生健康成长的心理生态环境。从而构建起纵横交叉，全方位、全过程、全覆盖的“大心理健康教育体系”。为了更有效地防控大学生“空心病”现象的出现及恶化，“大心理健康教育体系”中纵横两线各单位应做到以下八个方面的措施。

（1）激活学生自我效能，降低焦虑、抑郁风险

防控大学生“空心病”现象，需要有效激活学生自我效能，具体而言，可以通过以下几个途径来实现。

第一，营造有效环境。家庭、学校等单位应当努力创造一种积极、包容和支持性的环境，鼓励学生勇于尝试、探索和创新，使他们感受到自己的行为能够对结果产生影响，这是提升自我效能感的基础。

第二，关注成长过程。家长和教师要密切关注学生的成长动态，理解他们在各个阶段的需求和困难，通过观察和交流，了解他们的内心世界，而非仅仅看重成绩表现。

第三，合理评价与反馈。对学生的学习和行为进行客观、公正且富有建设性的评价，避免过于严厉或过度溺爱的极端评价方式，这样可以帮助学生建立准确的自我认识，增强自信心。

第四，指导合理归因。当学生遇到挫折时，教育者应引导他们学会理性分析，将失败归因于可改变的因素（如努力程度、方法选择等）而非固定不变的因素（如智力、能力等)，这有助于培养学生坚韧不拔的精神和改善策略的能力。

第五，积累成功体验。鼓励学生参与各类活动，创造更多取得成功的机会，每一次成功的体验都能加深他们对自己能力的信任，逐渐强化自我效能感。

第六，树立正确自我认知。帮助学生设立符合自身实际的目标，既不

过高也不过低，让他们认识到通过适当的努力可以达成目标，这样能有效防止过高期望带来的无力感，进一步降低“空心病”的发生率，从而显著降低“空心病”的潜在风险。

（2）增强学生适应性与抗压能力，制订合理奋斗目标

在中学阶段乃至更早时期，教育体系就应当注重引导学生主动关注并学习心理健康的相关知识，使他们能够自觉地探索自我，建立健康的心理认知模式，并形成对自己优点和不足的全面且客观的理解和接纳，增强心理调适能力，从而提高他们在生理、心理、学习、生活等方面的适应能力。

在提高适应力的同时，还应对学生进行压力教育，通过帮助学生制订切合实际的学习任务与奋斗目标等方式，为学生创造适度的、可自行排解的压力，以确保其自身抗压能力和适应能力的提升。这不仅涉及教导学生如何识别压力源，还要求教育者指导学生学会制订符合自身实际情况的学习计划和具有挑战性但又不至于压力过强的目标。这样做的目的在于营造一个既有挑战又能激发学生潜能的适度压力环境，让学生在实践中锻炼和提高自身管理压力和应对各种复杂情况的能力，进一步强化他们的心理韧性与综合适应能力。通过这种方式，学生能够在追求学业和个人发展的同时，保持良好的心理状态，有效抵御“空心病”等心理问题的侵袭。

（3）在实践中进行合理自我评价，强化各阶段身份认同

各单位应当积极推动学生深度参与社会实践，通过实践活动引领学生在个人与社会互动的动态过程中逐步建立起理性而恰当的自我认知和评价体系，进而在实践行动中不断实现自我价值，从而增强学生对自我身份的认同感和归属感，强化身份认同，尤其是对大学生身份的认同，初步知晓“我是谁”，明确个人角色责任。通过上述过程，学生们将在丰富多样的社会实践中不断深化自我认知，明确个人使命，进而有效地提升身份认同感，这对于预防“空心病”现象的发生具有重要意义，能显著降低其在学生群体中的发生概率。

（4）积极关注学生成长，转变教育观念和教育方式

在学生的成长过程中，家庭扮演着举足轻重的角色，是影响学生身心健康发展不可或缺的关键环境。当前，市场经济环境下，部分家长在子女

教育问题上倾向采取功利主义视角，过分聚焦于孩子的学习成绩，却在一定程度上忽视了孩子品德素养的陶冶和完善人格的培养。

家长需要与时俱进，积极更新自身的教育理念和教育方法，秉持理性和冷静的态度，对孩子的生活与成长给予恰如其分的关注和关爱，而非过度干涉或单方面强调分数表现。家长应当着力于促进子女在德智体美劳各方面均衡发展，尽量削弱分数对孩子自我认知与价值判断的决定性影响，防止孩子走入仅凭分数衡量自我价值的误区。如此一来，有望有效抑制"空心病"现象在学生群体中的发生概率。

（5）完善家校联合的心理健康教育模式

学生的心理健康问题并非短期内形成的孤立现象，尤其当这些问题在大学阶段显现时，既揭示了高校在心理健康教育层面存在的巨大改进需求，也反映出学生从小学到大学整个教育历程中所接受的学校教育与家庭教育对其心理状况产生的深远影响。为此，各级教育机构需积极探索并构建家校协作的心理健康教育新模式，目标在于提升学生的心理健康素质，优化其人格构成。

具体而言，学校应当积极开展心理健康教育活动，组织面向家长的专题讲座、搭建家校电话沟通平台、编制并发放相关学习资料等，以此来普及心理健康教育知识，力求让此类教育活动制度化、长期化，形成家校共同维护学生身心健康发展的长效机制。同时，家长也应积极配合履行职责，主动与学校的教职员工保持紧密联系，实时反馈学生在家的表现和成长动态，携手教师共同完成学生在校期间的心理辅导和教育工作。

（6）加强学校思想政治教育和心理健康教育建设

提升学生的心理素质是一个系统工程，既需要通过专业且系统的心理健康教育服务体系来进行心理干预和素质培养，也需要依托思想政治教育来塑造学生积极的世界观、人生观和价值观。思想政治教育对于培养学生坚定的政治信仰、社会责任感和正面的社会心态至关重要。

当前，各高校的心理健康教育服务主要依托校内的心理健康服务机构来执行。为了更有效地应对学生群体中不断增长的心理健康需求，有必要进一步支持这些机构的建设与发展。高校应加大资金投入以改善硬件设施，增设配备齐全的情绪宣泄区域、心理测试实验室、沙盘疗法工作室及团体心理辅导室等多种功能区域，确保能够为学生提供多样化的心理援助服务。

学校还需要不断完善心理健康服务团队的专业力量，引进和培养更多的合格心理咨询师、心理治疗师和其他专业人才，确保学生能够及时获得高质量的心理咨询、心理疏导，以及其他形式的心理支持服务。此举不仅能有效减少大学生“空心病”现象的发生，还能全面提升在校学生的心理素质和适应能力，促进其身心健康的全面发展。

同时，学校应根据不同学生的年龄特征、性别差异及学科背景等特点，设计并实施有针对性的心理健康教育课程和讲座，开展针对青春期情感困惑的恋爱心理学课程，关于个体性格发展的人格心理学课程，以及改善人际关系的人际交往心理学讲座等。这些课程和讲座将有助于学生深入理解自我、他人和社会，学会运用心理学知识应对日常生活中的心理压力和挑战，从而全面提升自身的心理素质。

（7）建立和谐的师生关系，营造积极的校园氛围

要彻底摆脱单纯依赖学业成绩衡量学生的旧有评价体系，教职人员应注重自身行为示范的力量，身体力行，做道德品质、学术造诣及专业精神的表率。教师应当凭借自身的崇高道德修养、深厚学术底蕴和一丝不苟的教学态度，去深刻影响并教育学生，以持久的耐心陪伴学生成长为具备健全人格和综合素养的社会栋梁，致力于培育出全面发展、德才兼备的社会主义事业接班人。

数据表明，打造优良的校园文化氛围能够给学生们带来温暖舒适的感知体验，有助于舒缓他们在学业、生活和社交活动中承受的心理压力，进而激发出学生的学习热情，陶冶其性情，促进其品格修养完善。在构建校园文化的过程中，学校可以战略性地将心理健康教育资源融入其中，使学生在深入了解和体验校园文化的过程中，自然而然地接受心理健康教育的熏陶，从而逐步调整和优化心理状态，提高心理承受力与适应能力，有效减少各类心理问题的发生。

（8）充分发挥舆论导向作用，传播正能量

在信息化社会，学生时刻沉浸在纷繁复杂且快速传播的信息流之中，其个体发展不可避免地受社会大环境的深刻影响。因此，从宏观的社会视

角出发，制订切实可行的策略以防范“空心病”现象的滋生至关重要。相关部门应当强化对舆论环境的监管与指导，力求使公众传播媒体充分发挥其传递正能量的功能，逐步纠正社会中存在的功利主义不良风气，并借助积极健康的舆论导向，改善社会整体风气，以此来助力学生塑造正确的世界观、人生观和价值观，从而使他们在面临选择时能保持清醒而不迷失方向。

第七章
大学生学习评价研究

第一节　问题的提出

高校招生考试作为人才培养链条的第一环，其质量直接影响着高等教育机构后续人才培养的成效。进入21世纪，为了实现中国由高等教育数量大国向质量强国迈进的战略目标，我国高等教育体系启动了一系列重大改革与建设项目，其中包含“高等学校教学质量与教学改革工程”，以及专门针对本科教育的“高等学校本科教学质量与教学改革工程”等多项建设工程。2010年，《国家中长期教育改革和发展规划纲要（2010—2020年）》明确指出，“提高质量是高等教育发展的核心任务，是建设高等教育强国的基本要求。在质量成为高等教育发展根本诉求的大背景下，提高大学入学考试招生质量定会有助于提高人才培养质量”[①]。

自主招生制度是在我国高等教育步入新时期的背景下应时而生的一种新型考试选拔机制。随着我国高等教育体系迅猛发展，社会对于多元化、个性化人才需求的增长趋势愈发明显，长久以来作为我国高校主要录取依据的全国统一高考制度在选拔机制上的局限性日渐暴露。为了补足现行高考制度存在的不足，更好地遵循我国高等教育的发展规律，响应时代对创新型、复合型人才的迫切呼唤，自主招生制度便在这样的历史契机下应运而生。这一制度旨在拓宽选拔渠道，尊重并发掘个体潜能，提供一种更为

① 教育部:《国家中长期教育改革和发展规划纲要(2010—2020年)》,http://www.moe.gov.cn/jyb_xwfb/s6052/moe_838/201008/t20100802_93704.html,访问日期:2024年1月12日。

灵活且全面的人才评估体系，以期更好地服务于我国高等教育的持续健康发展和全社会的人才战略需求。

2001年，东南大学携手南京市其他两所高校率先获得了有限的招生自主权，标志着中国高等教育考试招生制度的重大变革迈出了第一步。到了2003年，教育部发布了关于高校招生工作和自主招生改革试点工作的两份重要文件，这一改革得到了国家层面的明确肯定与推广，成为国家教育改革战略的一部分。接着，2010年的《国家中长期教育改革和发展规划纲要（2010—2020年）》再次强调了教育领域必须坚持深化考试招生制度的改革，自主招生高校必须严格按照法律法规进行招生工作，确保改革的规范化和法治化。随后，这一改革方向在党的十八届三中全会上得到了最高决策层的认可和决议支持。至2018年，拥有自主招生资格的高校已经迅速扩大至90余所，涵盖不同类别、不同层次的高等院校，自主招生制度的覆盖范围仍在逐年稳步扩大。

由于自主招生制度牵动各方利益，该制度自出台起几经演进、规范和调试：考试联盟从成立到取消；考试门槛逐步提高，审核更加严格；选拔具有学科特长和创新潜质学生的目标日渐清晰；考试形式日益多样；对考试科学性和公平性的追求更加迫切。但是，社会各界和自主招生各相关利益群体仍然不满足于自主招生的现实状况，对其评价褒贬不一。面对诸多改革愿景，在以顶层设计为支撑、协同发展为辅助、追求质量为目标的话语背景下，自主招生应着力摆脱修补式的改革思路，提高质量，真正实现制度本身的根本性变革①。

自主招生制度设立的初衷是选拔和培养具有学科专长与创新能力的优秀大学生，其实施的效果最终应通过学生的学习质量、学术成就、创新能力和综合素质等多方面来衡量。然而，目前关于自主招生制度的研究和讨论，较多地聚焦在制度设计层面和宏观社会效应层面上，对实施后学生个体学习质量的微观层面探讨则相对较少。

历经数十年的实践，教育研究者需要深入反思自主招生制度是否真正实现了预期目标，即是否有效识别并培养了大批高质量的创新型大学生。同时，如何从制度细节和技术层面进行改进以提高自主招生选拔的精确度

① 陈云涛：《高职院校社会责任分析》，《中国高教研究》2009第4期，第75-77页。

和公平性，以及如何优化高校的教育教学模式以进一步提升通过自主招生渠道进入大学的学生群体的学习质量和长远发展能力，这些都是急需教育研究者、高校管理者，以及社会各界共同探讨和解决的关键问题。

因此，本研究将通过对比自主招生类大学生和普通高考生的学习质量，探究自主招生类大学生学习质量的现状及其影响因素，进而为该制度的后续改革，以及提高自主招生类大学生的学习质量提供相应的思路，以期通过深入研究，确保自主招生制度在选拔优质生源和促进高等教育内涵式发展上发挥更大作用。

第二节　文献回顾

（一）概念界定

1. 自主招生

学术界有关自主招生的阐述很多，但是尚未形成较权威的定义。从不同视角出发，国内学者对自主招生作出了不同定义。

一部分学者从宏观的制度视角定义自主招生。张继明认为，自主招生是各高校在教育部和相关主管部门的宏观调控下，依托市场对高素质优秀人才的需求，合理评估自身的教育教学资源条件，公平公正且独立自主地拟定招生计划和组织选拔录取的招生制度[①]。

一部分学者从微观的实践视角定义自主招生。刘进认为，自主招生是拥有办学自主权的高校根据自身的特点、定位和要求，采取特定的甄别方式，单独或联合开展的新生招录活动[②]。

另一部分学者从高校权利的视角定义自主招生。郑若玲认为，自主招生从本质上来说是高校的一种行为，高校作为相对独立的法人，其自主招

① 张继明：《从高等教育大众化角度审视高校自主招生》，《湖北招生考试》2005年第16期，第68-72页。

② 刘进：《历史与嬗变：中国高校自主招生10年》，《现代大学教育》2011年第1期，第69-75页。

生行为的实施是高校行使法律所赋予的、以往被政府所掌控的“公共权力”的一种体现[①]。

还有部分学者从学生报录的视角定义自主招生。孙中涛认为，通过自主招生资格初审的考生参加所报考院校组织的考试，最终选择一所学校入学，各自主招生高校在国家相关法规政策允许的范围内可自行制订适合的招生原则、考录办法等[②]。

本研究认为，从宏观与微观结合的视角定义自主招生更能全面反映其内涵。本研究中的自主招生既是一种宏观的制度，也指在该制度指导下，各自主招生高校根据自身定位，采用单独或者联合的方式，选拔具有学科特长和创新潜质生源的招录活动。

2.学习质量

《中国中学教学百科全书》中指出，学习质量需要依靠衡量学习活动过程的特性及其结果所达到或具有的状态，比照预设的学习目标和既定的要求，来评价其优劣程度和与目标的匹配程度[③]。学习活动包括工作过程和结果两个方面，因此，学习质量相对应地分为工作过程质量和结果质量两个方面，前者指学习过程中学习活动所表现的特性和优劣程度，后者指学生通过学习所获得的认知、技能和情感态度价值观三个方面知识和经验的多少。

综上所述，本研究更倾向从学生学习的视角出发，将学习质量界定为学生在特定学习条件下，其自身发展过程的状态特征及其实现教育目标的优劣程度。

（二）国内相关研究综述

笔者利用兰州大学图书馆所接入的中国CNKI学术总库检索工具，针对“自主招生”和“学习质量”两大主题进行了详细的文献查找。在中国期刊全文数据库中，以“自主招生”为关键词搜索得出1698条结果，其中

---

①郑若玲:《自主招生公平问题探析》,《中国地质大学学报》(社会科学版)2010年第6期,第49-54页。

②孙中涛:《浅析当前高校自主招生政策及其试点》,《现代教育科学》2006年第7期,第42-45页。

③林崇德:《中国中学教学百科全书·教育卷》,沈阳出版社,1990,第55页。

隶属于高等教育学科核心期刊的文章共计274篇；以“学习质量”为主题检索出5150条记录，包含高等教育学科核心期刊论文685篇。在硕士研究生学位论文层面，中国优秀硕士学位论文全文数据库中以“自主招生”为题名精确检索出59条结果，其中有46篇论文属于高等教育学科分类；以“学习质量”为题名检索到31条结果，其中有3篇论文专注于高等教育领域的研究。在中国博士学位论文全文数据库中，以“自主招生”为题名检索的结果仅有2条，均为高等教育学科相关论文；以“学习质量”为题名检索出3条记录，其中1篇论文涉及高等教育学科学习质量研究。

1.自主招生的研究内容

笔者对上述文献研读发现，目前国内关于自主招生的研究主要集中在自主招生的发展历程、自主招生的相关评价、自主招生的改革建议等方面，下面对各个研究方向的具体内容进行梳理。

（1）自主招生的发展历程

国内学者对自主招生发展历程的研究主要集中在两个重点上，一是自主招生的历史研究。樊本富认为，始于清末，经历了民国时期的曲折发展，中华人民共和国成立后又受历史条件限制的自主招生制度，其改革的道路依旧艰辛漫长[①]。吕小芳将中华人民共和国成立后的招生制度概括为计划统考阶段、计划与市场并存的转型改革阶段，以及包括自主招生制度在内的招生制度改革阶段三个不同历史时期[②]。

二是自主招生的现状研究。该角度的研究主要从宏观的制度描述和微观的实证研究两个维度进行。宏观维度上，张天雪、盛静茹借助国家层面深化考试招生制度改革这一契机，对我国高校实施了十多年的自主招生操作模式进行了详细梳理[③]。刘进将南京市部分高校2001年进行的自主招生改革视为新时期自主招生改革的起点，系统梳理自2001年起十年中我国自

①樊本富:《中国高校自主招生研究》,博士学位论文,厦门大学,2009。

②吕小芳:《我国高校自主招生制度研究》,硕士学位论文,武汉理工大学,2007。

③张天雪、盛静茹:《我国高校自主招生的实践模式、路径和改革理路》,《清华大学教育研究》2014年第6期,第35-40页。

主招生制度的发展，并指出该制度已经成为人才选拔的重要的内容[①]。微观维度上，文雯、管浏斯、马磊、赵俊和等学者基于学生学习的视角，比较了自主招生类大学生和普通高考生在学习投入、学习过程和学习成绩等方面的差异，证实了自主招生措施的有效性[②]。鲍威从自主招生制度公平性和效率性的视角出发，比较了包括自主招生类大学生、普通高考生在内的四类学生群体在不同背景信息下各方面的差异，指出当前自主招生制度存在着精英化倾向，未能完全与现有招生制度形成合理互补[③]。

（2）自主招生的相关评价

自主招生自实行以来就受社会各界的广泛关注，学界对其评价褒贬不一。赞扬者认为，自主招生是我国改革统一高考制度发展进程中具有破冰意义的大事件[④]。张建发认为，自主招生对于打破高考的单一人才选拔模式，实现多样化人才培养具有重要的现实意义，并预言该招生模式从重点高校到地方高校推行是必然趋势[⑤]。

批评者认为，自主招生没能起到促进中等学校学生素质提高、高校办学自主权扩大和创新性人才培养的目的[⑥]。家庭背景优越的学生在同等自主招生条件下具有更高的被录取可能，自主招生反而加剧了高考的不公平

①刘进:《历史与嬗变:中国高校自主招生10年》,《现代大学教育》2011年第1期,第69-75页。

②文雯、管浏斯:《大学自主招生学生学习性投入初探——以九所"985""211"高校自主招生群体为例的实证研究》,《复旦教育论坛》2011年第6期,第19-25页;马磊、赵俊和、石金涛、杨辉:《高校自主招生有效性的实证研究》,《上海交通大学学报》2009年第9期,第1422-1426页。

③鲍威:《高校自主招生制度实施成效分析:公平性与效率性的视角》,《教育发展研究》2012年第19期,第1-7页。

④刘进:《历史与嬗变:中国高校自主招生10年》,《现代大学教育》2011年第1期,第69-75页。

⑤叶赋桂、李越、史静寰:《统一考试自主招生——高校自主招生改革研究》,《中国高教研究》2010年第1期,第26-29页。

⑥尹银、周俊山、陆俊杰:《谁更可能被自主招生录取——兼论建立高校自主招生多元评价指标体系》,《清华大学教育研究》2014年第6,第41-47页。

性[①]。自主招生的效率问题也引发了社会的广泛质疑，黄晓婷等人指出，高考和自主招生的重复考试增加了考生负担[②]。

（3）自主招生的改革建议

不同学者基于不同的出发点对自主招生改革提出建议。从新公共管理的视角分析，董凌波、冯增俊认为，政府在自主招生改革中干预过多，角色定位不清晰，今后应放权给高校[③]。从自主招生公平性视角分析，黄首晶、郑畅认为，高校自主招生应该侧重能力考查以保障竞争机会均等，实现自主招生公平[④]。从自主招生试题和学生的视角分析，李雄鹰认为，应通过提升试题质量、优化自主招生类人才培养模式这两种路径提高整体的人才培养质量[⑤]。

2.学习质量的研究内容

国内学者关于学习质量的研究主要集中在研究群体、影响因素和相关评价三个方面，下面对各研究方向具体内容展开阐述。

（1）学习质量的研究群体

学习质量的研究主要集中在初级教育、中等教育、职业教育、网络教育群体。朱文芳建议在考虑质量标准几种形式和方法体系的基础上建构中小学数学学习质量标准[⑥]。张卫国分析评估了中等教育的基础化学课学习情况和学习质量，提出了改善中等教育的教学工作的方案[⑦]。冯宁建议评

①黄晓婷、关可心、陈虎、熊光辉、卢晓东：《自主招生价值何在?——高校自主招生公平与效率的实证研究》,《教育学术月刊》2015年第6期，第28-33页。

②黄晓婷、关可心、陈虎等：《自主招生价值何在？——高校自主招生公平与效率的实证研究》,《教育学术月刊》2015年第6期，第28-33页。

③董凌波、冯增俊：《论政府在高校自主招生改革中的职能转变——新公共管理的视角》,《高教探索》2013年第3期，第83-87页。

④黄首晶、郑畅：《美澳两国自主招生公平性改革的经验与借鉴》,《中国高教研究》2015年第7期，第59-63页。

⑤李雄鹰：《大学自主招生质量的实证研究》,《中国高教研究》2013年第6期，第33-38页。

⑥朱文芳：《关于中小学数学学习质量标准的探讨》,《教育理论与实践》2013年第2期，第23-25页。

⑦张卫国：《基础化学课学习质量测试研究》,《公安大学学报》(社会科学版)1999年第1期，第108-110页。

价并构建高等职业院校学生学习质量的评价体系[①]。郭向勇、傅国强建议组建专门针对网络教育课程学习的综合质量评价模型[②]。

对大学生学习质量的研究主要集中在对该群体学习质量的评估、学习质量的保障措施和提高学习质量的路径几个方面。文静认为，评估大学生的学习满意度是检测大学教师教学水平的重要手段[③]。叶治信认为，更好地保障大学生学习质量的关键是让学生明确自身定位，即承担义务和享受权利并行[④]。杨院认为，大学生作为高校的主体，充分借助高校的人才培养平台才可以提高学习质量[⑤]。程孝良、曹俊兴认为，对大学生的学习提供全方位的支持可以更快速地提高大学生的学习质量[⑥]。黄蓉芳认为，对学生的学习行为进行归因是提高学生学习质量的有效策略[⑦]。

（2）学习质量的影响因素

事物的运动发展是内因和外因相互作用的结果。同样地，大学生的学习质量受内、外两方面因素的共同影响。陆秋萍认为，学生自身因素和外界环境因素共同影响着学生的学习质量[⑧]。杨院认为，学生自身的学习行

①冯宁:《高职院校学生学习质量评价体系探究》,《教育与职业》2013年第23期,第179-180页。

②刘菊霞、杜婧、张建伟等:《网络学习质量监控系统的研究与开发》,《电化教育研究》2004年第7期,第53-58页。

③ 文静:《大学生学习满意度: 高等教育质量评判的原点》,《教育研究》2015年第1期,第75-80页。

④ 叶信治:《大学生学习质量保障: 学生权利和责任的视角》,《复旦教育论坛》2008年第6期,第39-43页。

⑤ 杨院:《学习模式: 大学生学习质量形成的路径选择》,《江苏高教》2014年第3期,第80-82页。

⑥程孝良、曹俊兴:《构建学习支持系统提高大学生学习质量——基于6所高校大学生学习现状的调查与研究》,《中国大学教学》2012年第12期,第82-84页。

⑦黄蓉芳:《合理归因——提高学生的学习质量与效率的有效途径》,《教育探索》2000年第7期,第36-37页。

⑧ 陆秋萍:《美国 NSSE 视角下的大学生学习质量探讨》,《浙江青年专修学院报》2010年第2期,第51-53页。

为是影响学习成果及其质量的核心要素①。叶信治指出，影响学生学习质量的因素有教师、课程、教学等外因，以及学生背景、学习态度、学习动机、学习策略等内因②。王芳认为，学生个人不同的背景信息，如家庭背景、学习经历、就读专业等因素对学习质量的影响会随着其受教育程度的加深而减弱，相反，学生投入和院校环境会随着学生受教育程度的加深而成为影响其学习质量的关键因素③。

（3）学习质量的相关评价

对于学习质量的评价研究主要集中在以下三个方面。一是学习质量评价的结果衡量。杨院认为，评价学生的学习质量应该以学生最终取得学业成就或者学习结果与教育目标契合的程度来衡量④。二是学习质量评价的过程衡量。李学丽认为，大学生在学习过程中的主观感受和客观状态是衡量学生学习质量的重要标准⑤。三是学习质量评价的过程和结果共同衡量。吴桂翎认为，学习质量是对大学生完整的学习经历进行考察，包括对学习过程和结果的综合考评⑥。

（三）国外相关研究综述

笔者利用兰州大学图书馆丰富的学术资源，从Web of Science、Springer等国际知名数据库收集并详尽阅读了20余篇外文文献，主要关注国外大学招生制度及其对大学生学习质量的影响研究。同时，还结合国内学者对国外相关领域的研究成果，系统地梳理了国外大学在招生制度方面的实践探

---

① 杨院：《学习模式：大学生学习质量形成的路径选择》，《江苏高教》2014年第3期，第80-82页。

②叶信治：《大学生学习质量保障：学生权利和责任的视角》，《复旦教育论坛》2008年第6期，第39-43页。

③王芳：《不同类型高校大学生的学习收获研究——基于NCSS调查数据分析》，硕士学位论文，厦门大学，2014。

④杨院：《大学生学习模式：缘起、内涵与构建》，《中国高教研究》2013年第9期，第25-27页。

⑤李学丽：《高等教育大众化阶段大学生学习质量问题研究——以山东省某高校为例》，硕士学位论文，山东师范大学，2010。

⑥吴桂翎：《大学生学习质量过程性评价：理念、指标与应用》，《池州学院学报》2010年第4期，第127-129页。

索，以及这些制度与大学生学习质量之间的相关关系。

1.自主招生的研究内容

国外没有专门意义上的自主招生制度，但是其大学入学环节可分为两种录取模式，分别是大学拥有完全自主权的大学决定型和大学拥有有限自主权的大学和地方考试委员会共同决定型两种，大学完全决定或者部分决定新生录取工作，与现阶段拥有一定招生自主权的中国自主招生高校存在一定的相似之处。因此，可以说国外自主招生模式是其自主招生制度的表达。由于世界各国国情、教育制度和文化背景不尽相同，各国大学招生自主权的具体形式和程度也因此呈现多样化。

美国是分权制政体，教育权利归属地方，各大学拥有很大的招生自主权，并有着各自不同的招生政策和标准，可以将其概括为“统一考试+综合选拔”的招生模式。美国高校认可的统一考试有SAT（Schoolastic Aptitude Test）、AT（The Achievement Test）、ACT（American College Test）几种形式。SAT考试是一种学能测验，主要测评考生的综合素质和能力，因此，也被作为测试考生是否具备进入大学所需的最低水平和能力的考试。AT考试是一种成就测验，是对技能或知识的测试，最常见的成就测试类型是标准化测试，通常通过计划的教学（培训、课堂教学等）来测量考生在特定年级学习到的技能和知识，多数情况下会用来在竞争较激烈的高水平大学的入学考试中甄别考生。ACT考试是美国的入学考试，主要考查学生的数学、科学、英语阅读等基本知识和技能。综合选拔是对反映考生综合素质的诸多因素进行的考量，考评材料一般来自校长、教师、学生父母、学生本人等多个主体，涵盖推荐信、评语、自我陈述、家庭背景调查等多种形式①。

英国没有全国统一的高校招生入学考试，实行“证书+综合评定”的招生模式。可以为高校招生提供参考的证书包括普通中等教育证书（General Certificate of Secondary Education，GCSE)、高级水平普通教育证书（Advanced Level of General Certificate of Education，GCE A-Level)、副A水平普通教育证书（GCE AS-Level）等，此外还有一些资格证书考试。学生获得的证书等级越高，越有可能被高水平大学录取。英国高校招生的综合评价流程大

① 王长乐：《高考应走出保证“社会公平”的误区》，《全球教育展望》2012年第9期，第3-9页。

体与美国类似。

2.学习质量的研究内容

（1）学习质量的内涵

关于学习质量的内涵，国内外有不同的界定，国外研究中更多用学习成果（Learning Outcomes）或者学生投入（Student Engagement）指代国内所说的学习质量。

国内外早期主要以学生的学业成绩作为学习成果的主要观测指标，但是，单纯的成绩指标不能完全反映学生学习的总体情况，学习成果的内涵发生了深层次的变化。国内外学者关于学习成果的界定有如下探讨和研究：

杨彩菊指出，美国的艾斯纳（Eisner E. W.）首次对学习成果这一概念进行定义，并从本质上指出学习成果是学生有意或者无意参与学习活动之后获得的结果[①]。有国外学者认为，学习成果是学习者经过一段时间学习过后，自身在知识、技能方面得到的收获[②]。肖普等人认为，学习成果指学生是否实现了学校对毕业生的预期结果[③]。孙超认为，学习成果是一种相互关系，涉及学生参与教育活动和学生最终的收获两个方面[④]。

国内外学者关于学生投入的探讨总体而言，随着时间的推移和研究的深入逐渐丰富。奥斯汀第一个对学生投入做出回应，他认为，大学生的学习投入由其在学习活动中身心两方面的共同投入构成，随后，还有学者将学生投入界定为学生为实现教育目标而付出的努力[⑤]。古普塔（Manish Gupta）认为，学生投入是一个以学生为中心的现象，指学生积极的学习活动，

---

①杨彩菊：《高等职业教育学生学习质量评估研究》，博士学位论文，天津大学，2014。

②Inés Gil-Jaurenal and Sandra Kucina Softic, "Aligning Learning Outcomes and Assessment Methods: A Web Tool For E-Learning Courses," *International Journal of Education Technology in Higer Education*, no.12(2016): 13-17.

③Kevin Schoepp and Burcu Tezcan-Unal, "Examining the Effectiveness of a Learning Outcomes Assessment Program: A Four Frames Perspective," *Innovative Higher Education*, no.12(2016): 1-15.

④孙超：《对美国大学生学习产出研究的反思》，《高教发展与评估》2009年第6期，第81-84页。

⑤George D. Kuh and Shouping Hu, "The Effects of Student Faculty Interaction in the 1990s," *Review of Higher Education*, no.3(2001): 309-332.

而学习活动是学术活动的一部分①。目前关于学生投入最全面的定义是，学生投入是学生为实现某种教育教学目标而付出的时间和精力，以及学校为学生参加活动提供的支持与帮助②。

（2）学习质量的影响因素

学习质量是多种因素相互作用的结果。邹立华和李佳（音，Lihua Zou，Jia Li）认为，学生的学习质量在很大程度上受自身的学习方法和教师教学风格的影响，而教师指导学生采取深层学习方式会提高学生的学习质量③。姜元高等人认为，院校环境、师生互动和班级参与对提高学生的学习成果有重大影响④。舒忠梅和屈琼斐从学生个体、学校、校生融合三个方面分析，指出学生个人投入、校园文化和学习资源、学习满意度都会对学习成果产生影响，且三个因素的影响力依次递减⑤。外国研究者指出，学生付出的时间和精力是学生投入的关键组成部分⑥，与学习成果成正相关⑦。李静认为，个体和环境两大类因素共同影响学生投入，前者指一些人口统计学变量（性别、种族等）和人格变量（自我效能感、自主性等），后者指物理环境和人际环境⑧。

---

①Manish Gupta, "Impact of Student Engagement on Affective Learning: Evidence from a Large Indian University," *Current Psychology*, no.12(2016): 1-8.

②杨彩菊:《高等职业教育学生学习质量评估研究》,博士学位论文,天津大学,2014。

③Lihua Zou and Jia Li, "Relationship Between Learning Quality and Learning Approaches of High School Students on the Subject of Chemistry," *The Asia-Pacific Education Researcher*, no.1(2014): 163-173.

④Jang Wan Ko and Sumee Park, "The Structural Relationship Between Student Engagement and Learning Outcomes in Korea," *The Asia-Pacific Education Researcher*, no.1(2016): 147-157.

⑤舒忠梅、屈琼斐:《基于教育数据挖掘的大学生学习成果分析》,《东北大学学报》(社会科学版)2014年第3期,第309-314页。

⑥George D. Kuh, "What We' re Learning About Student Engagement from NSSE," *Change*, no.2(2003): 24-32.

⑦Alan. Gellin, "The Effect of Undergraduate Student Involvement on Critical Thinking: A Meta-Analysis of the Literature, 1991—2000," *Journal of College Student Development*, no.44(2003): 746-762.

⑧李静:《国外学生投入研究综述》,《黑龙江教育》(高教研究与评估)2012年第3期,第57-59页。

（3）学习质量的评估工具

国外用于学习成果评估的工具主要包括美国大学考试中心（American College Testing Program，ACT）的“大学学业水平评估考试”（Collegiate Assessment of Academic Proficiency，CAAP）、美国教育考试服务处（Education Testing Service，ETS）的“能力测试”（Proficiency Profile，EPP）、美国教育资助委员会（Council for Aid to Education，CAE）的“大学学习评估”（Collegiate Learning Assessment，CLA）等[①]。

学生投入的评估工具则包括大学生就读经验问卷调查（College Student Experiences Questionnaire，CSEQ）、全美大学生参与度调查（The National Survey of Student Engagement，NSSE）、加州大学本科生就读经验调查（University of California Undergraduate Experience Survey，UCUES）等[②]。

第三节 研究设计

（一）调查问卷设计与实施

为了真实客观地调查自主招生类大学生学习质量的现状，探究自主招生类大学生学习质量的影响因素，进而分析当前自主招生制度的实施成效并提出相应的改进策略，本研究制订了大学生学习质量调查问卷，通过不记名形式发放并回收第一手数据资料，采用SPSS软件对回收数据进行分析，以保证所研究问题的科学性和准确性。

1.理论维度的架构

参照建构主义学习理论、学生参与学习理论，以及全面质量管理理论等学术领域的既有研究成果，本研究假设自主招生大学生群体的学习质量可以通过他们在学习过程中的状态特征及其教育目标的达成度予以度量。

① 周廷勇、杜瑞军、张歇雨：《美国大学生学习成果标准化评估工具的分析研究》，《复旦教育论坛》2014年第5期，第84-90页。

② 李湘萍、马娜、梁显平：《美国大学生学习评估工具分析和比较》，《现代大学教育》2012年第1期，第30-35页

值得注意的是，依托学生学习参与理论而建立的NESS调查项目，立足于高等教育实践过程，通过评估学生在有效学习活动中的投入程度，为衡量和提升高校教学质量提供了有力的工具，在国际高等教育界具有广泛的影响力和认可度。NESS调查项目细分为五个核心评价维度，分别对应学术挑战性、主动协作学习、师生互动交流、教育资源与经验的丰富性，以及校园环境支持程度。此外，该项目还涵盖了个人信息、学习成果和学习满意度这三个基本信息模块，全方位立体地考察和反映了大学生在学习过程中的参与状况。NESS调查框架主张精细化管理和优化大学生的学习过程与学习结果，从而有效地提升大学生整体学习质量。从大学生整个学习历程的视角出发，NESS提炼出四个关键维度来衡量学习质量，即学习投入、学习方式、学习动机、学习收获四个核心要素。其中，学习过程的状态特征可以从学习投入、学习方式、学习动机几个方面加以考量，对学习结果的考量可以从学生的学习收获自评报告来检视。

学习投入指大学生投入学习活动中的有效行为，具体指学生在学习过程中投入的时间、精力、情感和资源等，包括课业准备、课堂参与度、课外阅读、实践活动等多方面的投入情况。根据学生学习参与理论，学习投入包括学生投入和院校投入两个维度。前者是学生在自主学习过程中所做出的努力和投入，包括主动追求知识、积极参与课堂讨论、合理安排学习时间、有效利用图书馆等各种院校资源，以及对个人学习计划的制订与执行等；后者是高校为了提升学生学习质量而创建的整体学习环境，包括高质量的课程设置、合理的教学方法、充足的教育资源供应、良好的师生互动氛围、完善的学术支持服务，以及富有启发性的校园文化环境等。充足的院校投入对于激发学生的学习兴趣，提高学生的学习效率，促进学生的全面发展，塑造学生的认知、技能、情感态度和价值观等，都起到了积极的推动作用[①]。

学习投入不仅是一个初始的投入变量，而且是一个持续存在于学生整个学习过程中的动态变量，它深深地渗透进每个学习环节，因学生个体学习方式和学习动机的不同而存在差异，并且会直接影响学生学习过程中知识的吸收、技能的习得和情感态度价值观的形成，从而对最终的学习收获

①王纾:《研究型大学学生学习性投入对学习收获的影响机制研究——基于2009年“中国大学生学情调查”的数据分析》,《清华大学教育研究》2011年第4期,第24-32页。

及大学生整体学习质量产生显著影响，应引起各高校的重视。

学习方式指学习者在学习活动中所采取的手段、措施或策略，是学习活动的基本形式，常见的学习方式有主动探索、深度思考、合作学习、自我调节学习等。20世纪70年代，著名的心理学家马顿及其同事运用现象描述分析学的方法，随机选取瑞典哥德堡大学一年级的40名学生为样本，研究了学生不同的学习方式。马顿将学生的学习方式分为两种，即深层方式和表层方式。深层学习的学生倾向于理解知识的本质和原理，他们追求对信息的深层次理解，采用分析、批判性思考、综合等方式，不只满足于记住孤立的事实，而是致力于探索知识间的联系和背后的含义，以期形成自己的见解和洞察力。相反，浅层学习的学生更倾向于通过死记硬背的方式来获取和重现知识，他们关注的是对具体信息的记忆和再现，而不是深入理解信息的内在逻辑和深远意义。

以上两种学习方式对学生的学业表现和长远发展具有不同的影响。在高等教育阶段，尤其是在培养具备创新能力、批判性思维和终身学习能力的高质量人才目标指导下，深层学习显得尤为重要。因此，高等教育机构应当积极倡导和鼓励学生采取深层方式学习，促进学生更全面、更深入地掌握和应用知识。

学习动机是直接推动学生学习行为的内部动力，具有激活、指向、维持和调整学生学习的功能①，学习动机是学生学习的目的和意图，具体包括内在的兴趣、求知欲、自我实现的需要，以及外在的社会期待、职业规划等激励因素。学习动机按照不同的标准可以进行多元化分类，其中一个重要的分类维度是动机的源头，可以据其将学习动机划分为内部动机和外部动机两大类别。内部动机源自个体内心深处的需求和兴趣，是被好奇心、探索欲、成就感或自我实现的渴望等内部动因所激发的学习欲望。例如，学生自发地追求知识，享受解决问题的过程，或是希望通过提升能力来实现个人价值。外部动机则是由外界因素刺激产生的学习动力，具体因素有奖惩制度、社会期待、家长和教师的期望、未来的就业前景、竞争压力等，这些外部诱因促使学生从事学习活动的主要目的在于获取外部奖励或避免惩罚，而非单纯出于对学习内容的喜爱。

①彭聃龄:《普通心理学》,北京师范大学出版社,2013,第403页。

高校在培养学生的过程中，既要认识到外部动机在短期内的激励作用，也要注重激发和培养学生的内部动机，使学生能够建立对学习的持久热情和内在动力。学校应通过教育引导和环境塑造，促使学生将外部动机内化为自我驱动力，同时利用外部激励手段维持和增强内部动机，从而使学习成为学生自觉自愿的行为，达到提升学生学习质量和促进学生全面发展的目的。

学习收获是学生完成某阶段学业后取得的最终成果，评价学习收获质量可以通过量化和质性评估两类手段，前者指考试成绩、研究报告、创新项目、技能证书等显性成果，后者指学生的自我评价、满意度、成长感悟等隐性成果。美国学者弗雷泽指出，衡量高等教育质量的核心指标是学生在学习活动中认知、技能、情感态度价值观方面取得的收获①。弗雷泽的观点为我们衡量自主招生类大学生的学习收获指明了方向，在当前快速发展的经济社会环境下，仅以学业成绩作为衡量大学生学习成果的主要标尺已无法完全满足高素质复合型人才的高标准。因此，越来越多的教育学者开始重视通过学生自我评价学习收获的方式来全面评价其在大学期间的成长与发展。

本研究借鉴了厦门大学史秋衡教授主持的“国家大学生学习情况调查研究”项目中的学习收获评价体系，该体系不再单一依赖学业分数，而是将学习收获划分为三个相互关联而又各有侧重的二级维度，即认知收获、技能收获、情感态度价值观收获。综上所述，本研究从大学生完整学习历程的角度设计自主招生类大学生学习质量调查问卷，理论架构共包括4个一级维度和9个二级维度，具体维度设置见图7-1。

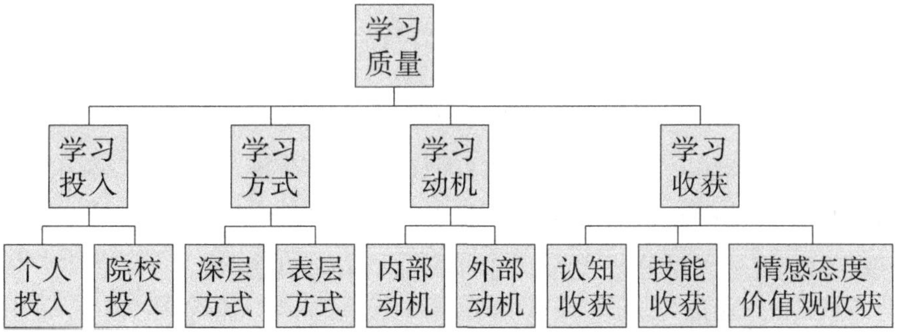

图7-1　自主招生类大学生学习质量理论维度架构

①陈玉琨:《高等教育质量保障体系概论》,北京师范大学出版社,2004,第59页。

2.问卷项目收集与处理

（1）预测试的实施

本研究正式进行调查前首先用初始问卷在小范围内试测，随机选取兰州大学本科生300人，结合学生入学方式、性别、年级、学科门类等条件进行问卷网络发放并回收，回收有效问卷300份，回收率达到100%。

预测试样本的详细特征信息如下：自主招生125人（占41.7%），普通高考生175人（占58.3%）；男生171人（占57.0%），女生129人（占43.0%）；大一到大五的学生分别有83人（占27.7%），67人（占22.3%），82人（占27.3%），62人（占20.7%），6人（占2.0%）；13个学科门类中涉及12个，其中，哲学生2人（占0.7%），经济学生17人（占5.7%），法学生27人（占9.0%），文学生30人（占10.0%），历史学生10人（占3.3%），理学生52人（占17.3%），工学生60人（占20.0%），农学生4人（占1.3%），医学生60人（占20.0%），管理学生36人（占12.0%），艺术学生2人（占0.7%）。接下来对收集的数据信息进行分析和处理，以保证问卷的信度和效度。

（2）记分方式

本问卷采用百分制计分，以此为基础记算指标的平均得分情况。具体记分方法见表7-1。

表7-1　问卷记分方法

题目类型	计分方法
正向题	(反映值-1)/(反映值总数-1)×100
反向题	(反映值总数-反映值)/(反映值总数-1)

注：反映值总数为4，各题项对应4个选项，从左至右的每个选项反映值依次为1、2、3、4。

以问卷中的第一题“大学期间，你去图书馆/自习室的频率如何”为例，该题对应的4个选项从左至右依次是“非常低”“低”“高”“非常高”。如果被试在此题的选择为“非常低”，则反映值计为1，因本题为正向题，故得0分，得分公式为：（1-1）/（4-1）×100＝0。

（3）项目分析

项目分析又称为题项适切性分析，其目的是通过判断每一题项在高、低分组间是否具有鉴别度，筛选出适切性高的题项。本研究使用极端组检验法，先计算出大学生学习质量量表的总分，然后对加总后的总分进行升序排序并划分出低分组，随后对加总后的总分进行降序排序并划分出高分组，最后对高、低分组进行差异显著性检验。

由于预测试共包括300位被试，总分升序排序后被试的前27%共81位，第81位被试的总分为1933.20分，依据同样的方法对加总后的总分进行降序排序，第81位被试的总分为2567.60分，因此，将1933.20分以下的作为低分组，2567.60分以上的作为高分组重新分组并进行差异显著性检验，结果显示，高、低组的均值存在显著性差异（$p<0.05$），此结果表明，所有题项均适合进行探索性因子分析。

（4）因子分析

因子分析的目的是尽可能以较少的因子来解释原有的数据结构。对问卷题项进行KMO检验和Bartlett球形检验，得到的KMO值为0.908，指标值大于0.900，$p<0.05$，达到显著水平，表示变量间有共同因子存在，量表题项适合进行因素分析。

随后使用主成分分析法和最大方差法对量表题项进行因子分析，使得特征值大于1。排除掉最高因子载荷小于0.4和无法归类的题项，最终舍弃两个题项，得到了一个分属于9个特征根大于1的稳定的因子结构，解释了总方差变异量的66.416%，具体因子分析结果见表7-2和表7-3。

表7-2 KMO和Bartlett的检验

取样足够度的KMO度量		0.908
Bartlett的球形度检验	近似卡方	6513.831
	df	820
	sig	0.000

表7-3 各因子特征根、方差贡献率及累积方差贡献率

成分	初始特征值			提取平方和载入			旋转平方和载入		
	合计	方差百分比	累积百分比	合计	方差百分比	累积百分比	合计	方差百分比	累积百分比
1	11.989	30.740	30.740	11.989	30.740	30.740	6.105	15.655	15.655
2	2.834	7.266	38.006	2.834	7.266	38.006	3.861	9.900	25.555

续表7-3

成分	初始特征值			提取平方和载入			旋转平方和载入		
	合计	方差百分比	累积百分比	合计	方差百分比	累积百分比	合计	方差百分比	累积百分比
3	2.436	6.247	44.253	2.436	6.247	44.253	3.179	8.151	33.706
4	2.113	5.419	49.672	2.113	5.419	49.672	2.663	6.827	40.534
5	1.636	4. 194	53.866	1.636	4.194	53.866	2.392	6.135	46.668
6	1.509	3.870	57.737	1.509	3.870	57.737	2.276	5.835	52.503
7	1.201	3.079	60.815	1.201	3.079	60.815	1.901	4.875	57.378
8	1.141	2.927	63.742	1.141	2.927	63.742	1.878	4.815	62.193
9	1.043	2.674	66.416	1.043	2.674	66.416	1.647	4.223	66.416

注：本表仅选取特征根大于1的数据，其余均省略。

根据问卷设计理论维度架构的设想，分别将以下9个因子化归到预先设计的4个一级维度下，F2院校投入和F4学生投入属于学习投入维度，F3深层方式和F9表层方式属于学习方式维度，F6外部动机和F8内部动机属于学习动机维度，F1技能收获、F5认知收获和F7情感态度价值观收获属于学习收获维度。详细信息见表7-4。

表7-4　旋转后成份矩阵摘要表

维度	因子	旋转后成分							
学习投入	F4 学生投入	题项	A1	A2	A3	A5	A5		
		成分	0.564	0.550	0.696	0.733	0.688		
	F2 院校投入	题项	A6	A7	A8	A9	A10	A11	
		成分	0.722	0.788	0.775	0.802	0.691	0.730	
学习方式	F3 深层方式	题项	B1	B2	B3	B4	B5	B6	B7
		成分	0.721	0.762	0.747	0.740	0.544	0.555	0.678
	F9 表层方式	题项	B8	B9	B10				
		成分	0.736	0.669	0.568				
学习动机	F8 内部动机	题项	C1	C2	C3				
		成分	0.570	0.654	0.605				

续表7-4

维度	因子	旋转后成分							
学习动机	F6 外部动机	题项	C4	C5	C6				
		成分	0.757	0.829	0.736				
学习收获	F5 认知收获	题项	D1	D2					
		成分	0.688	0.734					
	F1 技能收获	题项	D3	D4	D5	D6	D7	D8	D9
		成分	0.744	0.577	0.711	0.743	0.823	0.744	0.809
	F7 情感态度价值观收获	题项	D10	D11	D12				
		成分	0.769	0.770	0.666				

（5）信度分析

本研究通过克隆巴赫系数法对问卷的总体信度和各维度信度进行检验。根据信度标准，α小于0.5表示信度欠佳，不可接受；α在0.5～0.6之间表示信度偏低，可以勉强接受；α在0.6～0.7之间表示信度尚可；α在0.7～0.8之间表示信度佳；α在0.8～0.9之间表示信度甚佳；α大于0.9表示信度非常理想。本研究问卷的总体信度大于0.9，各维度信度均大于0.6，说明问卷总体信度较好。

3.调查对象选择

本研究选择兰州大学通过自主招生途径入学的本科生群体，以及普通高考录取的本科学生作为研究对象。选择兰州大学的理由在于，该校作为甘肃省唯一一所“双一流”建设高校，具有深厚的历史底蕴和强大的综合教育实力。兰州大学同时也是国内较早获准实施自主招生政策的大学之一，自2007年开始招收首批自主招生学生，到2018年为止，积累了超过十年的自主招生实践经验。

对兰州大学自主招生类大学生与普通高考生的学习质量进行对比分析，不仅可以透视我国自主招生类大学生整体学习情况，还可以深入洞察自主招生制度在我国西部地区实施的实际效果，从而为今后进一步优化西部地区高校的自主招生政策，提高自主招生学生的培养质量，以及推动自主招生制度在西部地区的深化落实提供有价值的参考依据和改进建议。

4.问卷收集与处理

本研究通过问卷星平台发放问卷，共发放问卷1900份，回收1726份，剔除掉无效问卷120份，共有1606份有效问卷，有效率为84.5%。其中，回收自主招生类大学生有效问卷659份，回收普通高考生有效问卷947份。

在659份自主招生类大学生问卷中，男生340人，女生319人；汉族634人，少数民族25人；农村学生134人，城镇学生525人；大一到大五的学生人数分别为163人、177人、178人、135人、6人；涉及12个学科门类，理工类包括经济学、理学、工学、农学、医学，共421人，文史类包括哲学、法学、教育学、文学、历史学、管理学、艺术学，共238人。各学科被调查人数占比从高到低排列分别是工学（22.61%）、医学（16.84%）、理学（16.08%）、管理学（12.75%）、文学（12.29%）、经济学（7.74%）、法学（7.13%）、历史学（2.28%）、艺术学（0.76%）、哲学（0.76%）、农学（0.61%）、教育学（0.15%）。

在947份普通高考生问卷中，男生511人，女生436人；汉族872人，少数民族75人；农村学生427人，城镇学生520人；大一到大五的学生人数分别为256人、240人、240人、197人、14人；涉及11个学科门类，理工类学生636人，文史类学生311人，各学科人数占比由高到低排列分别是工学（22.60%）、理学（19.85%）、医学（18.59%）、文学（10.98%）、管理学（9.29%）、法学（8.87%）、经济学（5.17%）、历史学（2.01%）、艺术学（1.06%）、农学（0.95%）、哲学（0.63%）。具体的样本特征信息见表7-5和图7-2。

表7-5　样本的基本信息

项目	类别	自主招生类大学生		普通高考生		合计	
		人数（N）	百分比	人数（N）	百分比	人数	百分比
性别	男	340	51.59%	511	53.96%	851	52.99%
	女	319	48.41%	436	46.04%	755	47.01%
民族	汉族	634	96.21%	872	92.08%	1506	93.77%
	少数民族	25	3.79%	75	7.92%	100	6.23%
学生来源	农村	134	20.33%	427	45.09%	561	34.93%
	城镇	525	79.67%	520	54.91%	1045	65.07%

续表7–5

项目	类别	自主招生类大学生		普通高考生		合计	
		人数（N）	百分比	人数（N）	百分比	人数	百分比
年级	大一	163	24.73%	256	27.03%	419	26.09%
	大二	177	26.86%	240	25.34%	417	25.97%
	大三	178	27.01%	240	25.34%	418	26.03%
	大四	135	20.49%	197	20.80	332	20.67%
	大五	6	0.91%	14	1.48%	20	1.25%

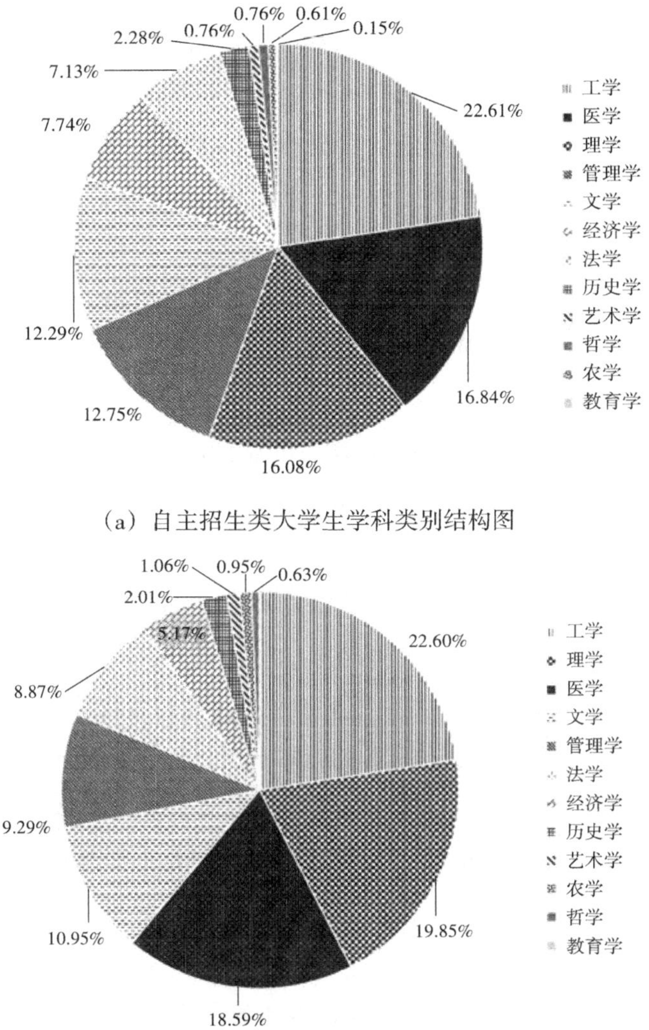

（a）自主招生类大学生学科类别结构图

（b）普通高考生学科类别结构图

图7–2　自主招生类大学生和普通高考生的学科类别结构图

第四节　分析与讨论

本研究对所收集的数据信息进行了细致的整理和分析。首先，对自主招生类大学生学习质量的总体现状进行描述。其次，分别从学习投入、学习方式、学习动机、学习收获4个一级维度和学生投入、院校投入、深层方式、表层方式、内部动机、外部动机、认知收获、技能收获、情感态度价值观收获9个二级维度，对自主招生类大学生和普通高考生学习质量的四个维度内变量进行对比分析，得到自主招生类大学生在各维度具体变量上关于学习质量的基本情况。最后，通过多元线性回归分析影响自主招生类大学生学习质量的因素。

总之，这种两相比较、从整体到部分的分析思路，能够更好地呈现出自主招生类大学生学习质量的真实现状，从中可以分析出影响该类大学生群体学习质量的诱因。

（一）自主招生类大学生学习质量的总体现状分析

本调查问卷中学习质量各维度采用4点记分法，由低到高分别是0分、33.3分、66.7分、100分，因此，50分是理论上的中等强度观测值。学习质量分值是4个一级维度得分之和除以总体的项目数，求得平均分。同理，学习投入、学习方式等4个一级维度和学生投入、院校投入等9个二级维度也是用各自得分之和分别除以各维度下项目数，求得平均分。通过对不同样本特征的自主招生类大学生学习质量总体水平进行纵向比较分析，再与普通高考生进行横向对比分析，得到自主招生类大学生学习质量的总体现状。

同时，为探究自主招生类大学生的特色培养，本部分研究也将该类大学生群体中被选入拔尖创新实验班的大学生及与普通高考生混合编班的学生作简单比较，具体分析结果如下。

1. 自主招生类大学生学习质量的样本差异性分析

在控制高校类型差异、入学方式差异等因素的条件下，学生自身的差异，如性别、民族、学生来源、年级、学科门类、学业成绩等一系列成长因素的不同会导致学习质量的差异。本部分的分析以自主招生类大学生间的差异变量为出发点（年级变量在下文分析），对该类大学生群体的学习质量作对比分析，初步了解自主招生类大学生学习质量的指标得分分布趋势，具体分析结果见表7–6、表7–7和表7–8。

表7–6 不同样本特征的自主招生类大学生学习质量的差异性分析

项目	类别	均值(M)	均值差值	T值	p值
性别	男 女	58.4651 57.2042	1.2609	1.250	0.212
民族	汉族 少数民族	57.7119 61.4770	−3.7651	−1.421	0.156
学生来源	农村 城镇	55.2361 58.5231	−3.287	−0.226**	0.009

注：1. “均值差值”表示两组被试在统计学上的均值差异。

2.**表示$p<0.01$。

上表呈现了自主招生类大学生的学习质量在性别、民族、学生来源三方面的均值，接下来对此进行逐一分析。

首先，在性别维度上，男生得分均值为58.4651分，女生得分均值为57.2042分，都高于中等强度观察值，均值差值为1.2609，差值明显。说明男生和女生的学习质量总体较好，但是男生的学习质量总体水平高于女生。

其次，在民族维度上，汉族学生得分均值为57.7119分，少数民族学生得分均值为61.4770分，都高于中等强度观察值，均值差值为−3.7651。说明汉族学生和少数民族学生的学习质量总体较好，但是，由于少数民族学生取样样本明显少于汉族学生，所以对其进行独立样本T检验，检验发现二者的均值差异并不存在显著差异（$p=0.079>0.05$），所以汉族学生和少数民族学生之间学习质量并不存在显著差距。

最后，在学生来源维度上，农村学生得分均值为55.2361分，城镇学生得分均值为58.5231分，都高于中等强度观察值，均值差值为−3.287，差值明显。说明农村学生和城镇学生学习质量总体水平较高，但是，农村学生的学习质量总体水平低于城镇学生。

表7-7　不同学科门类的自主招生类大学生学习质量的差异性分析

学科门类	M±SD	LSD
农学	72.8712±11.71958	农学＞经济学 农学＞法学 农学＞历史学 农学＞理学 农学＞工学 农学＞医学 农学＞管理学 农学＞艺术学
哲学	66.8446±11.71887	哲学＞经济学＞哲学＞艺术学
文学	60.9254±11.60661	文学＞经济学 文学＞理学 文学＞艺术学
法学	58.7813±14.91274	—
管理学	58.0636±12.98952	—
工学	57.7241±13.01125	—
历史学	57.6137±11.05674	—
医学	57.3238±13.37015	—
理学	56.941±13.20708	—
经济学	54.5202±11.02588	—
艺术学	47. 181±15.51384	—
F=2.025***　　p=0.029		

注：***表示$p<0.001$。

由表7-7可知，从所调查的自主招生类大学生所属学科门类分布看，共有10个学科门类的自主招生类大学生学习质量得分均值高于中等强度观察值，分别是农学、哲学、文学、法学、管理学、工学、历史学、医学、理学、经济学。仅有2个学科门类的自主招生类大学生学习质量得分均值低于中等强度观察值，分别是艺术学、教育学。其中，农学学科门类的自主招生类大学生在学习质量上的得分最高，为72.8712分，教育学的自主招生类大学生在学习质量上的得分最低，为45.2974分。但是，由于教育学学科被调查对象仅有一人，为防止对研究结论造成影响，仅将其作为观察值，不进行比较。因此，被调查对象所属学科为艺术学的学生学习质量得分最低，为47.181分，与最高分差值为25.6902，差距十分明显。该数据说明不同学科门类的自主招生类大学生学习质量整体水平较高，但是不同学科门类的学生间学习质量差距很大，需要引起足够的重视。

表7-8 不同学业成绩绩点范围的自主招生类大学生学习质量的差异性分析

类别	M± SD	LSD
2.50—3.00	57.0574±9.53288	3.514.00>3.013.50
3.01—3.50	53.0526±14.25141	4.014.50>3.013.50
3.51—4.00	58.2637±12.38717	4.515.00>3.013.50
4.01—4.50	57.0963±13.10993	4.515.00>3.514.00
4.51—5.00	62.0216±12.0013	4.515.00>4.014.50
F=6.051*** p=0.000		

注：***表示$p<0.001$。

本研究中，学生的学业成绩以平均总学分绩点的范围进行表示，绩点值越大，表明学生的学业成绩越好。从表7-8可以看出，学生学业成绩绩点值在4.51～5.00范围的学生学习质量最高，为62.0216分。其次是学业成绩绩点值在3.51～4.00范围的学生，为58.2637分。因此，可以说学业成绩最好和处于中等水平的学生学习质量较其他学生学习质量好。其中，学生学业成绩绩点值在3.01～3.50范围的学生学习质量最低，为53.0526分。高校应该对该类人群给予足够的重视。图7-3为更加直观清晰的数据分布趋势。

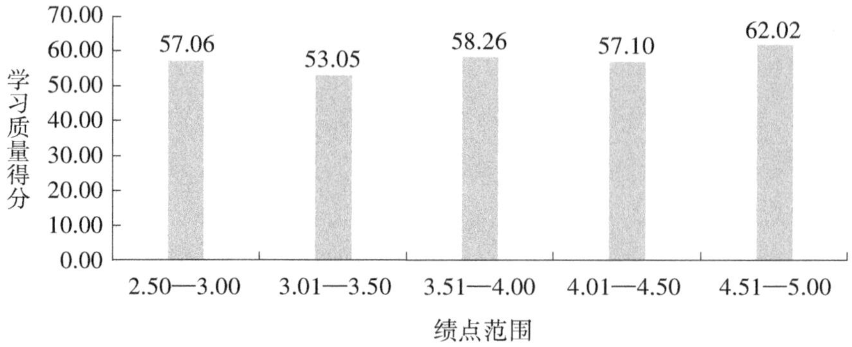

图7-3　不同学业成绩绩点范围的学生学习质量

2.自主招生类大学生与普通高考生的学习质量总体水平比较

兰州大学的自主招生类大学生在入学后，学校会对其与普通高考生进行混合编班。在混合编班条件下，自主招生类大学生与普通高考生所接触的教育环境一致，享受的教育资源相同。对二者在学习质量总体水平上进行比较，可以进一步分析出自主招生类大学生与普通高考生之间的差异。具体分析过程是通过对二者作简单的均值差异比较，直观展示它们之间的差距。

自主招生类大学生在学习质量总体水平上的得分均值高于普通考生（57.8547>53.9267），说明自主招生类大学生的学习质量总体水平较普通高考生高，且优势明显。从年级变量进行分析，两类大学生群体分布在大一到大五五个年级。其中，大五学生主要是医学专业，因为专业的特殊性，造成学习年限长于其他学科门类，同时也成为该年级样本量较少的主要原因。为避免对结果造成影响，仅对大五的学生作简单分析，重点比较分析大一到大四的1586个大学生样本。

两类大学生群体在大一到大四的样本分布比较均匀，四个年级大学生在学习质量总体水平上的得分均值均高于中等强度观察值，并且自主招生类大学生学习质量的得分均值在对应的每个年级均高于普通高考生。此外，从均值的分布趋势上看，自主招生类大学生在学习质量总体水平上的得分均值呈现两头高中间低的趋势，即大一、大四的自主招生类大学生学习质量高于大二和大三的学生，普通高考生的学习质量从大一到大三逐年降低，在大四得到回升，但是仍然低于大一、大二时的学习质量总体水平。

3.不同方式培养自主招生类大学生的学习质量总体水平比较

兰州大学没有专门针对自主招生类大学生的培养方案，但是有些自主招生类大学生在大学二年级通过学校选拔考试进入拔尖创新实验班——萃英学院学习。该学院对优秀学生进行特殊培养，给予经费、师资、校园环境、管理运行等方面的倾斜，通过自主招生类普通培养与特色培养大学生的对比，可以直观感受自主招生特色培养的实效。

自主招生类普通培养的大学生学习质量总体水平的得分均值低于特色培养的学生（57.6789<62.5068），说明特色培养的自主招生类大学生的学习质量较普通培养的学生高，且优势明显。从年级变量进行分析，两类大学生群体在四个年级学习质量的得分均值均高于中等强度观察值，并且特色培养的自主招生类大学生学习质量总体水平的得分均值在对应的每个年级均高于普通培养的学生。同时，随着年级的增长，二者的差距也逐渐增大，说明自主招生类大学生特色培养确实取得了一定的效果。

（二）自主招生类大学生学习质量的四个维度内变量分析

在对自主招生类大学生学习质量总体水平进行分析后，对四个维度内的具体变量进行比较分析。

1.学习投入

学习投入分为学生投入和院校投入两个维度。其中，学生投入指学生个人投入学习活动中的时间、精力，以及为此付出的努力，在本研究中通过学生在大学就学期间去图书馆或者自习室学习的频率、听讲座或者报告的频率、参加学校组织的创新创业活动的频率、课下和任课教师讨论课程问题的频率得以体现。

院校投入指院校为学生学习提供的各种平台和资源，在本研究中以学生视角进行反映，包含了学生对学校在学业方面、身心健康方面、就业方面提供的指导与帮助，以及学校在鼓励不同背景学生交往、校园文体活动、创新创业活动方面投入高低情况的感知。

对2个大的维度和内部11个题项进行比较分析可知，自主招生类大学生在学生投入和院校投入维度的得分均值均高于普通高考生。其中，自主招生类大学生在学生投入部分的得分为40.36分，低于中等强度观察值，说明该类大学生群体自身在学习方面投入的时间、精力有限，且对学校提供的各种学习资源利用不够充分。自主招生类大学生在院校投入部分的得分为57.60分，高于中等强度观察值，说明高校重视校园的软件、硬件环境建设，为学生的学习成才提供了较好环境，而学生因为自身原因没有充分利用学校资源，也在一定程度上造成了资源的浪费。换位思考，高校如何引导学生合理利用各种资源是一个亟待解决的难题。

对自主招生类大学生和普通高考生群体进一步对比发现，二者在学生投入维度上的得分均值差异比院校投入维度上的差异大，说明自主招生类大学生在学习投入的个人管理上优于普通高考生。自主招生类大学生在学生投入和院校投入各题项上的得分均值都高于普通高考生。在学生投入维度上，两类大学生群体在“去图书馆/自习室学习”题项上的得分均值分别为60.8555分和56.8844分，都高于中等强度观察值，说明他们都能充分利用学校提供的硬件资源，合理管理自己的学习时间。而在“听讲座/报告”“参加学校组织的创新创业活动”“课下和任课教师讨论课程问题”“和辅导员讨论自己的职业计划和想法”等问题上的得分均低于中等强度观察值，说明二者在对院校学术资源、创新创业平台资源、人力资源等的利用效率不尽如人意。同时，通过两相对比进一步发现，两类大学生在“课下和任课教师讨论课程问题”题项上的得分结果的差距最大，在一定程度上反映了自主招生类大学生比普通高考生具有更强的问题意识和交流意识。

在院校投入维度上，自主招生类大学生除了在“为你的身心健康提供支持与服务”题项上的得分均值低于中等强度观察值，在其他5个题项上的得分均高于中等强度观察值，说明院校为学生的学业、就业、素质拓展、能力培养均提供了适当的平台和资源，获得了学生较高的评价和认可。但是，在身心健康方面的支持与服务还需要各高校作进一步的改进和完善。对比两类大学生群体发现，二者在“参加各类校园文体活动”题项上的得分差距最大，为4.2636，说明自主招生类大学生能明显地感受到学校为学生素质提高和能力发展提供了平台资源，也从侧面反映出自主招生类大学生更加活泼的性格特质。

2.学习方式

学习方式分为深层方式和表层方式2个维度。其中，深层方式强调学生在学习的过程中关注知识本身的同时，更加聚焦知识间内在的逻辑联系，利用高级思维能力深刻理解知识点背后的意义，具体表现为学生可以分析、评价、综合某一观点，较多地展现创新的思维特质。表层学习方式侧重在学习的过程中掌握知识本身，以及机械的记忆信息。

本研究对深层方式和表层方式2个大的维度和内部10个题项进行比较分析。此外，由于本研究调查对象界定为自主招生类大学生，其选拔目标突出了对学科特长和创新潜质的考察，学生的学科特长通过创新潜质来体现，而创新潜质的突出表现是创新思维，因此，特将自主招生类大学生的创新思维和普通高考生进行单独比较。

研究结果显示，自主招生类大学生在深层方式和表层方式的得分别为60.68分和40.28分，前者高于中等强度观察值，后者低于中等强度观察值。这说明自主招生类大学生在学习的过程中更多采用深层学习方式，能够综合运用多种思维方式达到解决问题、理解深层含义的目的。

对比研究结果发现，自主招生类大学生在深层方式维度的得分均值高于普通高考生，在表层方式维度的得分均值低于普通高考生。对两类大学生群体进一步对比发现，二者在深层方式维度上的得分均值差异比表层方式上的差异大，更进一步证实了自主招生类大学生拥有比普通高考生更优秀的思维品质，也更愿意采取对知识深加工的学习策略。

在深层方式维度上，自主招生类大学生在各题项上的得分均值均高于普通高考生。其中，自主招生类大学生在各题项上的得分均值都高于中等强度观察值，说明该类大学生群体在学习过程中能更多地使用分析、评价、综合等高阶学习策略，更多地展示出创新的思维特质。通过两相对比发现，两类大学生在“我喜欢尝试新事物，目的只是想知道会有什么结果”题顶上的得分差距最大，说明自主招生类大学生比普通高考生在分析问题的过程中抱有更强的好奇心，具有更优异的创新品质。

在表层方式维度上，两类大学生群体在3个题项上的得分均值都低于中等强度观察值，说明他们在学习的过程中通过背诵的方式机械记忆考试内容、专注掌握课程细节的情况并不经常出现，从侧面进一步证明了两类大学生群体都能更好地使用深层方式进行学习。另外，需要注意的是，自主招生类大学生在表层方式维度“我更喜欢要求掌握细节的课程”题项上的得分均值高于普通高考生，说明自主招生类大学生在学习的过程中比普通高考生更加关注课程的细节，喜欢从细微处入手。

自主招生类大学生在创新思维维度上的得分均值高于普通考生(58.5277>53.1181)，说明自主招生类大学生的创新思维能力较普通高考生强，且优势明显。从年级变量进行分析，由于大五年级样本量少且专业特殊，对大学生整体创新思维的反映不具代表性，为避免对结果造成影响，仅对大五的学生作简单分析，重点比较分析大一到大四的1586个大学生样本。从数据可以看出，四个年级大学生在创新思维上的得分均值均高于中等强度观察值，并且，自主招生类大学生在创新思维上的得分均值在对应的每个年级均高于普通高考生。此外，从均值的分布趋势上看，自主招生类大学生在创新思维上的得分均值呈现逐年降低的趋势，普通高考生的创新思维得分均值在大二出现高值，大三、大四时的创新思维得分均值低于大一，且两类学生在创新思维上的均值差值在大一的时候最大。说明自主招生方式确实帮助高校选拔到了具有创新潜质的人才，但是随着时间的推移，自主招生类大学生的创新潜质优势呈现弱化的态势。

3.学习动机

学习动机分为内部动机和外部动机2个维度。其中，内部动机是驱使学生产生学习行为的个人兴趣、个人需要等内部动力，这种动机的驱动使得学生学习更加专注，更容易产生大的成就。外部动机是由学生学习的外部环境因素产生的驱动力，一旦外在环境因素消失或被其他因素所替代，学生从事某一活动的动力会大大降低，从而造成活动不能延续甚至失败。下面对内部动机和外部动机2个大的维度和内部6个题项进行比较分析。

自主招生类大学生在内部动机和外部动机维度的得分均值均高于普通高考生，且都高于中等强度观察值。说明两类大学生群体在学习的过程中同时受内、外部动机驱动。自主招生类大学生的内部动机得分均值高于外部动机，普通高考生的内部动机得分均值低于外部动机，说明自主招生类大学生学习的动力更多来自个人内部，而普通考生生则刚好与之相反，学习的动力更多来自外部环境。对两类大学生群体进一步对比发现，二者在内部动机维度上的得分均值差异比外部动机差异大，进一步证实了自主招生类大学生比普通高考生在学习的过程中受内部动机的驱使更加明显。

数据显示，自主招生类大学生在内部动机和外部动机各题项上的均值得分都高于普通高考生。在内部动机维度上，两类大学生群体在各题项上的得分均值都高于中等强度观察值，二者在“探索事物 / 知识的兴趣”题项上的得分差异最大，为5.9307，且自主招生类大学生在该题项上的得分最高。说明自主招生类大学生和普通高考生学习的动力来自对事物探索的兴趣，对课程本身的兴趣，以及比较强烈的挑战或提升自我的内部动机。其中，对于自主招生类大学生来说，对于事物或者知识探索的兴趣比课程本身和自我提升更能在学习的过程中激发其学习的动力。

在外部动机维度上，两类大学生群体的得分均值都高于中等强度观察值，但是二者在就业、升学、考试成绩、满足老师和父母的期望等外部动机的驱动上差异并不明显。另外，需要注意的是，虽然两类大学生群体外部动机的得分均值都高于内部动机，但是他们在“就业/升学”题项上的得分均值都高于其他题项的得分。这一点也说明二者在学习的过程中受就业升学这一外部动机的驱使很强烈，需要高校对相关问题引起重视。

4.学习收获

学习收获分为认知收获、技能收获、情感态度价值观收获3个维度。认知收获是学生在学习过程中认识层面获得的发展，本研究中主要指学生在专业理论和知识方面的收获。技能收获是学生在学习的过程中技术和能力层面获得发展，本研究中涵盖了学生在专业技能、创新、表达、处理和解决问题等技术和能力方面的收获。情感态度价值观收获是学生成长过程中内心深处的一种价值层面的收获，本研究中主要指学生价值观、责任感等方面的收获。下面对认知收获、技能收获、情感态度价值观收获3个大的维度和内部12个题项进行比较分析。

自主招生类大学生在认知收获、技能收获、情感态度价值观收获上的得分均值都高于普通高考生。其中，自主招生类大学生在3个维度上的得分均值都高于中等强度观察值，按得分从高到低对3个维度进行排序，分别是情感态度价值观收获、技能收获、认知收获。说明该类大学生群体经过大学的学习，在知识、能力、情感态度价值观方面都获得了较好的发展，尤以对人生影响最为重大的价值观方面收获最多，也从侧面证明了高校良好的育人环境对大学生行为的塑造产生的重要影响。

对两类大学生群体进一步对比发现，二者在认知收获维度上的均值得分差异最大，而且普通高考生在该维度上的得分均值低于中等强度值。说明在同一教育环境下，自主招生类大学生比普通高考生获得了更多的专业知识和理论。两类大学生群体学习收获具体变量的比较见表7-9。

表7-9 两类大学生群体学习收获具体变量的均值差异比较表

指标	变量	均值(M)		均值差值	比较	
		自主招生	普通高考生		T值	p值
认知收获	掌握了本专业的基本理论	58.0742	51.7787	6.2955	5.171***	0.000
	掌握了本专业的前沿知识	48.2036	41.0376	7.166	5.044***	0.000
技能收获	具备了本专业的实践操作技能	54.8337	47.7645	7.0692	5.180***	0.000
	创新能力比前得到了提高	58.2762	50.6532	7.623	5.637***	0.000
	能更清楚和有效地表达想法	64.7566	59.9183	4.8383	4.051***	0.000
	具备了信息搜索与处理能力	69.1080	63. 1599	5.9481	5.142***	0.000
	能更好地与人沟通	67.9422	62.6644	5.2778	4.310***	0.000
	能更好地解决与实际生活相关的问题	67.3360	62.1366	5.1994	4.314***	0.000
	能更好地适应环境	70.9797	66.0816	4.8981	4.8981	0.000
情感态度价值观收获	形成了自己的价值观和世界观	68.7508	64.6363	4.1145	3.316**	0.001
	具备了更强的社会责任感	69.2586	65.5177	3.7409	3.063**	0.002
	激发了学习兴趣	64.2490	59.2466	5.0024	3.881***	0.000

注：**表示$p<0.01$，***表示$p<0.001$。

由上表可知，自主招生类大学生在认知收获、技能收获、情感态度价值观收获上的得分均值都高于普通高考生。在认知收获维度上，两类大学生群体在“掌握了本专业的基本理论知识”题项上的得分均值分别为58.0742和51.7787，高于中等强度观察值。说明他们认为通过大学的学习，自己确实对本专业的基本理论知识有了一定的掌握。两类大学生群体在“掌握了本专业的前沿知识”题项上的得分均值分别为48.2036和41.0376，都低于中等强度观察值。说明两类大学生群体并没有深入到本专业的前沿，仅仅掌握了专业基本知识。

在技能收获维度上，自主招生类大学生在7个题项上的得分都高于中等强度观察值。说明该类大学生群体通过大学的学习，在专业实践操作技能、创新能力、表达能力、信息搜索与处理能力、沟通能力、生活处理能力、环境适应能力方面都取得了可喜的收获，获得了较好的发展。与普通高考生相比，自主招生类大学生在创新能力收获方面与之均值差值最大，为7.623，说明自主招生类大学生确实比普通高考生具有更强的创新能力。

在情感态度价值观维度上，自主招生类大学生和普通高考生在3个题项上的得分都高于中等强度观察值。说明两类大学生群体都形成了自己的价值观、世界观和社会责任感，学习兴趣都获得了较好的提升。

（三）自主招生类大学生学习质量的影响因素分析

影响学习质量的因素是错综复杂的，对学习质量的影响因素进行探究，应该视具体环境而定。本部分研究分两步探究自主招生类大学生学习质量的影响因素，首先分析人口统计学变量对自主招生类大学生过程性学习质量和结果性学习质量的影响，其次分析过程性学习质量对结果性学习质量的影响，以期全面完整地探究自主招生类大学生学习质量的影响因素。

根据本章第三节对过程性学习质量和结果性学习质量的划分，前者涵盖了学习投入、学习方式、学习动机3个核心要素，后者由大学生学习收获的自评报告来检视。人口统计学变量则主要包括性别、民族、学生来源、年级、学科门类5个变量。在进行多元线性回归分析之前，根据研究需要，对分析中使用的部分变量进行赋值，具体赋值情况见表7-10。

表7-10　各人口统计学变量赋值表

变量	变量类型	赋值
性别	定类变量	1=男;0=女
民族	定类变量	1=汉族;0=少数民族
学生来源	定类变量	1=城镇;0=农村
年级	定类变量	1=大二;其他=0 1=大三;其他=0 1=大四;其他=0 1=大五;其他=0
学科门类	定类变量	1=理工;0=文史

1. 人口统计学变量对过程性学习质量和结果性学习质量的影响

以自主招生类大学生的过程性学习质量和结果性学习质量作为被解释变量（因变量），以性别、民族、学生来源、年级、学科门类5个人口统计学变量作为解释变量（自变量）进行多元线性回归分析，具体结果见表7-11和7-12。

表7-11　人口统计学变量对过程性学习质量的复回归分析摘要表

自变量	B	标准误	β	T值
（常量）	61.766	2.822	—	21.891
性别	0.862	1.006	0.035	0.857
民族	−2.626	2.478	−0.041	−1.060
学生来源	2.525	1.179	0.083	2.141*
大二	−4.332	1.315	−0.157	−3.295**
大三	−5.041	1.320	−0.183	−3.820***
大四	−4.335	1.407	−0.143	−3.081**
大五	−2.760	5.049	−0.021	−0.547
学科门类	−1.830	1.062	−0.072	−1.723
R=0.213　R^2=0.046　调整后的R^2=0.034　F=3.878***				

注：*表示$p<0.05$，**表示$p<0.01$，***表示$p<0.001$。

表7-12　人口统计学变量对结果性学习质量的复回归分析摘要表

自变量	B	标准误	β	T值
（常量）	66.929	4.338	—	15.427
性别	4.047	1.547	0.108	2.617**
民族	−3.891	3.809	−0.040	−1.021
学生来源	2.589	1.813	0.056	1.428
大二	−3.626	2.021	−0.086	−1.794
大三	−3.924	2.029	−0.093	−1.934

续表7-12

自变量	B	标准误	β	T值
大四	-1.867	2.163	-0.040	-0.863
大五	9.973	7.763	0.051	1.285
学科门类	-2.394	1.633	-0.062	-1.466
R=0.168　R^2=0.042　调整后的R^2=0.016　F=2.347***				

注：**表示$p<0.01$。

在多元线性回归分析中，采用决定系数R^2来反映回归方程的拟合效果，采用F值来反映回归模型的显著程度，当F取值的p值小于0.05时，说明回归模型显著，模型成立。表7-11和7-12的回归模型决定系数R^2分别为0.046和0.042，F值分别为3.878（$p<0.001$）和2.347（$p<0.001$），回归模型成立。

同时，根据多元线性回归的相关取值要求，回归系数的显著性水平若小于0.05，则应该拒绝零假设。表7-11中，学生来源和年级取值均小于0.05，说明自主招生类大学生的过程性学习质量受学生来源和年级2个变量的影响。进一步分析可知，城镇学生的过程性学习质量高于农村学生，随着年级的升高，自主招生类大学生过程性学习质量呈现下降的趋势。表7-12中，性别取值小于0.05，说明自主招生类大学生的过程性学习质量受性别变量的影响。进一步分析可知，男生的结果性学习质量高于女生。

2.过程性学习质量对结果性学习质量的影响

本部分呈现两方面的数据结果，其一是过程性学习质量对结果性学习质量的影响。以自主招生类大学生的学习收获作为被解释变量（因变量），过程性学习质量的构成要素学习投入、学习方式、学习动机作为解释变量（自变量）进行多元线性回归分析，具体结果见表7-13。其二是探讨过程性学习质量对结果性学习质量3个维度内具体变量的影响。分别以自主招生类大学生结果性学习质量的构成要素认知收获、技能收获、情感态度价值观收获作为被解释变量（因变量），过程性学习质量的构成要素学生投入、院校投入、深层方式、表层方式、内部动机、外部动机作为解释变量（自变量）进行多元线性回归分析，具体分析结果见表7-14、表7-15、表7-16。

表7-13 过程性学习质量对结果性学习质量的复回归分析摘要表

自变量	B	标准误	β	T值
（常量）	7.423	2.631	—	2.821
学习投入	0.254	0.042	0.201	6.054***
学习方式	0.469	0.040	0.401	11.612***
学习动机	0.266	0.039	0.230	6.831***
R=0.666 R^2=0.443 调整后的R^2=0.440 F=173.585***				

注：***表示$p<0.001$。

由表7-13可知，回归模型的多元相关系数R为0.666，决定系数R^2为0.443，调整后的R^2为0.440，F=173.585（$p<0.001$）。该模型中的R^2和F满足回归分析中的相关取值要求，回归模型成立。表明自主招生类大学生的学习投入、学习方式、学习动机与学习收获间存在较强的线性关系，通过回归分析方法可以得到一个具有较好拟合度的模型。

同时，根据多元线性回归相关的取值要求，回归系数的显著性水平若小于0.05，则应该拒绝零假设。学习投入、学习方式、学习动机的p值小于0.001。表明自主招生类大学生学习投入、学习方式、学习动机和学习收获的线性关系显著。因此，应将上述3个自变量保存到回归方程中。

根据多元线性回归方程模型$Y=\beta_1X_1+\beta_2X_2+\beta_3X_3+\cdots+\beta_nX_n$，将表中各预测变量的标准化系数$\beta$带入，得到回归方程：

$$Y=-0.201X_1+0.401X_2+0.230X_3$$

该回归方程在统计学上表示：假定其他变量不变，学习投入每增加1分，自主招生类大学生的学习收获增加0.201分；学习方式每增加1分，自主招生类大学生的学习收获增加0.401分；学习动机每增加1分，自主招生类大学生的学习收获增加0.230分。说明在影响结果性学习质量的过程性学习质量中，学习方式、学习动机、学习投入均对自主招生类大学生的结果性学习质量有显著影响，其中，学习方式的影响最大。

表7-14 过程性学习质量对认知收获的复回归分析摘要表

自变量	B	标准误	β	T值
（常量）	−7.294	3.528	—	−2.068
学生投入	0.222	0.048	0.161	4.654***
院校投入	−0.037	0.042	−0.030	−0.881
深层方式	0.445	0.049	0.368	9.129***
表层方式	0.094	0.036	0.087	2.603**
内部动机	0.266	0.050	0.210	5.314***
外部动机	0.073	0.033	0.073	2.192*
R=0.630 R^2=0.397 调整后的R^2=0.391 F=71.396***				

注：*表示$p<0.05$，**表示$p<0.01$，***表示$p<0.001$。

由表7-14可知，回归模型的多元相关系数R为0.630，决定系数R^2为0.397，调整后的R^2为0.391，F=71.396（$p<0.001$）。该模型中的R^2和F满足回归分析中的相关取值要求，回归模型成立。表明自主招生类大学生的学生投入、深层方式、表层方式、内部动机、外部动机与结果性学习质量中的认知收获间存在较强的线性关系，通过回归分析方法可以得到一个具有较好拟合度的模型。

同时，根据多元线性回归相关的取值要求，回归系数的显著性水平若小于0.05，则应该拒绝零假设。学生投入、深层方式、表层方式、内部动机、外部动机的p值都小于0.5。表明自主招生类大学生学生投入、深层方式、表层方式、内部动机、外部动机和认知收获的线性关系显著，因此，应将上述5个自变量保存到回归方程中。

根据多元线性回归方程模型$Y=\beta_1X_1+\beta_2X_2+\beta_3X_3+\cdots+\beta_nX_n$，将表中各预测变量的标准化系数$\beta$带入，得到回归方程：

$$Y=-0.161X_1+0.368X_2+0.087X_3+0.210X_4+0.073X_5$$

该回归方程在统计学上表示：假定其他变量不变，学生投入每增加1分，自主招生类大学生的认知收获增加0.161分；深层方式每增加1分，自主招生类大学生的认知收获增加0.368分；表层方式每增加1分，自主招生类大学生的认知收获增加0.087分；内部动机每增加1分，自主招生类大学生的认知收获增加0.210分；外部动机每增加1分，自主招生类大学生的认知收获增加0.073分。说明在影响认知收获的过程性学习质量中，深层方式对自主招生类大学生的认知收获的影响最大，其次分别是内部动机、学生投入、表层方式和外部动机。

表7-15　过程性学习质量对技能收获的复回归分析摘要表

自变量	B	标准误	β	T值
（常量）	10.012	2.861	—	3.499
学生投入	0.098	0.039	0.087	2.544*
院校投入	0.135	0.034	0.131	3.931***
深层方式	0.348	0.040	0.352	8.799***
表层方式	0.074	0.029	0.084	2.539*
内部动机	0.182	0.041	0.175	4.479***
外部动机	0.099	0.027	0.121	3.658***
R=0.637　R^2=0.406　调整后的R^2=0.400　F=74.246***				

注：*表示$p<0.05$，***表示$p<0.001$。

由表7-15可知，回归模型的多元相关系数R为0.637，决定系数R^2为0.406，调整后的R^2为0.400，F=74.246（$p<0.001$）。该模型中的R^2和F满足回归分析中的相关取值要求，回归模型成立。表明自主招生类大学生的学生投入、院校投入、深层方式、表层方式、内部动机、外部动机与结果性学习质量中的技能收获存在较强的线性关系，通过回归分析方法可以得到一个具有较好拟合度的模型。

同时，根据多元线性回归相关的取值要求，回归系数的显著性水平若小于0.05，则应该拒绝零假设。学生投入、院校投入、深层方式、表层方式、内部动机、外部动机的p值都小于0.5。表明自主招生类大学生学生投入、院校投入、深层方式、表层方式、内部动机、外部动机和技能收获的线性关系显著，因此，应将上述6个自变量保存到回归方程中。

根据多元线性回归方程模型$Y=\beta_1X_1+\beta_2X_2+\beta_3X_3+\cdots+\beta_nX_n$，将表中各

预测变量的标准化系数β带入，得到回归方程：

$$Y=0.087X_1+0.131X_2+0.352X_3+0.084X_4+0.175X_5+0.121X_6$$

该回归方程在统计学上表示：假定其他变量不变，学生投入每增加1分，自主招生类大学生的技能收获增加0.087分；院校投入每增加1分，自主招生类大学生的技能收获增加0.131；深层方式每增加1分，自主招生类大学生的技能收获增加0.352分；表层方式每增加1分，自主招生类大学生的技能收获增加0.084分；内部动机每增加1分，自主招生类大学生的技能收获增加0.175分；外部动机每增加1分，自主招生类大学生的技能收获增加0.121分。说明在影响技能收获的过程性学习质量中，深层方式对自主招生类大学生的学习质量影响最大，其次依次是内部动机、院校投入、外部动机、学生投入和表层方式。

表7-16　过程性学习质量对情感态度价值收获的复回归分析摘要表

自变量	B	标准误	β	T值
（常量）	11.039	3.538	—	3.120
学生投入	0.120	0.048	0.093	2.502*
院校投入	0.164	0.042	0.140	3.867***
深层方式	0.287	0.049	0.253	5.863***
表层方式	0.086	0.036	0.085	2.374*
内部动机	0.177	0.050	0.149	3.518***
外部动机	0.140	0.034	0.150	4.170***
R=0.554　R^2=0.307　调整后的R^2=0.301　F=48.195***				

注：*表示$p<0.05$，***表示$p<0.001$。

由表7-16可知，回归模型的多元相关系数R为0.554，决定系数R^2为0.307，调整后的R^2为0.301，F=48.195（$p<0.001$）。该模型中的R^2和F满足回归分析中的相关取值要求，回归模型成立。表明自主招生类大学生的学生投入、院校投入、深层方式、表层方式、内部动机、外部动机与结果性学习质量中的情感态度价值观收获存在较强的线性关系，通过回归分析方法可以得到一个具有较好拟合度的模型。

同时，根据多元线性回归相关的取值要求，回归系数的显著性水平若小于0.05，则应该拒绝零假设。学生投入、院校投入、深层方式、表层方式、内部动机、外部动机的p值都小于0.5。表明自主招生类大学生学生投入、院校投入、深层方式、表层方式、内部动机、外部动机和情感态度价值观收获的线性关系显著，因此，应将上述6个自变量保存到回归方程中。

根据多元线性回归方程模型$Y=\beta_1X_1+\beta_2X_2+\beta_3X_3+\cdots+\beta_nX_n$，将表中各预测变量的标准化系数$\beta$带入，得到回归方程：

$$Y=0.093X_1+0.140X_2+0.253X_3+0.085X_4+0.149X_5+0.150X_6$$

该回归方程在统计学上表示：假定其他变量不变，学生投入每增加1分，自主招生类大学生的情感态度价值观收获增加0.093分；院校投入每增加1分，自主招生类大学生的情感态度价值观收获增加0.140分；深层方式投入每增加1分，自主招生类大学生的情感态度价值观收获增加0.253分；表层方式每增加1分，自主招生类大学生的技能收获增加0.085分；内部动机每增加1分，自主招生类大学生的情感态度价值观收获增加0.149分；外部动机每增加1分，自主招生类大学生的情感态度价值观收获增加0.150分。说明在影响情感态度价值观的过程性学习质量中，深层方式对自主招生类大学生的学习质量影响最大，其余由大到小依次是外部动机、内部动机、院校投入、学生投入和表层方式。

第五节　结论与建议

自主招生类大学生是指那些由具有招生自主权的大学依据国家相关政策，通过独立设置的选拔程序招录的，具有显著学科优势和创新潜力的杰出学生群体。这些学生在被录取后，通常会与普通高考生一同编入班级，在相同的教育资源和教学环境中接受教育。本研究特别关注自主招生类大学生的学习质量，对比分析这一群体与普通高考生在学习投入、学习方式、学习动机和学习收获等方面的差异，以探析影响自主招生类大学生学习质量的关键因素。通过前文分析，得出以下的结论和启示。

（一）分析与研究结论

1.自主招生类大学生学习质量高于普通高考生

笔者通过数据分析发现，自主招生类大学生在学习投入、学习方式、学习动机和学习收获这4个维度上展现出的学习质量整体表现优异，并且相较于普通高考生有显著优势。自主招生类学生在学习过程中不仅愿意投入更多的时间精力，而且善于充分利用学校提供的各类学术资源和素质培养平台提升自身的知识储备和能力发展空间。他们在学习方式上更为灵活多元，擅长运用深层学习策略，不局限于单纯的记忆学习，更注重对知识本质的理解和建构，具有较强的批判性思维和创造性应用能力。

此外，自主招生类大学生受内外部学习动机的驱动更强劲，学习过程中各种知识、技能、情感态度价值观的收获也更多。从年级变量进行分析，无论是大一阶段的适应与基础奠定，还是大三、大四时期的深入研究与综合能力提升，自主招生类大学生的学习质量始终保持高位，明显优于同期的普通高考生。

2.自主招生类特色培养生学习质量优于普通培养生

在本研究中，笔者对比分析了自主招生类大学生中接受常规模式培养的学生与接受特色模式培养的学生在学习质量上的差异。结果显示，接受特色培养的自主招生类大学生学习质量要优于接受普通培养的同类别学生。特别是在大四阶段，特色培养学生的学业优势相较于大二时期有了显著的提升，与普通培养学生的差距进一步拉大。

特色培养的自主招生类大学生通常会被选入萃英学院之类的精英教育学院，接受一套为拔尖创新人才量身定制的特色培养方案。他们在学习过程中享受的是学校所能提供的最优资源，包括但不限于精心设计的课程体系、顶级的师资力量、独特的管理模式，以及广阔的国际化交流平台等。研究结果进一步印证了对具有特殊才能和潜力的自主招生类大学生进行特色化、个性化培养的重要性与急迫性，各高校应最大程度地挖掘和发挥他们的潜能，培养出更高质量、更具竞争力的人才。

3.自主招生类大学生个人投入水平不高

学习质量的高低很大程度上取决于学生个人投入的水平。笔者通过前文数据分析了解到，自主招生类大学生个人投入的水平明显低于理论上的中等强度观察值，他们除了日常去图书馆或者自习室学习的频率比较高之外，参与学术讲座、创新创业活动，以及与任课教师课外探讨学术问题、与辅导员探讨职业规划等的频率明显低于预期。特别是与辅导员的交流互动，在几项活动中学生参与度最低。

总体上看，自主招生类大学生虽然在纯学术知识的学习上投入了相当多的时间和精力，但在促进个人能力和综合素质提升方面的投入却显得不足。这一现象与高校为学生提供的众多发展机会和支持形成了较大的反差，可能因为学生对于固定的学习模式过于依赖，对非传统学术活动的兴趣不高，也可能因为学校提供的资源和激励机制未能有效激发学生积极参与这些活动的热情。

因此，无论是学生个体还是高等教育机构，都应该对此现象进行深入反思和探讨，寻找有效的解决方法和应对策略，提高自主招生类大学生在综合素质发展方面的投入，从而使他们在学习质量上实现真正的全面提升。

4. 自主招生类大学生更倾向采用深层学习方式

深层学习方式是学生运用高级思维进行学习活动的一种表现，相对于表层学习方式，前者能产生更好的学习效果。笔者研究发现，自主招生类大学生在学习过程中，更偏好采用深层学习策略，这是一种涉及高级认知和理解能力的学习方式，相较于仅停留在知识表层的简单记忆和复述，深层学习方式能够更有效地促进学生对知识的深入理解和掌握。

自主招生类大学生更习惯于分析、综合知识点，运用批判性思维解读和建构知识体系，而不是简单的死记硬背知识点。此外，该群体在创新思维能力方面表现突出，相较于普通高考生，他们更乐于探索未知，对待问题持有更强的好奇心和求知欲，敢于挑战和突破传统观念。这些特质有助于他们在学习过程中形成独立见解，提升问题解决能力和创新能力，从而在整体学习质量上展现出较高水准。

5. 自主招生类大学生学习活动受内外部动机共同驱动

学习动机是学生进行学习活动的动力，内部动机和外部动机都会对学生学习活动产生重要影响。从前文数据分析可知，自主招生类大学生的学习活动受内部动机和外部动机的双重驱动。其中，内部动机在学习过程中扮演了更为关键的角色，这些学生的学习动力源自对知识探索的浓厚兴趣、课程内容本身的吸引力，以及对自我能力提升的渴望。他们追求的不只是对课程知识的掌握，更是对知识的深度理解和应用。

外部动机，特别是就业前景和升学压力也对大学生的学习行为产生了显著影响。许多受访学生表示，出于对毕业后职业生涯的预期和担忧，他们会在一定程度上将升学或进一步深造作为应对就业市场压力的缓冲手段，同时，对未来职场挑战的考虑也成为他们积极投入学习的强大动力。

因此，高校在引导学生学习的过程中，既要充分利用外部压力作为催化剂，激发学生短期的学习动力，也要注重培养和激发学生的内部动力，使之成为推动学生持之以恒学习、追求卓越的长效动力源泉。

6. 自主招生类大学生学习收获明显

经过四到五年的大学教育，自主招生类大学生在认知、技能、情感态度价值观等领域均有显著的成长，尤以情感态度价值观方面的提升最为显著。这充分体现了大学教育在培养学生的全球视野、道德价值观、社会责任感和学习热忱等方面发挥了积极而卓有成效的作用。此外，该类大学生在实践动手能力、语言表达沟通能力、信息检索能力和创新能力等多个方面也取得了较好的发展。尽管在认知技能方面，他们对专业知识的前沿探索和掌握程度相比情感态度价值观和实践技能上的收获稍显不足，但依旧能熟练掌握所学专业的基础知识，整体水平依然接近中等强度的标准。总体上，自主招生类大学生在整个大学阶段学习收获颇丰。

7. 自主招生类大学生学习质量受多种因素影响

学习质量本身就是一个难以绝对客观界定的概念，其维度之广、跨度之大也是造成其受多种因素影响的重要原因。根据上文分析，人口统计学变量对大学生的学习过程和学习结果质量具有显著影响。具体来说，学生的来源背景和所处年级变量影响自主招生类大学生在过程性学习阶段的学习质量，性别作为另一个变量，也在一定程度上影响了学生在过程性学习阶段的学习质量。

从过程性学习质量对结果性学习质量的影响角度来看，自主招生类大学生最终所取得的学习成果质量，主要是由过程质量的构成要素学习投入、学习方式、学习动机共同影响，其中，学习方式的影响尤其显著。对结果性学习质量进行深入剖析，可以发现各个方面的收获受多元因素的综合作用。在认知收获层面，学生的认知能力、知识结构和理解深度主要受深层学习方式的显著影响，同时，内部动机和学生自身的投入，以及表层学习方式和外部动机也都对此有着不可忽视的影响。技能收获方面，学生的专业技能和实践能力的提升，不仅依赖于深层学习方式和内部动机，还与院校在资源配置、教学方法、实践机会等方面的投入紧密相连。同时，外部动机、学生个体投入和表层学习方式同样在技能习得过程中也扮演着重要角色。情感态度价值观收获同样受深层学习方式所带来的深层次情感体验及个人价值观的塑造，也受外部环境所传递的价值导向和激励机制以及内部动机的影响。

总而言之，影响大学生学习质量的因素繁多，而探究过程性学习质量如何作用于结果性学习质量显得尤为重要。深入分析这些影响因素，有助于管理和优化自主招生类大学生的过程性学习质量，准确预测并实施有效的结果性学习质量提升措施，进而提高该大学生群体整体的学习质量。

（二）关于提高自主招生类大学生学习质量的建议

1.提升自主招生制度公平性

对自主招生类大学生学习质量的研究结果表明，现行的自主招生制度在甄别和选拔适合高校培养的优秀人才方面确有其效，这一制度经过实践检验，已在初期显现其积极作用。然而，自主招生录取的大学生来源及其入校后的学习质量数据暴露出一定的地域公平性问题。据统计，在回收的659份自主招生大学生问卷中，农村学生仅占134人，相比之下，城镇学生高达525人，城乡学生比例约为4∶1，这一比例显示城镇学生通过自主招生途径进入大学的可能性显著高于农村学生。进一步对比两类学生的在校学习质量，结果显示城镇学生的学习质量普遍高于农村学生。鉴于此，为了充分发挥自主招生制度的优势，有效解决城乡公平性问题，国家和各大实施自主招生制度的高校需要从以下几个方面展开改革。

（1）制度措施向经济落后地区倾斜

国家在设计和推行高校自主招生政策时，应充分考量全国各地教育发展水平的巨大差距现状。鉴于一些教育欠发达地区和教育资源匮乏的边远或农村地区学生和家长参与自主招生过程的实际困难和相对劣势，制度设计应该体现出公平性和包容性原则，通过一系列宏观调控和定向支持措施，优先保障这些地区学校的权益和考生的平等竞争机会，确保考生考试机会、录取机会均等。

自2007年以来，中国政府对自主招生制度进行了多项改革，旨在增强考试公平性和扩大优质教育资源覆盖面。自我推荐和中学推荐相结合的政策极大地增加了考生自主选择考试和报名的机会，打破了以往局限于特定地区和学校的招录传统，使得更多考生有机会参与自主招生进程。2015年，国家进一步规定自主招生考试应在统一高考之后进行，这一调整旨在保证考生优先全力以赴应对统一高考，减少了他们在高考前精力的分散，尤其对那些来自欠发达地区、教育资源相对匮乏的考生而言，延长了他们备考的时间窗口。

与此同时，各大高校积极响应国家政策，纷纷出台了面向落后地区考生的优惠政策。例如，北京大学除了延续原有的贫困地区专项计划，还特别推出了“筑梦计划”，针对农村地区及中西部地区的考生，适当放宽报名条件和考核标准，降低了他们进入一流学府的门槛。清华大学则通过实施“自强计划”，鼓励和支持来自落后地区但品学兼优、坚韧不拔的优秀学生进入顶尖学府学习。中国人民大学推出了“圆梦计划”，为来自落后地区但学业成绩优异且具备创新潜力的学生敞开通往高等教育殿堂的大门。

（2）选拔标准向经济落后地区倾斜

笔者通览自主招生高校选拔目标的文本表述后发现三个共性特点。其一，各自主招生高校积极响应国家对创新型人才的需求，将选拔标准与国家战略发展紧密结合，力求挑选出能够适应并推动国家未来发展需要的优秀人才。其二，高校在选拔过程中注重对学科特长人才的挖掘，注重学生的个性化发展和特长培育，打破传统的以分数为唯一标准的评价体系，这体现了对以人为本教育理念的深入贯彻。其三，在选拔标准中，高校对学生的非智力因素，如人格素养、团队协作能力、领导力等给予了相当的重视，贯彻了全面教育和素质教育的宗旨，力求培养德智体美劳全面发展的人才。

从表面来看，各高校自主招生的选报标准符合当前我国对具有学科特长和创新潜质人才迫切需求的现实，但从细节来看，各高校对于农村学生的选拔条件显得相对严格。目前的选拔标准往往侧重于学科竞赛成绩或学术作品，而这对于资源相对匮乏的农村地区学生来说，可能门槛较高。比如，许多高校要求理科学生有学科竞赛获奖经历，文科学生则需要有突出的作品集，这些选拔要求未能充分考虑城乡教育差距和农村地区教育资源的匮乏。农村学生由于客观条件限制，在同等条件下获得学科竞赛奖项的机会相较于城市学生要少得多，作品发表或者创作环境也可能受限。这就意味着，过分依赖此类标准化的获奖纪录作为选拔门槛，实质上可能导致那些虽有才能但缺乏同等竞争条件的农村学生难以通过自主招生途径获得高等教育。

解决上述问题的有效策略首先是在选拔标准上对贫困地区考生做出适当的调整和倾斜，降低他们参与自主招生的门槛。例如，对于奖项要求，可以不必限定在全国范围内，而是允许省级甚至是区域性比赛的获奖经历作为参考依据。这样一来，那些由于地域、资源限制而难以参加全国性高水平竞赛的贫困地区优秀学生，也将有机会凭借在本地或邻近地区取得的优异竞赛成绩获得自主招生的资格。其次，还可以考虑在选报条件中纳入其他能够体现学生学科特长和创新潜质的替代性评价指标，如实践活动、科研项目、社区贡献等，以确保选拔过程更为公平、全面，充分发掘和培养各地，尤其是贫困地区的优质生源。最后，加强对教育资源欠发达地区的基础教育支持和培训指导，提升当地参与自主招生的能力和信心，也是解决这一问题的长远之策。

（3）评价形式和内容向经济落后地区倾斜

在我国高校历年来的自主招生考试实践中，选拔流程通常分为材料审核、笔试和面试三大阶段。材料审核阶段，高校会审阅考生提交的个人信息、综合素质评价材料等，以此作为评估考生综合素质和潜在能力的重要依据。笔试环节，考试内容紧密围绕自主招生高校的人才选拔目标和教育理念展开，通常以高中阶段的九门基础课程为知识框架，但考试题目设计则富有创新性和灵活性，着重考查学生的逻辑思维能力、知识运用能力和问题解决能力。面试部分，由高校组织的专家团队负责实施，通过面对面交谈的方式，深入考查学生的综合素质、应变能力、人文素养、学科特长和创新能力等。面试题目多姿多彩，既包括简答题和论述题等多种形式，也涉及广泛的知识领域，兼顾文理，紧扣时代脉搏，蕴含深厚的教育意义。

笔者搜集自主招生笔试、面试题目发现，试题往往具有较强的生活实用性，鼓励学生结合理论知识解决实际问题，达到学以致用的目的。经济欠发达地区参与自主招生的学生在面对灵活性高、涵盖面广的试题时，确实面临着较大的思维挑战。农村落后地区的地理位置形成了天然的屏障，阻碍了学生能力的发展，加之教育资源的区域差异和封闭的信息环境，更使得农村学生输在了起跑线上。另外，由于信息闭塞，农村学生较难及时获取最新的招考动态和有效的备考策略，无法像城镇学生那样参加专业的考前培训，而这类培训往往能够有针对性地扩展视野和提升应试技巧，这对于竞争激烈的自主招生考试至关重要。城镇家庭较高的经济承受力使其子女有机会接受额外的教育投资，这也进一步加大了城乡学生在自主招生录取机会上的差距。

针对自主招生制度中存在的公平性问题，应当从制度设计和考核内容两方面做出调整，以适应经济落后地区考生的实际情况。在实施“三位一体”综合评价体系（高考成绩+高中学业水平考试+综合素质评价）时，首先，要保证高考成绩作为一项相对公平的评价指标，对所有考生一视同仁。其次，对于学业水平考试和综合素质评价这两项指标，考虑到落后地区考生可能由于教育资源的不均衡而存在的劣势，应当在评价标准上予以适当宽松和人性化处理。

在自主招生面试环节，试题内容设计上应做到兼顾公平与实际。一方面，可以结合落后地区考生的文化背景、生活经验和教育环境，设计一些更能反映他们实际能力、生活智慧和社会责任感的题目，适当降低抽象理论知识的比重，增加对实践应用和生活常识的考查。另一方面，对于发达地区考生，面试题目则可以通过引入更多开放性问题对创新思维训练和跨学科整合能力进行考核，通过以上措施平衡不同地区考生之间的差距，可以确保选拔过程的公平公正，激发所有考生的潜能。

2.优化人才培养模式

构建多元化的选拔和招生体系并非笔者建议的终极目标，其深层次意义在于服务于高等教育机构培养多元化人才的战略目标。面对具有个性化特质和独特优势的学生，教育机构应当实施定制化的培养方案，以求最大限度地因材施教，充分挖掘每个学生的潜能。当前，自主招生录取的大学生与普通高考录取的学生一同接受相同的班级管理和培养模式，这种做法可能淡化甚至削弱自主招生制度原本期望达到的选才育才效果。因此，各高校亟须根据自主招生学生的特点，有针对性地设计并实施独特的培养方案，充分发挥自主招生制度的价值。兰州大学自主招生类大学生在萃英学院培养的实效为优化自主招生类大学生人才培养模式提供了思路。

（1）尝试分类编班

目前，各高校尚未针对自主招生类大学生建立专门的培养方案，这些通过自主招生渠道进入高校的学生进入大学后，通常按照常规流程与普通高考生一同被编入各个专业进行教育。尽管这些因特殊选拔方式进入大学的学生通常展现出较强的学科特长和创新潜质，但在后续的教育过程中，如果未得到针对性的培养和激励，其原有的特长和创新思维可能会在大学阶段逐渐减弱。现实的局限是，通过自主招生方式进入高校的学生专业特长不一，为某一类专业特长的学生设置单独的培养方案要求太高，不可能实现。为此，可以尝试设立拔尖创新实验班的做法。

当自主招生类大学生步入大学校园后，高校可以采取分阶段的培养模式，首先按照人文社科和自然科学两大领域对这些学生进行一年左右的通识培养教育。在这个阶段，高校不仅可以对学生的通识教育进行全面加强，还能对他们进行细致的观察和考核，发掘出真正具有学术激情、创新思维和学科发展潜力的学生。

在一年的大类培养结束后，高校可根据学生的学术表现、兴趣特长及发展潜力，将其中一部分优秀学生选入与之匹配的学科拔尖创新实验班进行深度培养，以期在特定学科领域培养出具有国际竞争力的高端人才。其余学生则可以根据自己的学科兴趣和特长，在完成大类培养后自主选择进入相应的学院和专业进行专业分流学习。这样既确保了学生能够在适合自己的专业领域内得到进一步深造，也体现了教育的个性化和因材施教原则，有利于提高全体自主招生类大学生的学习质量和长远发展潜力。

（2）改革教学方法

针对自主招生类大学生的独特性，制订个性化培养方案至关重要。这些方案的培养目标和课程结构不同于一般的大学生培养计划，因此，传统教学方法也需要相应改革，突显学生的主体地位，引导他们主动探索和深度学习。以兰州大学的萃英学院为例，该学院充分利用小班化教学的优势，采用多元化教学模式，利用双语教学、情境模拟教学、小组研讨、专题报告等活动，有效促进了学生全方位的成长。

这种以学生为主体，探究式、合作式的教学方法对自主招生类大学生提高学习积极性、锻炼高级思维能力、激发内在学习动力具有极其重要的作用。对于自主招生类大学生来说，最终的学习成果质量，即结果性学习质量，很大程度上取决于其在学习过程中所表现出的过程性学习质量，如深层学习方式的运用、内部学习动机的驱动，以及学习投入的程度。高校制订教学方案应该能够有效调动自主招生类大学生积极参与学习活动，帮助他们认识深层次学习方法和内部动机在学习过程中的核心地位，逐步引导他们从过度依赖外部刺激转为依靠内生驱动，从浅层学习方式转为深层学习方式，从而全面提升学习质量和个体发展潜力。

（3）培养创新能力

自主招生制度的核心目标在于选拔具有创新能力的优秀人才进入高校深造，兰州大学萃英学院的做法为此提供了一个良好的范例。萃英学院致力于通过系统的教育模式和丰富的实践机会，培养学生的创新思维和科研能力。

萃英学院不仅设立了专门的研讨课程，实行导师一对一指导，让新生能够快速适应并沉浸于科研氛围之中，还鼓励学生主动参与校内外科研课题组，通过亲身实践培养对科研的热爱和积极探索的精神。此外，学院大力支持学生参加各类创新创业活动，特别是学校的大学生创新创业项目以及国家级的创新试验计划。大学生创新创业项目通过举办各种科技创新活动，选拔出优秀的学生代表学校角逐全国级别的大赛，自2002年实施以来，已成为广受校内师生欢迎的创新平台，吸引了大量在校生积极参与。

在这一系列课程与实践活动的共同作用下，萃英学院的大学生们得以在实践中锤炼创新思维，提升科研能力，为成长为具有创新精神和社会责任感的拔尖人才打下了坚实基础。

3. 完善校园环境支持

高校综合水平的优劣是其生命力的根基所在，直接影响了学生学习质量的高低。优秀的高校如同丰沛的水源，源源不断地滋养着学生的知识之树。确保高校质量的科学管理和持续优化，是任何一所大学想要立足长远、保持竞争力的首要前提。进一步剖析高校内部，教育教学的成效和对办学理念的贯彻程度是评判其办学成效的关键指标。在这一过程中，高校需给予学生全方位的支持。

在实际运行中，自主招生类大学生表示确实感受到了学校在学业规划、就业指导、沟通交流技巧培养、综合素质提升等诸多方面的扶持与助力。然而，值得注意的是，学校在学生心理健康关注与服务方面仍然存在明显的薄弱。如今，大学生群体的数量庞大且社会关注度极高，他们的心理健康状况不仅有关个体与家庭福祉，而且牵动着全社会的稳定。随着社会经济的快速发展，大学生承受的学习压力、生活压力和就业压力与日俱增，而他们的心理调适能力却未能同步提升，这导致大学生心理危机事件，如自杀和暴力事件的频繁发生，引起了社会的广泛关注与深刻反思。为解决这一问题，国家已出台了一系列政策文件，对大学生心理健康教育工作提出了明确要求和指导方针，旨在强化高校心理健康服务体系建设，提高大学生心理素质，有效预防和应对可能出现的大学生心理健康问题。

审视当前各高校在心理健康教育方面的工作，普遍存在理论与实践脱节的现象，许多制度仅停留在纸面上，未能付诸实践，导致很多学生不能够真实感受来自学校的心理健康支持。以国家的指导文件为蓝本，各自主招生高校应该落实以下六方面工作。

一是全面完善心理健康教育的体制机制。高校应将心理健康教育工作有机融入人才培养体系的整体框架，从顶层设计的高度确定其重要地位。具体来说，构建校、院、班三级心理健康教育联动网络，确保心理健康教育工作能够全方位、无死角地覆盖到每一个学生，同时各部门间需要协同配合，明确各自的职责分工，形成合力。三级之中，尤其要强化高校一级心理健康咨询中心的职能，使之成为统筹全校心理健康工作的核心枢纽，从宏观层面上引领和指导心理健康教育工作的深入开展。此外，各高校还需结合自身实际，研究制订针对心理健康教育工作的具体意见和实施方案，建立健全涵盖预防、教育、咨询、干预等各个环节的规章制度，确保心理健康教育工作的规范、有序和高效运行。

二是要加强大学生心理健康教育师资队伍建设。高校应按适当比例配置专职和兼职的心理咨询教师，确保有足够数量的专业人士为学生提供及时、有效的心理咨询服务。同时，紧跟国内外最新心理学研究成果和教育理念，对这些教师进行定期职业培训，提升教师的专业技术水平和服务能力。高校还应搭建心理健康教育教师间的沟通交流平台，鼓励教师分享工作经验、案例分析和最新研究心得，通过集体研讨、工作坊等形式，增进教师间的互助互学，使之共同进步。高校还要注重教师的心理健康管理，确保他们具备良好的心理状态，将饱满的热情投入学生心理健康教育工作中。

三是将课堂教学视为开展心理健康教育的主要途径。高校应充分利用课堂教育结构性和高效集中的特点，精心设计并科学规范课程教学内容，确保课程内容涵盖广泛的心理健康知识点和实用技能，同时切实改进课堂教学方法，力求教学贴近实际、贴近生活。

四是吸引全校师生共同关注并参与心理健康教育实践。通过广泛的宣传活动，运用多种传播形式，如讲座、论坛、团体辅导、心理剧表演、线上线下心理咨询周等活动，拓宽心理健康教育的覆盖范围，使心理健康教育深入人心。

五是严格按照相关规定设立功能齐全、运作规范的心理咨询中心，建立健全中心内部的各项规章制度，确保其运营和服务工作有章可循，有据可依。同时，通过提升服务质量、优化服务流程、保护来访者隐私等措施，赢得大学生群体对心理咨询工作的广泛信赖和高度认同。

六是积极改善心理健康工作条件。高校在财务预算中应充分考虑心理健康教育工作的实际需求，确保拨付充足的专项经费，用于改善和提升心理咨询服务环境、设施及技术设备。具体措施包括但不限于加大投入，扩建或改建心理咨询场地，使其空间布局合理、环境温馨舒适，便于开展个别咨询、团体辅导等活动；购置和更新心理健康检测、评估、治疗等软硬件设备，确保心理咨询服务能够跟上科技发展步伐，用上更为精准高效的辅助手段；为心理健康教育活动的开展提供必要的教材、参考资料和培训资源，确保心理健康教育工作的顺利进行。

4.增加大学生投入水平

自主招生类大学生作为学习的主体，其学习过程中的个人投入既是学习质量的重要组成部分，也是学习质量提升的前提和基础。要切实提高自主招生类大学生的学习质量，首要任务就是激发和增强他们的自主学习意识和主动性，让他们充分认识到个人在学习过程中的主导角色，明白只有通过自身坚持不懈的努力和深入全面的投入，才能在知识获取、技能提升、思维培养等多方面实现质的飞跃。

自主招生类大学生虽然在书本知识的学习上投入较大，但他们对课外讲座、实践活动、深度讨论和社交互动等活动的关注度相对较低，这在某种程度上限制了他们全面素质的提升。因此，合理调配在学习和各类素质提升活动上的时间和精力投入，是这类学生首先需要解决的问题。

学生对自己的状态应具有全面而深入的认知，理解并认同大学阶段不仅是学术知识积累的黄金期，也是个人素质全面发展的重要阶段。他们需要认清自身的优势与短板，扬长避短，制订出兼顾专业学习与个人全面发展的时间和精力投入计划；要严格执行计划，有目标、有步骤地参与各类活动，逐步实现个人发展目标。在计划实施过程中，学生应不断自我审视和监控学习进度，及时获取反馈信息，对学习成效进行评估和调整，在发现实际进展与预设目标存在偏差时，及时反思学习行为和活动安排，采取针对性的修正和调整措施，以确保自身在各个维度上的成长与进步。

学生个人在调整和优化投入计划的过程中，往往受认知、方法论和执行力等方面的局限，这在很大程度上与我国长期以来形成的应试教育模式密切相关。因此，要实现学生从被动、单一的学习投入向主动、多元的个性化投入转变，离不开高校和社会各方面的支持与配合。高校应承担起重要的引导和协助责任，通过开设相关课程、开展心理辅导、建立有效的学业规划指导体系等途径，帮助学生提升自我观察、自我诊断和自我计划执行的能力。同时，要鼓励学生参与各类社团活动、实践项目和创新研究，增强他们的自我调控意识和体验，使他们真切感受到自我监管在提升学习质量和助力个人成长方面的重要作用。

社会各方也应积极参与，提供各种资源和平台，创造有利于学生全面发展的良好环境。家长、教师、社区、企事业单位等都可以通过不同形式的合作与互动，共同推动学生的学习行为从由外部压力驱动向自我内驱力主导的个性化学习转变，从而有效提高自主招生类大学生的学习质量和全面发展水平。